Memòries d'un espectador

Carles Sentís

MEMÒRIES D'UN ESPECTADOR
1911-1950

Amb la col·laboració de
Xavi Ayén

La Campana

1a edició: novembre de 2006
3a edició: desembre de 2006

Muntaner, 248, 1r, 2a
08021 Barcelona
Tel.: 93 453 16 65 / Fax: 93 451 89 18

Disseny coberta: Joaquín Gallego
Foto coberta: José María Alguersuari

ISBN: 84-95616-95-5
Dipòsit legal: B. 55.246 - 2006
Fotocomposició: EdiGestió (Barcelona)
Imprès a Romanyà/Valls. Capellades (Barcelona)

A la Maria, la meva muller i companya des de fa 63 anys

PRÒLEG

Per què espectador? Per dir, d'entrada, que aquestes memòries, més que introspectives, són prospectives, és a dir, exploradores de la complexa i apassionant realitat que m'ha anat envoltant.

Com un mirall stendhalià he passejat, al llarg de la vida, els meus ulls ben oberts. Per tenir una bona visió cal separar-se un mínim de l'objecte contemplat. Vaig començar molt aviat a situar-me en aquesta mitjana distància, que diria un boxejador. No havia fet els vint anys quan vaig passar de ser membre d'una associació d'estudiants a escriure cròniques universitàries per al diari *La Publicitat*. Als dinou anys vaig aprendre, doncs, a veure les coses no com qui està integrat a una entitat, sinó com un observador col·locat amb un peu enfora. I així vaig continuar, en una mena de deformació-formació professional que va fer que pràcticament mai no acabés d'estar incorporat al que succeïa, no solament davant meu sinó en l'escenari on jo hi figurava. Una posició bona, en general, però que en particular pot arribar a ser negativa.

Un dia que parlava des de la tribuna del Congrés dels Diputats, vaig desdoblar-me i seguia més el que feien o deien els altres diputats als seus escons, que no pas el que deia jo mateix. Absort en la contemplació dels altres, vaig equivocar la meva expressió i el to de veu, que havien d'acompanyar unes frases que aspiraven a un punt d'humor i es van convertir en seques i tenses. Des d'aquell dia em vaig esforçar a no ser sempre tan espectador. Però es va repetir el fenomen quan un 23 de febrer pujà a la tribuna del Congrés, amb tricorni i pistola, un personatge amenaçador. «Vas passar por?». «No gens». Vaig estar a l'escó com si fos el pati de butaques d'un teatre de guinyol i, per tant, veient un espectacle que em pensava que seria exclusiu. Després, degut a una càmera de televisió, l'escena es convertí en un vídeo que donà la volta al món.

Les meves memòries, fins allà on arriben, estan ordenades cronològicament encara que hi hagi –com a certes pel·lícules– algun salt endavant o endarrere per a una millor comprensió. He deixat, en uns llocs determinats, un senyal perquè el lector interessat hi pugui col·locar un llibre meu, ja publicat. Situats en l'indret corresponent completen les memòries. Aquest primer volum arriba fins al 1950. Queda per al segon volum més de mig segle, on al meu voltant hi ha hagut més pau que guerra i menys canvis convulsius d'escenaris.

He estat, com altres escriptors-periodistes de la meva generació, poc amic de les intimitats. Considero, a més, que les meves tenen poc interès, precisament perquè la meva vida ha estat molt normal. Fa 63 anys que estic casat amb la Maria i la nostra entesa és com la del primer moment. He tingut una família també normal. Un fill i dues filles, tots tres molt independents i amb personalitats molt pròpies. Alguna nit per ràdio he escoltat persones que llancen a l'aire confessions íntimes i familiars. Sempre m'ha sorprès aquest afany d'exterioritzar-se. Potser en el meu cas els drames no han estat prou singulars o no m'ha agradat fer-ne qüestió.

L'estil és l'home. Aquest, però, passa per diferents edats en la seva vida. I com a conseqüència la seva manera d'escriure pot, en una certa mesura, variar des de la joventut a la senectud. A la primera, més acció, i a la segona més reflexió.

He trigat molt a escriure aquestes *Memòries*. Deu fer gairebé 20 anys que Isabel Martí i Josep M. Espinàs me les van demanar, quan La Campana era encara una editorial que començava. Fins i tot vaig signar el contracte. Però jo no trobava mai el moment de posar-m'hi. La feina diària de periodista en actiu i la curiositat per tot el que passava al món –que em penso que ha estat i és una de les meves característiques– no em permetia tenir les estones de calma necessàries per mirar enrere. Havia de renunciar, en part, a ser l'espectador del meu passat. «Començaré aquest estiu», deia als meus amics editors, i cada estiu els deia el mateix.

Mentrestant La Campana va treure de l'oblit i va publicar el meu *Viatge en Transmiserià*, després *El procés de Nuremberg* i *I de sobte, Tarradellas*, i últimament *L'Instant abans del 36*. Això era compatible amb la insistència sobre les *Memòries*. Fins que va arribar l'hora. Amb l'excel·lent col·laboració de Xavi Ayén –periodista preparat, pacient, i tan respectuós amb les meves paraules que ha acabat sent un gran amic– el text ha quedat enllestit.

I ara penso que ha valgut la pena. He tingut la sort de tenir lectors fidels dels meus articles i reportatges al llarg de molts anys, i potser els devia la informació que recullen aquestes pàgines, com a forma d'agraïment pel seu interès. I també, inevitablement, la meva llarga trajectòria, vinculada als esdeveniments del país, ha suscitat interpretacions diverses, que potser són comprensibles però no sempre són exactes. Segurament em tocava fer la meva valoració dels fets que he viscut, perquè al capdavall només un mateix sap què ha viscut i, sobretot, com ho ha viscut.

Aquestes pàgines, doncs, recullen les meves experiències. He intentat transmetre-les amb la sempre difícil però honesta exigència de fidelitat amb mi mateix.

C. S.

LES PRODIGIOSES AVENTURES DE CARLES SENTÍS

per Xavi Ayén

La primera vegada que vaig parlar amb Carles Sentís devia ser l'any 1991. Jo tenia poc més de vint anys i, aprenent de periodista, em disposava a complir l'encàrrec del director del *Diari de Tarragona,* Antoni Coll, qui volia una entrevista amb ell per al seu suplement dominical. El personatge no m'era del tot desconegut. Havia vist el seu retrat a les tanques electorals quan jo era nen, i descobert els seus articles feia molts anys, fullejant *La Vanguardia* a casa dels meus avis. De vegades ens creuàvem als passadissos del Centre Internacional de Premsa de Barcelona, el lloc on tots dos treballàvem (ell com a president, jo com a llogater d'una taula), però ens havíem limitat a les habituals paraules d'una salutació de cortesia.

Recordo aquella primera trobada com si s'hagués produït ahir. Em va citar a casa seva, i vam parlar en una sala de llum tènue, amb les persianes abaixades. Jo hi anava amb la ingenuïtat i la passió del periodista jove, després d'haver-me documentat durant tota la setmana –llavors encara no existia Internet– a l'arxiu de *La Vanguardia,* a biblioteques i demanant a tots els periodistes que trobava si el coneixien. Fruit d'aquest mètode, basat en l'exposició atzarosa a opinions de tota mena, aquella primera tarda vaig entrar a casa seva sota la influència d'algunes crítiques a la seva trajectòria política. Confesso que, després d'haver parlat amb ell fins al capvespre –la seva paciència i educació no van tenir límits horaris–, m'envaïa una irreprimible fascinació per l'aventura vital d'aquell home que parlava tancant els ulls, com si fes un esforç de concentració, i que havia –per citar només uns exemples– recorregut Àfrica amb el general De Gaulle, fet de secretari d'un conseller del govern del president Companys, treballat estretament amb Francesc Cambó i Adolfo Suárez, i conegut Antoine de Saint-Exupéry quan l'autor d'*El petit príncep* feia de pilot militar. Algú que havia estat al despatx oval amb Harry Truman, sopat amb la ballarina Josephine Baker, que havia fet amistat amb el futbolista Samitier o el torero Dominguín, i que em mostrava les fotos de quan anava de festa amb Gary Cooper i Lola Flores.

El cas és que no vaig tornar a parlar amb Carles Sentís fins tretze anys després. Fa dos anys, l'atzar em va fer seure, en un autocar, al costat de l'editora Isabel Martí, en un recorregut guiat per les noves biblioteques municipals de Barcelona. Mentre, en una pausa a un dels centres de lectura, miràvem de digerir l'allau de xifres de nous socis, de metres quadrats i de diners invertits, la responsable de La Campana em va parlar de les bondats de la seva darrera novetat, el recull d'articles de Carles Sentís *L'Instant abans del 36*. En un determinat moment, vaig interrompre-la: «Isabel, això està molt bé però el que hauries de publicar són les seves memòries». «Ah, sí? I per què ho creus?». La meva explicació –basada en el record mitificat d'aquella primera entrevista de feia tretze anys– devia resultar convincent, perquè l'editora em va revelar no només que aquest era un projecte antic de l'editorial, sinó que, als pocs dies, ja pujàvem en cotxe fins a Calella de Palafrugell, per dinar amb Carles Sentís i la seva dona, Maria Casablancas, «a veure si us enteneu bé per començar a fer feina». Després he sabut que, ja al 1987, Isabel Martí i Josep Maria Espinàs li havien demanat a Sentís que escrivís la seva vida. Passaven els anys sense que ell posés fil a l'agulla, sempre ocupat en l'exercici del periodisme. Al final, durant molts divendres de l'any 2003, van aconseguir mantenir unes converses a tres bandes, la transcripció de les quals ha servit de base per començar a bastir aquest llibre. Amb el temps, la Isabel m'ha confessat que, en aquella primera trobada nostra, «em va agradar que vas parlar d'en Sentís amb respecte i il·lusió, valorant sobretot la seva categoria periodística, més que altres factors, com els polítics».

L'experiència de treballar plegats durant aquest temps ha estat gratificant fins a extrems que no podia haver imaginat. Als seus 94 anys, Carles Sentís no necessita cap ajuda per escriure, perquè és de les poques persones que conec capaces de parlar improvisadament com si dictessin, amb ordre, bona sintaxi i posant els punts i comes. Bàsicament, la meva tasca ha estat la de convertir-me en un interlocutor amb qui ell pogués conversar sobre la seva vida, per tal que anessin aflorant els records i anècdotes, i que les meves preguntes orientessin, d'alguna manera, la selecció d'escenes i retrats d'una trajectòria tan extensa com la seva. El mètode, me'l va deixar clar el primer dia: «Ayén, vostè digui'm el que pensa de tot el que diré, amb el benentès que jo després faré el que em sembli»; una promesa que, evidentment, ha complert. M'he convertit també en una extensió sensorial seva que arribava als punts que a ell se li feien de difícil accés. Així, he passat una bona temporada intern a la cel·la de convidats del monestir de Poblet, capbussant-me en la seva correspondència privada, que ell va donar a l'arxiu del monestir, sumant-se a d'altres personalitats, encapçalades pel president Josep Tarradellas.

Ningú no em treurà el privilegi de haver conegut Sentís en bata i sabatilles, i admeto que, de vegades, captiu de la viva recreació que ell feia d'ambients i personatges, quan sortia al carrer després d'una intensa sessió de treball a casa seva, m'envaïa una sobtada decepció en comprovar que jo continuava vivint a la Barcelona del segle XXI, i que no hi havia cap possibilitat d'anar a treure l'ull per l'atrotinada redacció nocturna de *La Publicitat* o per aquell Ateneu on florien les tertúlies de savis amb barret i rellotges de butxaca.

Sóc conscient que aquestes memòries engendraran més d'una polèmica. Cal desitjar que es produeixi un debat enriquidor, lluny del *guerracivilisme* o les *caceres de bruixes,* dos sectarismes molt criticats quan els detectem a l'univers mediàtic madrileny i que no haurien de gaudir d'indulgència quan es produeixen a casa nostra. Carles Sentís va prendre una opció clara, mai amagada, a favor d'un bàndol durant la guerra civil. Es tractava, cal recordar-ho, de la mateixa posició que va adoptar Francesc Cambó, el líder indiscutible del que avui anomenaríem el catalanisme de centre-dreta, i de la majoria dels dirigents de la Lliga. La realitat és la que és, i no la que ens agradaria que fos. La guerra civil és un univers complex, fonamentalment una confrontació de la legalitat constitucional contra una rebel·lió militar, però també –amb tots els matisos i gradacions que calguin– una batalla entre rics i pobres, entre dretes i esquerres, entre *gent d'ordre* i revolucionaris. La recuperació de la memòria històrica és una tasca pendent que afortunadament cada cop dóna noves passes, la d'abastar tots els episodis i totes les veus possibles.

Els prejudicis i els vaivens de la història han fet que a les facultats de periodisme de Catalunya, durant un temps, alguns vells mestres del periodisme català no tinguessin la importància que es mereixien. Tota cultura necessita –encara que sigui per transgredir-la– una corretja de transmissió generacional, un cert reconeixement per la feina d'algunes persones que ens han precedit. En cas contrari, acabem adorant de manera indiscriminada les patums de l'altra banda de l'Atlàntic, ignorant els herois del periodisme local, capaços d'imposar-se a la gran misèria moral i cultural que sovint els envoltava.

No he conegut, per raons òbvies, el Sentís dels anys d'aquestes memòries. L'actual m'ha semblat un home intel·ligent, amb un gran sentit de l'humor, liberal, catalanista, educat, només escandalitzat pels extremismes que capta de tant en tant als mitjans de comunicació o que sent en la veu d'alguns dirigents polítics. Aventuro la hipòtesi que potser allò que més li critiquen alguns sigui, en realitat, la seva principal virtut: la capacitat de fer de pont entre móns radicalment oposats. Una persona capaç de mantenir l'amistat amb els exiliats republicans i a la vegada moure's bé dintre d'algunes estructures del règim franquista.

Quina és la realitat? M'he submergit, com he dit, en la correspondència privada de Sentís i res em seria més fàcil que, triant determinades cartes, extractant-ne fragments i juntant-los amb d'altres, fer-lo passar pel falangista que no va ser mai. A la vegada, aplicant el mateix mètode, podria, també fàcilment, fer-lo passar per un opositor ja des dels anys 40 (les seves crítiques al general Franco, com podran veure els lectors, en la correspondència clandestina que adreça als monàrquics, són d'allò més eloqüents). El que més desconcerta de Sentís és que la seva experiència no admet els encasellaments, i resulta incòmoda tant vista des de l'actual reivindicació dels anys de la República com des del revisionisme, tan a la moda, dels hagiògrafs de Franco.

Potser cal recordar que unes memòries són, per definició, subjectives. I que la subjectivitat no és mentida, sinó la veritat del protagonista. Més enllà de les fredes dades i estadístiques, la reconstrucció acurada d'una època demana també sentir les veus dels seus personatges, que revisquin tota l'emoció dels temps passats, lluny de les actes notarials.

El que el lector té ara a les seves mans és una peripècia vital digna d'una *biopic* de Hollywood. A les planes que venen, ens parla un home que és a la Generalitat el dia que la bombardegen durant els fets d'octubre de 1934, que volta per Europa com a membre dels serveis d'informació de Francesc Cambó al començament de la guerra civil, que lluita en primera línia del front de Madrid una mica més tard, que dina cada dia amb els oficials de De Gaulle a Algèria durant la guerra europea, que descobreix l'horror dels camps de concentració el mateix 1945, que seu com a enviat especial al judici de Nuremberg o que acompanya els treballs de constitució de l'ONU.

Sentís ha deixat passar els anys mentre persistien algunes llegendes sobre la seva figura. Ara, per primera vegada, en aquest volum, es clarifiquen alguns aspectes, explicant, per exemple, en què consistia la seva tasca com a informador confidencial, iniciada a la guerra civil. Per primer cop també, apareixen aquí cartes i textos de l'època que aporten nova llum no només sobre la seva personalitat sinó també sobre la de contemporanis als qui va tractar, com ara Josep Pla, Francesc Cambó, Eugeni Xammar, Josep Maria de Sagarra, Don Joan de Borbó o Manuel Aznar. El llibre recrea l'ambient rural de Riudoms, la Barcelona dels anys 10, 20 i 30, l'Europa de la guerra, la Nova York de postguerra i la Costa Brava dels primers turistes. Un relat que s'atura, aproximadament, l'any 1950 i que, si les circumstàncies ho permeten, hauria de tenir continuïtat en un segon volum.

El resultat, escrit –com és marca de la casa editorial– per al públic en general, i no per als especialistes, ja és a la vista de tots. De vegades trobarem tranquil·les evocacions des de la llunyania del present, d'altres emergirà tota la vivor d'uns temps que han fugit per sempre.

Vull, finalment, fer una confessió personal. El dia que vam començar a treballar sobre la seva experiència al front de Madrid, un calfred fugaç em va recórrer l'esquena. Gairebé des de la primera frase ho vaig entendre: el meu avi i Carles Sentís es podien haver matat. Tots dos havien combatut exactament al mateix lloc, però en bàndols diferents. Les històries tants cops sentides a les sobretaules familiars sobre un front inicialment difús –on fins i tot els soldats s'arribaven a intercanviar tabac i paper– coincidien màgicament amb les que m'explicava l'autor i protagonista d'aquest llibre. Amb el pas dels dies, vaig poder comprovar que també coincidien tots dos en parlar amb desafecció sobre els entusiastes de la confrontació i com, en sentir-los, els estralls i l'horror de la guerra s'imposaven per sobre de qualsevol altra consideració. No puc fer menys que agrair al destí que tots dos sortissin amb vida d'aquell tràngol bèl·lic.

Tot pròleg corre el risc d'anar balder al llibre que acompanya, i més tractant-se d'unes memòries com aquestes. Potser n'hi hagués hagut prou amb dues línies, que vinguessin a dir: Sentís, finalment, ens explica la seva vida, i ara toca llegir-lo.

X. A.

1

UN BARCELONÍ DE CAMP

Els records més vius de la meva infantesa no són pas vinculats a Barcelona. La meva mare havia tingut un altre fill només divuit mesos abans, i potser per això van haver de recórrer a una dida. Aleshores eren tota una institució i es mirava que fossin persones molt com cal. Després de la preceptiva revisió mèdica que li féu el meu avi Anfruns, vaig anar a parar a casa de la muller d'un guardaagulles prop de l'estació de Reus. Això a la mare no li agradava gaire que ho expliqués: «Es pensaran que et vàrem abandonar.» Per Reis, ella portava sempre regals al meu *germà de llet:* un cavall o un tricicle, iguals que els meus però d'un altre color. La dida –la recordo de més crescut– era una dona colrada pel sol, i tenia un hortet al costat de la seva caseta. M'agrada pensar que vaig viure els meus primers temps a tocar dels trens, veient-los passar, potser mirant el fugisser llum roig del vagó de cua. De la caseta del guardaagulles vaig passar a una de les finques més importants de Reus, el mas Vilanova, al passeig de la Misericòrdia, casa d'en Joan Vilanova, cosí germà del meu pare. Així doncs, vaig mamar en casa de pobres i em van desmamar en casa de rics.

Més tard, em van portar a Riudoms, a casa de la meva àvia paterna, on abans havia estat el meu germà Jaume. Es deia Plàcida Vilanova, era vídua i vivia amb un seu fill aleshores vicari. Ella era de Vinyols, de Can Ralet, uns propietaris que tenien –d'aquí el motiu– bastants rals, l'antiga unitat monetària. L'àvia era una senyora de poble. En vida del seu marit, que era el metge de Riudoms, alguns pacients que el coneixien de xiquet el venien a buscar demanant: «Què hi ha en Jaumet?» Ella els responia, una mica estirada: «Voldrà dir el doctor Jaume.»

Com a bona sorda, era bastant esquerpa i solitària. De vegades es quedava sola a casa, i el seu fill se les va enginyar per connectar una bombeta amb el timbre de la porta i, així, quan algú trucava, es feia la llum. Aquella combinació em va semblar un prodigi tan gran de la tècnica que, després, molts altres em van semblar banals. Però si era fora la Doloretes –la minyona–, l'àvia no sempre veia la bombeta. Asseguda a la llum d'un balconet, llegia cada dia un diari catòlic de Tarragona anomenat *La Cruz* –cofundat pel seu cunyat, el canonge Gaietà–, i amb el periòdic a la mà, les ulleres caigudes i el cap cot, sovint feia una becaina. De vegades es despertava esverada perquè jo o algun dels meus germans pujàvem fins al balconet, aprofitant que a la planta baixa hi havia una reixa que impedia el pas per la finestra però que desprotegia el balcó perquè s'hi podia escalar molt fàcilment. S'enfadava quan fèiem aquesta enfilada, tot i que no parlava del perill d'un nyanyo, sinó del fet que ensenyàvem, deia ella, *el camí* als lladres.

No sé si Plàcida tota la seva vida va enyorar tant Vinyols –només a unes quatre llegües– com a les seves velleses. El fet és que ja vella, sorda i amb els ulls una mica llagrimosos, es delia per anar a Vinyols algun dia d'estiu.

–Àvia, hi ha una dona –li cridàvem a l'orella.

–Digueu-li que no la puc rebre. Digueu-li que estic malalta..., qualsevol cosa.

–Oh, és que ha dit que ve de Vinyols.

–De Vinyols? –I aleshores l'àvia Plàcida perdia tota placidesa per treure's el davantal, allisar-se una mica els cabells blancs i sortir a corre-cuita a la sala d'espera, on, entre la penombra, es descobrien retrats emmarcats d'avantpassats i d'uns barbuts que no eren de la família, però que ho semblaven: Don Carlos i Don Jaume de Borbó.

La discriminació positiva cap a la gent de Vinyols va fer que el meu germà gran, Jaume, es disfressés un capvespre aprofitant que hi havia poca llum. Amb un mocador de cap que li tapava mitja cara, unes faldilles de la Doloretes i un senalló penjat al braç, va fer-se passar per una dona de Vinyols.

Avisada l'àvia, va sortir atrafegada a la sala, tot fent pantalla amb la mà a contrallum, per esbrinar qui era la vinyolenca.

–Ai, mare, no et conec. De quina casa ets?

Descobert l'engany, no s'ho prengué gens bé. Cridà que ens tornaria a Barcelona, una amenaça que no proferia mai. Es va sentir ridiculitzada, perquè no hi veia gaire. De fet, es feia portar una ampolla d'aigua de mar pels xiquets del carret del peix que venien de Cambrils; i, a les nits i als matins, amb un cotó fluix es banyava els ulls. Tenia la mania de la netedat; també posava pomes entremig dels llençols per perfumar-los.

Riudoms era un univers autònom a uns quatre quilòmetres de Reus. Si bé ara hi ha una part del poble que fa de dormitori de la capital del Baix Camp, abans, quan els quilòmetres comptaven, mantenia la seva identitat clarament diferenciada i Reus només era el mercat gran.

Però la meva arribada al món s'esdevingué a Barcelona, el 9 de desembre de 1911. Pel bateig, el meu padrí, germà de la meva mare, no va voler posar-me el seu nom, Mariano, perquè no li agradava. Com que les opcions del tronc familiar eren els noms que ja duien els tres germans precedents, es va decidir fer una tria entre uns quants noms d'alguns parents col·laterals. Van escriure'ls en uns paperets, en van fer unes boletes i les col·locaren dins d'un barret. El meu germà Lluís, d'un any i mig (la mà innocent), havia d'extreure'n una. Abans de procedir, algú va dir: «Per què no hi afegim Carles, per Don Carlos?» (el pretendent carlí). De les cinc boletes, en va sortir aquesta, com una reminiscència del moviment carlí, tan apreciat per anteriors generacions familiars.

El meu padrí Mariano, monàrquic liberal, era un metge militar destinat a l'Àfrica, a Larache, i des d'allà m'enviava vestits i objectes del Marroc. Era un home molt estudiós, va aprendre l'alemany ell sol, i tenia una bona biblioteca. Val a dir que els Anfruns eren intel·lectuals, bastant callats, fins i tot sorruts, com molta gent del Pirineu. El meu avi matern, Josep Anfruns i Espelt, nat a Berga, que era metge, mantenia poca conversa amb nosaltres. Era un home de lectura, i escrivia algun article al *Diari de Barcelona*, no solament sobre temes mèdics, sinó també sociològics.

La meva mare, Encarnació Anfruns i Armengol, nasqué a Barcelona el 1881. La seva mare, Dolors Armengol Forcada, era de família manresana i morí de part del seu tercer fill, qui amb els anys esdevindria el meu padrí. El meu avi, després d'enviduar, va tornar a maridar-se amb una senyora, amb la qual també tingué descendència, un fill i dues filles. Tant la meva mare com la seva germana, més gran, van viure bastant traumatitzades sota les ordres d'una madrastra de conte. Quan eren castigades o postergades, no gosaven queixar-se al seu autoritari pare, que anava sempre atrafegat perquè, a part del consultori al carrer Roger de Llúria, visitava malalts a domicili. Les dues germanes es van considerar alliberades en casar-se. Això explica que les relacions que teníem amb la casa de l'avi no fossin prou cordials. Quan ell venia a casa era més aviat com a metge, ens prescrivia oli de fetge de bacallà, i també el que era tota una novetat: iogurts i kefir, una mena de llet fermentada el gust de la qual vaig retrobar quan, molts anys després, vaig anar a Rússia. Conjuntament amb un alemany, l'avi va crear Elèctron, empresa d'aplicacions elèctriques a la medicina. En el consultori, hi col·laborà la meva mare fins que es casà, el 1905. Però a casa seva només hi anàvem a felicitar el Nadal o el dia del sant. En aquestes visites ens saludàvem gèlidament amb la madrastra, donya Anna.

Si no fos pel meu padrí, poques notícies tindria de la branca Anfruns. Gràcies a ell, vaig confirmar que la nissaga venia de Castellar de N'Hug, de Cal Fatjicó, on s'hi troben des que hi va anar a raure un soldat flamenc de les forces de Carles V que es deia Anfrungen, que sembla que en flamenc vol dir 'matiner'. El meu rebesavi, Pere Anfruns, es traslladà amb tota la família a Berga. Es diu que ho va fer per evitar que, quan fossin grans, algun dels seus quatre fills s'emboliqués amb el contraban, que, a causa de la proximitat de la frontera, es podia fer a peu tot passejant. Va vendre molt bé les seves terres i va deixar al rector l'anomenat Hort de les Ànimes a canvi de misses. Un cop a Berga, muntà un magatzem de robes i altres articles. El seu fill, Pau Anfruns i Roma, el meu besavi, es casà amb Francina Espelt. El fruit d'aquest matrimoni, doncs, va ser el meu avi. Dos dels nombrosos germans de la meva àvia, encara jovenissims, lluitant en la guerra carlista, es feren forts al campanar de la Seu d'Urgell. Però quan acabaren les municions, caigueren en mans dels seus adversaris, que no van dubtar a llançar-los daltabaix.

Els de la branca Sentís eren molt bellugadissos i apassionats. Per aquest cantó hi trobem fonamentalment metges. El meu avi d'aquesta banda, Jaume Sentís i Gran, anava a visitar els malalts a llom d'un cavall blanc. Si anem tres o quatre generacions enrere, veiem que la nissaga venia d'Ulldemolins, un poble al llindar del Priorat, bastant pobre, on molta gent es diu Sentís. Els meus nebots i jo ens hem remuntat, seguint el llinatge, fins al primer Sentís arribat de Torroja, on aquest cognom abastava bona part de la població. Això dificulta saber quina era la línia originària, tot i que hem arribat fins el segle XVII gràcies als documents de la parròquia. En qualsevol cas, no hi ha dubte que el 1807 va néixer a Botarell, partit de Reus, el meu besavi, Bernat Sentís, que era cirurgià a Riudoms. No fa gaire, l'any 2001, la revista d'història de la medicina *Gimbernat*, de la Universitat de Barcelona, va publicar un report seu, on explica com va tractar un home que havia caigut del cavall. Va apuntar-ne els símptomes exteriors i va fer-ne un diagnòstic, que es va confirmar un cop feta l'autòpsia. Va enviar el cas a l'Acadèmia de Medicina de Barcelona i, un segle i mig després, s'ha publicat com a un bon exemple de report mèdic de l'any 1839.*

A aquest meu besavi, li van donar l'extremunció el maig del 1870. El capellà que l'acompanyava, com era el cos-

* En transcric un fragment, per evocar tot l'aire de la prosa de l'època:

«Pedro Llabería, labrador, natural de Argentera, partido de Falcet, provincia de Tarragona, de edad sesenta años, temperamento sanguíneo, constitución robusta; regresando de la villa de Reus, a la que se había dirigido por sus quehaceres en primeros de julio de mil ochocientos treinta y siete, cayó de caballo de su mulo a la salida de la villa de Riudoms, cuya estatura no llegaba a los siete palmos. Por el momento quedó como asficsiado, por cuyo motivo fue conducido al Hospital Civil de esta villa; y al poco rato fui llamado por la autoridad. Al que encontré el herido tendido en cama que en todo el exterior no se le veía lesión alguna; tan sólo en la cabeza dos o tres leves heridas contusas que en sí nada de particular presentaban, el rostro estaba consternado, la cabeza caída sobre el pecho, con imposibilidad de levantarla, cuello hinchado, las extremidades inferiores frías, parálisis completa de estas, de las paredes de vientre y pecho; los brazos eran susceptibles de un leve movimiento voluntario, la vejiga y el recto sin expeler los excrementos, la respiración suspirosa y que se verificaba tan sólo con el diafragma, voz y palabra por sacudimientos y entrecortadas, el pulso raro, duro y desigual. (...)

Diagnóstico: La crepitación, la cabeza caída y el dolor vehemente en la parte posterior del cuello son señales bien evidentes de que había una fractura en alguna de las vértebras cervicales (...).

Pronóstico: Vistos los síntomas y el estado de aquel desgraciado no podía menos de formar el pronóstico más lastimoso y fatal; debía irremisiblemente presagiar un triste resultado en aquel infeliz, el que observado con detención y escrupulosidad lo conceptué mortal de necesidad y a corto tiempo.»

tum, encapçalava una mena de petita processó nocturna, amb ciris i tot. Era una nit freda i, a l'empara de la foscor, un llop entrà al poble, però, en veure's sorprès per la lluminositat produïda per la cerimònia, va girar cua i sortí esperitat. Va ser l'últim llop vist al Camp de Tarragona, segons explica Albert Manent, a la plana 24 del llibre *La memòria dels llops al Camp de Tarragona* (Edicions Arnau de Vilanova).

Al tronc Sentís, a més de metges –tres generacions que precediren el meu pare i tres més que l'han seguit–, també va haver-hi capellans. Els dos germans del meu pare ho eren, i la seva única germana va ser monja. El meu oncle Plàcid, advocat, va ser canonge de la catedral de Tarragona. Tenia molta curiositat, ho volia veure tot directament. Es posava una gorra, per exemple, i anava als mítings d'en Lerroux. El seu germà Joan, més anodí, va ser vicari de Riudoms i finalment també canonge de Tarragona. I la tia Gertrudis, petita però molt manaire, després de ser mestra, va esdevenir superiora provincial de les Carmelites amb seu a Tarragona. Un germà del meu avi, el doctor Gaietà Sentís (1846-1922), home autoritari i pontificador, ja havia estat canonge, a més de bon amic i condeixeble a Reus d'Antoni Gaudí. El meu avi morí jove i en Gaietà va fer de tutor dels seus nebots quan es quedaren sense pare, influint-los sens dubte en la seva vocació religiosa. No he conegut el meu avi, el metge del poble, però sí en canvi el seu altre germà apotecari, l'Eusebi, a qui recordo portant la boina basca dels carlins. Un dia, amb gran xivarri, vam obrir un vell bagul que contenia les –per a nosaltres– fascinants vestimentes de l'avi: levites, jaqués, botes i fuets de muntar.

Nosaltres, fills de Josep Sentís i Vilanova i Encarnació Anfruns i Armengol, érem cinc germans, en Jaume, en Josep Maria i en Lluís, que em precedien, i, quatre anys i mig després de mi, va néixer una noia, la Maria Dolors. Vivíem a Barcelona, al carrer Bruc 32. Érem una gent de la dreta de l'Eixample, barri on vivien també molts cosins i parents. El meu pare, en l'aspecte professional, assajava coses diferents i fins i tot, en un moment determinat, va pensar anar a Amèrica a temptar la sort, però la meva mare el va dissuadir. Ell havia estat viatjant per al seu cosí Salvador; volia que tot li sortís molt rodó i, quan no ho aconseguia, provava fortuna amb una altra cosa. Es va penedir tota la seva vida de no haver acabat Medicina, i potser de no haver-se quedat a viure a Riudoms. De fet, a Barcelona, presidí, fins que va morir, l'Associació d'Amics de Riudoms. Durant un cert temps, comercià amb olis de Reus; tenia un magatzem i un camió al carrer Roger de Flor. Jo pujava de vegades al vehicle, sobretot per seure al costat del xofer i xerrar amb ell sobre les pel·lícules que havia vist. «M'estimo més el cine que la salut», em deia.

De petit, la meva estada a Riudoms s'anà perllongant, perquè consideraven que al poble estava més a cobert de les situacions epidèmiques (tifus i després grip) que es van donar a Barcelona. No era una amenaça llunyana, sinó que el tifus havia entrat a casa, atacant el meu germà gran, el Jaume. A més, quan va venir al món la meva germana, exigia tota la dedicació de la mare. Fins als prop de set anys no vaig tornar a la ciutat per quedar-m'hi, tot i que encara hi campava la grip. Per evitar-la, preníem aigua amb gotes de iode. Se'n va dir, de manera incorrecta, la *grippe espagnole.* En realitat, sembla que va sortir de les trinxeres de la gran guerra, en la qual Espanya no va participar.

En una certa ocasió, a Riudoms, la meva mare es va posar a plorar perquè, en una visita que em va fer, no la vaig reconèixer de primer antuvi. D'una revolada, se'm va emportar a Barcelona un temps. Vaig recordar aquest fet molts anys després, quan, en tornar d'una estada a Nova York per seguir els primers treballs de l'ONU, el meu fill em va dir «*tío*». Havien passat nou mesos durant els quals només havia vist els meus germans, i va pensar-se que jo era un d'ells.

A Riudoms, anava a «costura», que era el nom que es donava al parvulari, ben regit per unes monges. Hi vaig entrar plorant el primer dia i m'hi vaig sentir sempre incòmode. Era un ensenyament massa primari. Sèiem a una estrada, i a baix hi havia una *germana*, que tenia una canya esberlada, per etzibar-nos de tant en tant algun copet sonor que no fes mal. Quan algú cometia una malifeta, després de col·locar-li una cadireta girada sobre el cap, li cantaven la «Cançó de la vergonya». La criatura quedava molt vexada.

L'àvia tenia a prop de la porta una copa de porcellana, on hi havia xavalla destinada als pobres. A Riudoms no n'hi havia cap, però sovint n'hi passaven de foranis, que feien un recorregut pels pobles de la zona. La de Riudoms era una societat agrícola molt equilibrada. Quasi tots eren pagesos, uns més benestants que els altres. Era una comunitat ben integrada, on tothom vivia a poca distància els uns dels altres. Molta gent tenia camps d'avellaners o un *maset*, diminutiu que n'indica la modestia, com, per exemple, el de la Calderera, de la família Gaudí, o el que teníem nosaltres a la font dels Rosaris, que s'havia arrendat. També hi havia qui tenia masos, més grans, o més d'un, com el senyor Joanet, de Cal Ros, que, per aquest motiu, patia els maldecaps d'haver de fer comptes amb els parcers, amb qui tenia la terra a mitges. El seu nét, Joan Salvadó (parent de Sebastià Salvadó, futur president del RACC), era el meu millor amic.

L'horta de Riudoms és molt important, sobretot després de la construcció del pantà de Riudecanyes, que va començar a funcionar el 1918. En el seu testament, Gaudí va deixar a la parròquia la meitat de les seves accions del pantà, a més de la seva modesta casa pairal.

Les imatges infantils de Riudoms són encara molt vives per a mi. La sordesa de la meva àvia m'atorgava molta llibertat: no s'adonava mai de si entrava o sortia. Jo jugava pels carrers, horts i rieres i anava a les basses a xipollejar. Ens hi llançàvem sense saber nedar i, quan no podíem més, cridàvem «Canya! Canya!», i ens n'apropaven una perquè ens hi agaféssim. Alguna vegada fins i tot em van portar al mar. Encara veig el meu pare capbussant-se a Salou; el miraven molt perquè saber nedar en aquella època no era gens usual. Els jocs eren sempre entre nens, només vèiem les nenes a «costura», però les desconsideràvem.

A la meva galeria de personatges del poble, hi figura El Tianet, un noi amb alguna mena de disminució mental, de gran força física i alçada. Com que es perdia rodant pels pobles, li feien portar una gorra a la cinta de la qual es llegia «Riudoms». Jo també tenia una gorra, però amb la inscripció «Almirante». Recordo la gran basarda que em produïa el Tianet quan ens empaitava després que l'escarníssim amb altres xiquets. Era mig mut i s'expressava amb grunys. Però no feia mal a ningú. En el seu vagar pel poble, de vegades la gent l'explotava: li feien carregar sacs d'avellanes o de garrofes i li pagaven amb caliquenyos. Quasi sempre en portava un penjant dels llavis. El barber, si el Tianet passava per allà, alguna vegada l'afaitava, però si no, lluïa una barba molt negra.

Al poble hi havia un mestre, al qual anomenàvem Don Amedo, que era fotògraf, als inicis d'aquesta tècnica. Encara conservo fotografies descolorides que venia a fer-nos a casa. Un altre personatge era un agutzil ja molt gran, que tenia el costum d'explicar-nos històries a les escales de la plaça de l'Església. Eren narracions de la guerra carlina, viscuda per alguns dels seus familiars. Ens parlava de com, en acabar la guerra, hi va haver gent armada que no van tornar a la vida civil i es van dedicar al bandidatge. Per això va renéixer el molt antic Sometent, que eren grups armats d'autodefensa de gent dels pobles, convocats a tocs de campana ("so emetent"). Pertànyer-hi era tota una distinció, i el mateix Gaudí n'era membre, del de Riudoms, com revela una fotografia col·lectiva. També és curiós que la primera delegació dels mossos d'esquadra, sembla que creats a Valls, fos la de Riudoms. El cas és que les històries de l'agutzil eren esfereïdores, com una pel·lícula amb un reguitzell de morts i penjats.

El monolingüisme català era total. De fet, jo era l'únic xiquet que sabia una mica de castellà, gràcies a uns veïns de Barcelona, els Álvarez –uns propietaris rurals–, i a algun client del meu pare, i això m'atorgava una certa distinció. La nostra vida era totalment en català.

Sovint, ja més crescut, acompanyava els meus oncles capellans a caçar ocells. Es penjaven la corretja de l'escopeta rere del coll, per un cantó el canó i per l'altre la culata, i s'embolcallaven amb el *manteu*. La imatge d'uns capellans amb escopetes podia ser sorprenent, però, al poble, els coneixien de tota la vida. Jo els acompanyava amb un escopetó. Quan caçàvem tords, patia un fred horrorós perquè s'hi ha d'anar a l'hivern i molt d'hora. Sortíem al matí, després de la missa de sis, que deien molt ràpidament perquè no hi havia feligresos tan matiners. Jo hi feia d'escolanet. Els tords són un bon menjar; la meva àvia els cuinava amb raïms. Són de bon caçar quan mengen olives, i per això els pagesos ens veien amb satisfacció, com si fóssim exterminadors d'una plaga. Una altra caça, notòriament menor, era la dels papafigues i altres ocells petits, que calia esperar a l'estiu sota la figuera. No hi estava avesat, a aquestes caceres, i em produïa angoixa rematar els tords ferits, amb la mà, prement-los el pit. Els caçadors saben, però, que cal matar ràpidament les peces, per escurçar la seva agonia.

Els gitanos passavolants acampaven a la zona anomenada de Les Espletes, un lloc que desprenia una fortor de focs mal apagats. Un dia, vàrem saber que havia mort un gitanet. Els xiquets vam córrer cap a l'hospital, delerosos de veure'l. El tenien nuet, en un lloc exclòs a les visites, damunt d'una taula. Em va impressionar sobretot el seu to verdós, perquè la morenor gitana, en perdre la vida, vira cap a una tonalitat especial. Una altra expedició llòbrega va ser el dia que vàrem saber que s'havia penjat el *jaio timbaler*, l'antic pregoner. Correguérem cap a casa seva i, un cop allà, pujant de quatre grapes els últims graons cap a les golfes, vaig veure en primer pla els seus peus que es gronxaven.

M'agradava escoltar les tertúlies de la gent gran, on hi aprenia coses de la guerra d'Àfrica. Una mica més tard, vaig ser jo el qui explicava històries de la guerra de Melilla per les cases dels meus parents de Reus, on anava sovint.

Explotava el sentimentalisme, interpretant rudimentàriament escenes de mares que patien en veure marxar els fills. En català, els cobrava cinc cèntims, i en castellà deu, perquè feia riure més, a causa de les catalanades.

Els meus sentits estaven molt estimulats. L'olfacte, per exemple, indicava l'estació de l'any. Quan venia el temps de les garrofes, bona part del poble desprenia una olor dolcenca. Quan arribava la verema, com que la gent trepitjava el raïm a casa, els carrers quedaven impregnats de la sentor. La flaire de l'oli procedia del molí, i del forn de llenya del Ton Saliné –on hi passava llargues estones– emanava la del pa calent.

Pel que fa al sentit del gust, mai més no he tornat a tastar una fruita tan bona com la que a Riudoms madurava a l'arbre. Anàvem a collir cireres, i a cada hort tenien un gust diferent, car els cirerers eren molt variats; n'hi havia uns que donaven unes cireretes negres, molt petites i dolces. Un altre gust delectable era el de les primeres figues de l'any, que regalaven a la meva àvia. Després de les nostres expedicions a cercar fruits, acabàvem amb els dits tenyits i la cara esquitxada. El menjar blanc, a base d'ametlla, era un producte recurrent per posar a sobre el pa. També berenàvem pa amb vi i sucre. I anàvem a collir lledons dels arbres, ens els menjàvem i transformàvem el pinyol en un projectil per ser llançat amb un canut de canya contra un vidre o alguna cosa que molestés algú. Tot això, sempre de dia. Les nits no existien per a nosaltres: sopàvem i anàvem al llit molt d'hora.

Un dia, va arribar una pilota de cuiro al poble i als xiquets, tot esvalotats, ens va faltar temps per posar-nos a jugar a futbol a la plaça de l'Església. Era un esport conegut ja a Barcelona, i començava a popularitzar-se per tot arreu.

A l'entrada del poble, a la parada dels òmnibus que anaven a Reus, hi havia un cafè molt gran, Cal Gallissà, on vaig presenciar una escena insòlita: uns mariners alemanys tocaven l'acordió i cantaven. Eren tripulants de submarins que l'armistici de 1918 havia sorprès en aigües properes i que, abans de tornar a Alemanya, vagaven anant pels pobles de la contrada. La gent els donava diners i els convidava a menjar, les simpaties eren més aviat germanòfiles. Em va impactar aquella imatge: havia sentit parlar de guerres des de ben petit, però trobar-me jo mateix uns submarinistes era tot un esdeveniment. Durant la segona guerra mundial, arribant a Algèria, una de les meves primeres visions fou uns camions descoberts que portaven uns presoners de l'Afrikacorps, molt bronzejats pel sol del desert. Vestits amb uniformes de treball, portaven estampades unes grans lletres a l'esquena: «*PW*», de «*Prisoners of War*». En aquell moment, quan jo estava vivint l'aventura de seguir el general De Gaulle per l'Àfrica, vaig recordar aquell cafè de Riudoms amb uns altres alemanys també vençuts.

Amb el temps, vaig deixar d'anar a Riudoms. L'àvia, que n'era el màxim atractiu, va morir; i amb la guerra, els meus oncles van fugir a Andalusia. En tornar, van instal·lar llogaters a la casa de l'àvia, que havia estat saquejada el 1936, fins que finalment la va vendre el meu germà gran, que l'havia heretat. Gran part de la meva infantesa va ésser de poble. No em sentia «fill de pis», que és com en dèiem dels de Barcelona, que no coneixen el nom de les herbes ni dels fruits, ni dels vents ni dels ocells. Així doncs, sóc un barceloní de camp.

2

EL TRAUMA DE LA GRAN CIUTAT

La meva incorporació a la vida de Barcelona, cap als set anys, fou un xoc intens. Aleshores els nuclis rurals mantenien un tarannà molt diferent del de les ciutats. Els meus germans es mofaven de mi perquè era el petit i, a més, «de poble». Se'n reien, de la meva ignorància, perquè jo havia après les coses repetint aquelles cantarelles que deien «dos y dos son cuatro, cuatro y dos son seis» però sense entendre res. Vaig ingressar al col·legi dels Escolapis del carrer de la Diputació –entre passeig de Gràcia i Pau Claris–, i m'afegiren a una classe que no corresponia al meu nivell de matemàtiques. Començant amb mal peu, sense saber-ne la base, em tocà arrossegar les maleïdes matemàtiques per sempre més, i avui encara m'haig de defensar fent els comptes de la vella. Per contrast, a les altres matèries, com ara geografia, història o literatura, tot era bufar i fer ampolles, cosa que sorprenia els mestres.

Els pares escolapis –no hi havia aleshores professors externs– ens deixaven bastant tranquils. Hi havia un cert ambient pengim-penjam que era criticat des del col·legi rival, els jesuïtes del carrer de Casp. Molts dels seus deixebles eren parents o veïns nostres, i ens desconsideraven una mica. Segurament el seu col·legi era millor, però nosaltres ens rèiem d'ells, els anomenàvem amb títols nobiliaris perquè es feien els fins, i fora de les classes parlaven més en castellà que nosaltres.

A l'escola ens donaven notes, però a partir dels deu anys, al batxillerat, cada curs havíem d'anar a examinarnos oficialment a l'Instituto General y Técnico, que estava instal·lat en un cos de l'edifici de la universitat. Solien fer passar les proves traient una bola d'un bombo on cada número corresponia a una lliçó, i havies de recitar el tema que et tocava. Per altra banda, com que estudiàvem gramàtica sense saber prou idioma castellà, anàvem de mal borràs, i el catedràtic Garriga, que solia menjar caramels mentre l'examinat suava d'angoixa, tenia el suspens molt a punt.

La vida de Barcelona era bastant monòtona comparada amb la de Riudoms. Per començar, els nens no podíem sortir sols. Per anar als Escolapis, tot i que els alumnes érem majoritàriament del barri, un *ayo* –avui en diríem monitor– anava recollint la mainada, com ara fan els autocars escolars. Hi circulava molt menys trànsit que avui, però era més perillós creuar per la manca de semàfors.

A més del retard inicial, la meva vida acadèmica va patir un altre entrebanc considerable pels volts dels catorze anys. Vaig començar el batxillerat amb el pla d'estudis Romanones, que era bastant complet, perquè el comte de Romanones –a qui anys després arribaria a conèixer– era un home intel·ligent, amb molt sentit comú i una bona formació francesa. El pla Callejo, que el va substituir quan jo era a mig recorregut, va dividir els estudiants en Ciències i Lletres a partir del quart curs, que era precisament el que em tocava fer a mi. Però, en comptes de permetre que els alumnes de pla antic acabéssim el cicle que havíem iniciat, ens van traspassar al nou pla. I, així, vaig ser inserit de sobte a un programa totalment de lletres, sense haver adquirit els rudiments de les ciències. Per tant, mai no he estudiat matèries com física, química o fisiologia.

Patia les bromes que em gastaven els meus germans. Per exemple, pujàvem tots plegats al tramvia i, quan aquest tot just arrencava, ells baixaven corrent, i em deixaven abandonat allà dintre. Mentre el vehicle feia el tomb a la plaça Tetuan i agafava la Gran Via, els meus germans corrien per la drecera del carrer Casp i tornaven a agafar-lo a la parada de Bailén. Tot això passava a la línia 30, la mateixa que va atropellar –en aquell mateix lloc– l'Antoni Gaudí el 1926. Recordo molt bé aquest fet perquè dos o tres germans vàrem anar amb el nostre pare a l'hospital de la Santa Creu, on –al cap de moltes hores després de l'accident– el van identificar i li prepararen unes exèquies. A l'hospital es disposà una capella ardent i les visites fèiem el tomb a un Gaudí que encara conservava la morenor fruit de la intempèrie de l'obra de la Sagrada Família, i que contrastava amb els seus cabells netament blancs. No l'havia vist mai abans. El vaig conèixer, doncs, un cop mort, al contrari que els meus familiars. Qui més l'havia tractat era l'oncle Plàcid, que anava a dinar amb ell a la Sagrada Família, i quan tornava a casa, com que havia menjat tan escassament (bàsicament avellanes de Riudoms, car Gaudí només s'alimentava de fruits secs i verdura), sempre deia: «Si us plau, feu-me un ou ferrat, que vinc de dinar amb en Gaudí.»

El tema dels esports era l'obligat a taula. Jo seguia la jugada una mica a distància. En Lluís, que tenia molta memòria, podia recitar tots els noms dels futbolistes de primera divisió. Més tard, tots practicàrem esports, jo no gaire més que remar i nedar, però els meus germans fins i tot varen arribar a exercir importants càrrecs federatius. En Lluís fou president del Club Natació Barcelona durant vint-i-cinc anys, i president de la Federació Catalana de Rugbi, i en Josep Maria fou dues vegades vicepresident del Barça, un cop sota la presidència de Narcís de Carreras. També presidí la Unió Esportiva de Sants, que organitzava la Volta Ciclista a Catalunya. Els meus germans es van avançar a l'actual omnipresència de l'esport en les converses, que aleshores només era cosa de segments bastant reduïts de la població. Potser d'aquí neix el meu interès, de tota la vida, per aquestes notícies, sobre les que he escrit com a corresponsal o comentarista.

En Lluís sempre havia tingut idees molt bones, tot i que no sempre funcionaren. Molts anys després, ja d'adult, li van dir que podia haver-hi petroli a la Costa Brava, i va comprar els drets de prospecció petrolífera de la zona. També va fabricar uns mitjons que eren com un guant per al peu, amb cinc dits. Jo en vaig tenir uns i eren fantàstics: els dits del peu et quedaven molt abrigats a l'hivern, i a l'estiu s'evitava la humitat, tot i que era difícil posar-se'ls, i a més requerien dur unes sabates més amples perquè, amb un calçat fi, els dits quedaven amuntegats l'un sobre l'altre. Va comprar al Japó la maquinària per fabricar-los, però no va tenir mercat. Altres negocis seus, en diferents èpoques, van ser la representació a Espanya de Carrefour o els conegudíssims taps corona, i fins i tot un dia va comprar l'illa de Port Lligat. Sovint eren negocis estranys i de vegades els feia sense tenir prou diners. Finalment, tot es va evaporar. Abans de la guerra, havia estat assessor jurídic de la Generalitat. Era també un opositor nat, un *memorión* capaç de treure-s'ho tot: primer va ser jutge i després secretari de la Diputació.

En Josep Maria, molt ocurrent, era el més semblant al meu pare. Va tenir la fàbrica de xocolata La Sultana, a Gràcia, i l'empresa de moda Fersen, nom que ve del començament del cognom del seu soci Ferrer i del seu. En Jaume, el gran, era el menys esportiu, el catalanista radical i el preferit del pare, potser perquè estudià Medicina. Quan jo tenia uns catorze anys, va construir un aparell de ràdio de galena, del qual, per a admiració de tota la família, emanava una agradable música esquitxada d'interferències. Acabats els estudis de ginecòleg es va establir a Tarragona, on creà una família que compta amb tres metges.

Em sentia aleshores més proper a la meva germana Maria Dolors. De fet, així va ser tota la vida. Després de quatre nois, la seva arribada al món va suposar una novetat extraordinària i una immensa alegria per a la meva mare. Tots li vam dir «la nena» fins que va morir. Era una gran lectora, avançada al seu temps, que va estudiar Dret i viatjava sovint per Europa amb els amics. Havia anat a l'escola de les Carmelites de la nostra tia Gertrudis a Tarragona, on va ser tractada molt severament perquè ningú no digués que hi havia favoritismes. Els meus pares tenien clar que la Dolors, per no haver de basar el seu futur en un matrimoni, havia de ser independent i estudiar una carrera, una idea avui molt estesa però minoritària en aquell temps. La meva germana, però, no va voler estudiar Farmàcia, com era el desig patern, i va optar per les lleis.

Tornant a la meva infantesa, la comunió, la vaig fer als set anys als Escolapis. Els meus pares eren catòlics de soca-rel tot i que gens beats. D'una religiositat una mica d'estar per casa, atesa la proximitat dels meus oncles capellans. Això impedia tota mena de solemnitat o postura reverencial cap als clergues, car els vèiem prenent cafè i conyac i parlant de caça, oncles per a nosaltres i cunyats per a la mare. Anàvem a missa els diumenges, tots plegats, però no resàvem el rosari, per exemple. La fotografia de la meva comunió és de Can Napoleón, un fotògraf que hi havia a la Rambla de Santa Mònica, considerat aleshores el millor de Barcelona.

Entre els deu i els quinze anys, els nois ens desplaçàvem formant unes colles quantitativament considerables. Molt a prop, al carrer Casp, els germans Sabata i Figa eren deu o onze; uns cosins germans, els Sabata Anfruns, eren sis; els Agustí Peypoch eren vuit o deu, entre ells l'Ignasi –amb qui després tant vaig coincidir–, i els Nubiola també eren vuit o deu. Ens agrupàvem en petits subgrups per raons d'edat i voltàvem per casa dels uns o dels altres, segons allà on ens rebessin millor, és a dir, on més tolerància mostressin cap al nostre enrenou. Cal tenir en compte que les nostres activitats grupals incloïen tornejos de ping-pong a les taules dels menjadors de les cases, amb els esvalotaments pertinents.

Una de les nostres activitats exteriors era anar al camp dels Caputxins a jugar a futbol, o també al camp de la Bóta, en tramvies que passaven molt a prop de casa. A l'Ignasi Agustí i a mi de vegades no ens volien als equips de futbol perquè els altres eren més grans.

De totes aquestes colles van sortir esportistes importants. Un Sabata que es deia Àngel va batre el rècord d'Espanya dels cent metres lliures de natació. El seu germà havia guanyat diverses vegades la travessia del Port. I un altre germà va ser campió d'Espanya d'esgrima. La importància de l'esport era extraordinària per a tots nosaltres. El futbol en particular era un tema permanent de conversa. Tradicionalment, el matí del dia de Nadal, al camp del Barça, es jugava un partit internacional al qual anàvem. Un dia, al carrer Bergara, agafant un tramvia que hi duia, dels que se'n deien de jardinera, oberts pertot arreu, vaig relliscar de l'estrep. Sort que em vaig desprendre de la barra a temps, perquè si no, en arrencar, la inèrcia m'hauria dut directament cap a les rodes. Mai no he oblidat aquesta intensa sensació de perill.

Els diumenges anàvem a veure cinema al Centre Social del carrer Canuda. Estava dirigit per mossèn Illa, que triava i comentava les pel·lícules, sovint de cowboys, sobretot d'un que es deia Tom Mix. A l'entreacte, compràvem panets de Viena amb mortadel·la. També anàvem als Banys Orientals, a la Barceloneta, en tramvia i, de més grans, ja vam freqüentar els banys de Sant Sebastià i finalment el Club de Natació.

L'Eixample era un petit món. Si a les plantes baixes de les cases hi havia les delegacions d'indústries tèxtils de tot Catalunya, als pisos hi vivia una burgesia molt típica. El primer pis es deia principal i de vegades fins i tot tenia una escala a part, perquè hi solia viure l'amo de l'edifici. La gent es visitava. A casa teníem una saleta amb uns mobles entapissats de seda destinada a les visites. Encara que el pis se'ns quedés petit, no podia faltar una sala especial per a aquesta destinació. Algunes senyores feien figurar a les seves targetes el dia de la setmana que rebien.

Tots llegíem bastant, però jo potser una mica més. El meu pare se submergia en les planes de *La Vanguardia* i, de vegades, d'*El Correo Catalán*. A més de la premsa esportiva, teníem *El Patufet* i un altre setmanari infantil, *La Mainada*, que van ser els nostres millors mestres de català. De vegades llegíem en veu alta, i sovint a la cuina. Ens divertia veure plorar les minyones amb les *Pàgines viscudes* de Josep Maria Folch i Torres, per altra banda molt ben escrites. Nosaltres teníem, a les bones èpoques, dues persones de servei (una cuinera i una cambrera), no tant perquè ho demanessin les dimensions del pis sinó pel nombre de gent que hi vivíem. Les minyones solien ser noies que venien de pobles de Lleida, València, Aragó...

Per si fóssim pocs, a casa també teníem gos, circumstància que desagradava a la meva mare però que feia les delícies del meu pare caçador. Un dels que vam tenir es deia Toby, i l'anàvem a passejar els germans per torns. Era molt intel·ligent i, sens dubte, hauria pogut actuar en un circ eqüestre com a gos savi.

Poc després de la meva tornada a Barcelona, ens vàrem traslladar al passeig de Sant Joan, prop de la cantonada amb Ausiàs March. Gairebé al davant de casa, hi havia la Biblioteca Arús –que després vaig saber que era una creació maçònica–, amb un saló de lectura amb molt poca gent, molt ben escalfat a l'hivern i confortable. Va ser allà on em vaig llegir tots els llibres de Juli Verne, entre d'altres. Jo era l'únic membre de la meva família que hi anava.

A poques passes del nou pis, al carrer Ausiàs March, en una casa de pedra picada, hi vivia un porter de bata llarga, vingut de Cuba amb el seu amo. Tenia un fill de la nostra edat amb qui a estones jugàvem a futbol amb una petita pilota de goma. Aquest nen va esdevenir el primer jugador negre del Barça: Betancourt. El Barça ha tingut després molts jugadors negres, però el primer va ésser un català. La seva presència al carrer destacava per insòlita, tot i que en aquella zona de l'Eixample també hi havia la família Jones, uns burgesos de l'aleshores colònia espanyola de Fernando Poo, un illot avui guineà anomenat Bioko. A un dels seus descendents, Alfonso, la Generalitat el va contractar de gran per fer determinades gestions. Per exemple, obrir mercats a països com Costa d'Ivori o el Senegal, creient que el color de la pell jugaria al seu favor. No va ser així: va provocar la sorpresa dels nadius, que s'esperaven tractar amb un europeu convencional.

A quatre passes teníem el parc de la Ciutadella, on anava amb els meus germans o amics. Així com ara molts nens viuen la moda dels dinosaures, el nostre animal emblemàtic i «antediluvià» era l'elefant. Al Museu Martorell o Museu Natural hi havia un esquelet molt ben construït de dinosaure i un mamut pelut, però el que més ens agradava era anar al zoo a veure l'elefanta Júlia, que va substituir l'Avi, el primer paquiderm que van poder contemplar els barcelonins i que va morir el 1914. La Júlia xuclava amb pressió de trompa les monedes que li llençaven al seu clos. Les peces de deu cèntims eren bastant gruixudes i, després de fer-se-les seves, l'animal acostumava a posar-les dins de la butxaca que li parava el seu vigilant mig uniformat i amb gorra de plat. Els tramvies i els elefants i les seves meravelles eren el que jo explicava als meus amics quan anava a Riudoms. Com que els vailets no havien vist mai tramvies ni paquiderms, les meves dissertacions eren seguides amb admiració.

El meu pare mai es va fer a la ciutat. Una vegada, tot caçant, cap a començaments dels anys vint, va descobrir unes cases de pagès, al vessant nord de la serra de Collserola, que allotjaven famílies. En una d'elles, Can Coll, una finca gran amb molt de bosc feréstec i un tros de vinya i presseguers, hi vàrem anar a estiuejar. El meu pare arribava als vespres, manejant les regnes d'una xarreta, que era un vehicle de tres places molt lleuger, amb dues rodes grans i una cistella al mig, tirat per una euga. Molts anys després, va ser pioner a tenir una casa a Bellaterra, en una de les primeres urbanitzacions que es van fer a Catalunya, i, com a patriarca del lloc, avui hi ha un carrer amb el seu nom, Josep Sentís. Bellaterra va ser una creació del farmacèutic Bartomeu, de Cerdanyola, que va parcel·lar àmpliament una finca de bosc dels seus sogres. Va atreure molta gent de Barcelona i Sabadell i fins i tot aconseguí que s'hi construís una estació dels Ferrocarrils Catalans. Com a propaganda de l'indret es va editar una auca que començava dient: «República? Monarquia? Bellaterra cada dia!», un simpàtic eslògan que responia a la situació política de l'època.

Altres estius, el lloc d'esbarjo familiar va ser Can Baell, un altre mas, més a prop de Sant Cugat. Anàvem a Cerdanyola en bicicleta. Allà hi teníem amics, sobretot al Casino, un lloc per als estiuejants on es feien representacions de teatre, es jugava al tennis i altres coses. Un dia, el meu pare va caure d'una de les bicicletes: havia volgut reptarnos dient que encara se'n recordava, de muntar-hi..., i es donà un cop al genoll contra una pedra. La lesió va fer aigua, i es va complicar greument. Els metges parlaren d'amputar-li la cama. Abans de prendre una decisió, es va cridar a consulta el doctor Cardenal, que era l'eminència d'aquell moment a Barcelona. El dia que va venir, els germans estàvem tots expectants a la galeria, a l'altre cantó del pis, esperant el seu veredicte. En un determinat moment, el metge va preguntar al meu pare: «I té fills, vostè?»

–Sí, cinc.

–Doncs vull veure'ls.

I ens van fer cridar. Ens posaren en fila i el doctor anava creuant unes quantes paraules amb l'un i amb l'altre, demanant: «Tu, quants anys tens? Què estudies?» Ens va fer parlar una mica a tots, i finalment va sentenciar: «A aquest home no se li talla la cama!» En aquella època, mancada de tecnologia, el millor instrument dels metges era l'ull clínic. I, en efecte, el meu pare va caminar i, passats els vuitanta anys, encara anava a caçar. Va morir als noranta-un. En va tenir cura la meva germana Maria Dolors, la petita de la casa. Ell, que era masclista, com molts de la seva generació, de vegades presumia dels seus fills: «He tingut molta sort amb els xiquets!» En realitat, va ser amb la filla –que treballava a la Diputació– amb qui va tenir més sort, ja que va cuidar-lo fins a l'última hora.

La meva mare va morir més jove i, encara que de portes enfora no tenia la projecció del pare, de portes endins era la veritable ànima de la llar. Era intel·ligent i culta, una barcelonina amb classe. Endevinava els nostres pensaments; ens coneixia per dintre i per fora i, a diferència del pare, sabia jutjar-nos de manera exacta. Ella parlava molt amb nosaltres, i s'interessava per les meves coses. Per exemple, quan vaig començar a escriure, era ella qui prenia interès i qui va valorar aquelles tasques meves –animant-me a continuar– sense necessitat que li ho haguessin de remarcar altres persones. Era una dona que tocava molt de peus a terra, delicada de salut i que patia una mica per les iniciatives professionals del meu pare, que es llançava sovint a la piscina sense assegurar-se que hi hagués aigua. Ella el va centrar tot el que va poder, evitant improvisacions excessives.

Els dos últims cursos de batxillerat, els de Lletres, em van enviar a casa del meu oncle Plàcid, canonge de Tarragona, on havia estat el meu germà Lluís abans. Tot i que ell tenia una majordoma –la Cristobalina–, els capellans, a casa seva, estan sols com un mussol, i un noi li suposava una mica de vida. Criava canaris, i de tant en tant anàvem a caçar per les vores de Riudoms. Era un home molt docte, advocat i professor al seminari. Acadèmicament, no em puc queixar, perquè a l'institut de Tarragona vaig tenir molt bones notes, amb alguna matrícula d'honor i tot.

El meu oncle vivia al carrer de la Nau, en una casa col·locada en un gran desnivell, materialment aixecada sobre la graderia del circ romà, cosa que aleshores no sabíem. Les ruïnes del passat de Tarragona tenen molt de futur, perquè aquestes cases edificades sobre el circ aniran desapareixent amb el temps, i emergirà quasi sencer un monument de gran volada. La província Tarraconense, o Hispania Citerior, havia de servir de base i suport per a l'exèrcit romà, que durant part de l'any avançava i es consolidava cap a l'interior de la península. Arribat el mal temps de l'hivern, les forces de primera línia de combat es replegaven cap a l'acollidora Tarragona per hivernar i per això és una de les poques ciutats, fora de Roma, que posseeix, a més de circ, amfiteatre. Calia distreure les tropes acantonades, uns 6.000 homes.

Així, sense saber-ho, de nen passejava per sobre les vies que abans havien recorregut les quàdrigues. L'única cosa que jo veia aleshores era un carreró on habitaven uns gitanos molt simpàtics. Un d'ells, el Pepet, va arribar a jugar al primer equip del Nàstic. Els de la junta del club volien integrar-lo socialment i li van trobar una feina en una bastida. Però, el primer dia de treball, va anar a rescatar-lo la seva família sencera, cridant-li: «Pepet, baixa, que et mataràs, baixa!» Un germà seu es feia passar per tripulant d'un vaixell anglès: anava pels pobles amb abillament de mariner, venent robes que portaven el marxamo de Manchester i que eren, naturalment, de Sabadell.

A Tarragona, jo no m'enyorava. Com els altres germans, estava avesat a passar temporades més o menys llargues a casa de parents i amics de la família, de la mateixa manera que sovint teníem hostes al pis de Barcelona, com en Juanito Vilanova, que hi va residir quan era estudiant universitari. Amb ell vaig fer el primer viatge llarg en cotxe. Anàrem de Barcelona a Reus, una distància que obligà a parar a Sitges per dinar.

Ja, des de petit, estava acostumat a la mobilitat i als desplaçaments, una característica que ha marcat la meva vida. No solíem coincidir tots junts al pis de Barcelona, de nens, però sí que manteníem un vincle familiar molt estret, que amb el temps es va anar perdent, sobretot després de la guerra, quan cadascú va triar una àrea d'acció diferent. No érem una pinya familiar, però tampoc no estàvem barallats.

3

PERIODISME: PRIMERES PASSES

El meu pare tenia molt clar que tots els seus fills havien de passar per la universitat, suposo que perquè ell no havia acabat la carrera. L'opció concreta a prendre ja era una decisió nostra, encara que qui més el va complaure, com ja he dit, va ser en Jaume, que va triar Medicina. Arribat el meu moment, ateses les llacunes científiques de la meva formació, era clar que havia d'escollir una carrera de lletres. El Dret em va semblar el camí més obert: permetia l'exercici de l'advocacia i moltes altres sortides amb oposicions diverses. No crec que influís massa el fet que el meu germà Lluís ja hagués ingressat a la facultat.

La universitat, aleshores, era única i donava nom a la plaça que l'acollia a Barcelona. Amb els alumnes d'Arquitectura, Filosofia i Lletres i totes les altres facultats, hi havia una convivència que ara ja no existeix perquè la gent està més especialitzada i en centres allunyats uns dels altres. En canvi, en aquell temps teníem amics, inquietuds i contactes que anaven més enllà de la disciplina que estudiàvem, i a més hi havia àmplies associacions d'estudiants.

Però l'ensenyament superior no em va causar gaire efecte. Ja havia anat a l'institut situat en una ala del mateix edifici i, per tant, havia conviscut amb els universitaris, fins i tot acompanyant-los en diferents aldarulls pel carrer Pelai, quan els estudiants tallaven el trànsit fent deturar els tramvies: hi pujaven en grup i, des de la plataforma del darrere, despenjaven el tròlei que unia el vehicle al cable de l'electricitat. El cobrador s'hi oposava, però poc podia fer davant una colla de vint nois abrandats. Era tradicional, poc abans de les vacances de Nadal, aprofitar qualsevol pretext (uns nous plans d'estudi, que la policia havia entrat a la universitat...) per fer una manifestació, que no eren violentes, només generaven una mica d'enrenou. A Narcís de Carreras, que era de les joventuts de la Lliga, el recordo arengant-nos des de dalt d'un tramvia.

Dels professors, en conservo un record desigual. Vaig tenir el Josep Maria Trias de Bes de Dret Internacional, un home simpàtic, diputat de la Lliga; en Cuello Calón, de Dret Penal; l'ampul·lós Eusebio Díaz, de Dret Romà; Gonzalo del Castillo, de Dret Polític... Entre els companys, un curs darrere meu, hi havia Salvador Espriu, amb qui vaig mantenir un bon contacte i, a la seva mateixa classe, en Salvador Samà, marquès de Samà, marquès de Vilanova i la Geltrú i marquès de Marianao, tot i que ell estava molt més orgullós del títol universitari –el primer de la família– que de tots els nobiliaris. Els Samà havien fet diners a Cuba, no solament amb el sucre i el cafè, sinó també urbanitzant el barri de Marianao a l'Havana. Després de la guerra de 1898, van invertir en immobles a París, i a la seva casa del bulevard Malesherbes, s'hi allotjaven de vegades els comtes de Barcelona quan hi anaven des de Lausanne.

S'ha de remarcar entre els meus condeixebles Teresa Argemí, una de les tres úniques dones de la classe, que fou la primera advocada a Espanya que complí 50 anys d'exercici. Fins a la seva desaparició havia convocat un dinar anual per reunir els de la promoció. El tracte més sostingut l'he tingut amb l'Octavio Pérez Vitoria, que va ser brillant catedràtic de dret penal a la universitat de Barcelona. Justament quan ell preparava les oposicions vam estar junts a Itàlia, on jo vaig passar uns mesos durant la guerra d'Abissínia.

L'arribada de la República, amb l'exili del rei, coincidí més o menys amb la meva entrada a la universitat, on tots els esdeveniments polítics varen tenir una gran repercussió. Després de la caiguda de la dictadura de Primo de Rivera, hi havia hagut un intent de fer que en Francesc Cambó, el líder de la Lliga, fos el president del govern espanyol. Era una proposta a deshora, la llàstima va ser que no l'haguessin nomenat president bastants anys abans, quan li van posar com a condició que s'adscrivís a la línia política d'Antonio Maura a Madrid i abandonés el lideratge del seu partit catalanista. Però, com que, aquell 1930, el polític català tenia problemes de salut, i l'oposició al seu nom era molt forta, va limitar-se a oferir un parell de ministres al nou president nomenat pel rei, el general Dámaso Berenguer, cap de gabinet del monarca. Aquest nomenament va ser un gran error, perquè per sortir de la dictadura hauria calgut mostrar una cara molt diferent, algú que anés obrint les portes cap a un centre o una esquerra democràtica, però no un militar i menys un de tan proper a Alfons XIII. El 15 de novembre de 1930, José Ortega y Gasset publicà a *El Sol* el seu famós article «El error Berenguer», que acaba amb la frase «*Delenda est Monarchia*». El filòsof deia que el problema no era Berenguer, sinó qui l'havia nomenat: «...el señor Berenguer no es el sujeto del error, sino el objeto.» Aquest article marca el moment en què els espanyols prenen partit per la república, sobtadament. Només cal recordar la frase d'un il·lustre madrileny: «España se acostó monárquica y se ha levantado republicana.»

L'any 1931 havia arribat al nostre país l'ona, una mica retardada, del crac del dòlar. La gent, que ja s'havia acostumat a viure d'una forma més confortable i moderna, va creure –sobretot a Madrid– que amb un canvi de règim potser podrien deixar enrere les dificultats pecuniàries.

A Catalunya, els resultats de les eleccions municipals del 14 d'abril de 1931 donaren una victòria esclatant a l'Esquerra Republicana de Catalunya (ERC), un partit que el carismàtic Francesc Macià havia improvisat uns pocs mesos abans. En Lluís Companys, que havia estat elegit regidor, va sortir al balcó de l'ajuntament de Barcelona i va proclamar la república. Poc després, en Macià es va presentar davant el president de la Diputació, Maluquer i Viladot, i li va anunciar: «Vinc a prendre possessió.» «Només li cediré el palau per la força», li va respondre aquest. I en Macià li va posar suaument la mà a l'espatlla: «Doncs ja està.» I va sortir al balcó i proclamà la «república catalana dins una federació de pobles ibèrics». Al cap d'unes hores, el règim republicà era proclamat per en Miguel Maura, des de la Puerta del Sol, per a tot Espanya, i unes personalitats del nou poder viatjaren a Barcelona perquè en Macià moderés les seves posicions. S'atribueix a Fernando de los Ríos el suggeriment de fer reviure la històrica Generalitat. Pensem que, en aquell ambient agitat, fins i tot hi havia sectors que creien que França podia fer costat a una Catalunya lliure. No cal dir que es van equivocar del tot en aquest punt, perquè precisament França té el Rosselló com a terra fronterera.

El cas és que, en aquelles circumstàncies, Cambó va ser acusat de ser «l'últim puntal de la monarquia». Pels carrers, es van sentir crits de: «Visca Macià! Mori Cambó!», que jo, com moltes altres persones, vaig trobar molt injustos, car en Cambó havia lluitat tota la seva vida per Catalunya i la seva autonomia, ja quan, essent molt jove i regidor, el 1904, forçant el protocol, va llegir un memorial de greuges durant una visita reial a Barcelona. Recordem l'assalt, el 1905, d'un grup de joves militars a la impremta del *Cu-Cut!* i *La Veu de Catalunya*, aquest últim òrgan de la Lliga. Cambó va ser sempre un defensor de Catalunya, des dels seus temps com a passant de l'advocat vigatà Verdaguer i Callís fins al mateix moment de la seva mort a l'exili.

Una vegada proclamada la II República, la universitat va esdevenir autònoma, i la gran majoria dels estudiants vàrem acollir el nou règim amb una gran alegria i fins i tot eufòria. Tot i que, poc després, començarien a arribar les decepcions, amb la crema de convents a Madrid el maig del 1932.

Els meus pares varen ser sorpresos pel nou règim, i no gaire agradablement. El pare votava la Lliga i procedia del tradicionalisme, mentre que la mare era de la Lliga però sense cap residu carlí. Jo no votava per manca d'edat, i era catalanista amb un ideari poc definit, encara que, això sí, de seguida em vaig inscriure a la joventut d'Acció Catalana (centreesquerra), quan vaig començar a col·laborar a *La Publicitat*, òrgan d'aquest partit. A mi, la victòria d'ERC em va agafar tebi, perquè jo era d'Acció Catalana i, justament, l'èxit d'ERC va ser la mort d'AC, un partit moderat amb molta gent preparada. El que m'agradava d'ells és que s'hi simpatitzava no per qüestió de tenir més o menys diners, sinó per compartir una determinada formació cultural. Podríem dir-ne que l'únic *classisme* que hi havia era l'intel·lectual, que agermanava les professions liberals amb els universitaris i altres sectors. Acció Catalana va ser fundada el 1922 per intel·lectuals molt destacats, com Jaume Bofill i Mates, Ramon d'Abadal, Pi Sunyer, Antoni Rovira i Virgili o Manuel Reventós. Després s'hi va afegir «Republicana» al nom, perquè era el que tocava a l'època. Val a dir que això suposava una novetat, perquè abans, quan jo era noi, els republicans eren només els del Partit Radical de Lerroux, és a dir, eren *menjacapellans*, anticatalanistes, molts d'ells funcionaris i obrers nouvinguts. La majoria dels creadors d'Acció Catalana eren joves procedents dels ambients de la Lliga, que van creure que aquest partit s'estava quedant anquilosat. Sortien amb la bandera catalanista, però eren més liberals. Tot i que el seu primer president, el poeta Bofill i Mates, era catòlic i no gaire allunyat de la línia de Cambó.

Mentre que, abans, tot s'havia fet en castellà, a partir d'aquell moment, a la facultat de Dret, per exemple, certes assignatures es van dividir en dues classes; així, a més de reduir el nombre d'alumnes per aula, es podia oferir una versió en català i una altra en castellà, impartida pel catedràtic o pel seu auxiliar. No hi havia problemes idiomàtics, hi regnava una gran convivència, però el català era la llengua dominant entre els estudiants de les diferents facultats. A les associacions que agrupaven l'alumnat destacava un fort sentiment republicà, perquè la monarquia s'havia associat amb l'anticatalanisme, a través d'en Primo de Rivera.

En Josep Maria Lladó Figueres, company d'aficions literàries a la universitat, enviava sovint col·laboracions a la premsa comarcal i lletres als directors dels diaris. Va fer tot un salt professional en ser captat per Lluís Nicolau d'Olwer com a secretari, quan a aquest el varen nomenar ministre d'Economia del primer govern de la República.

En Lladó –que m'havia fet publicar algun article– havia conegut Nicolau d'Olwer a *La Publicitat*, on portava la secció universitària. En aquest diari la manera d'escriure a màquina de Lladó Figueres constituïa un petit espectacle: ho feia amb una gran rapidesa; a més, paper que sortia del carro, paper que es podia publicar directament. Anava així de ràpid i sense mirar el teclat perquè a casa seva tenien onze màquines d'escriure, segons vaig comptar un dia. Vivia al carrer del Carme, i el negoci familiar era un servei de copisteria, abans que aquesta feina es fes mecànicament. Feien les còpies posant paper carbó a les màquines d'escriure. De manera que, al matí, s'aixecaven de prendre cafè, seien allà i, tec-tec, treien una munió de cartes d'una tongada. En aquells moments, a les redaccions, bona part de la gent encara escrivia a mà. Justament crec que en Lladó potser mai va esdevenir un bon escriptor perquè anava molt ràpid. Tenia uns motlles al cap i els repetia, adaptant les frases fetes a cada situació. El fet és que, gràcies en part a aquestes habilitats, el 1931 se'n va anar al Ministeri d'Economia, amb un grup de catalans molt ben preparats, com ara el sotssecretari, Ferran Cuito, que era l'economista que realment portava el Ministeri, o en Manuel Reventós, pare de Joan Reventós, que va ser director general de Comerç i Política Aranzelària.

Abans de marxar, en Lladó em va dir: «Jo deixo la secció universitària. Si hi vas abans que altres, potser te l'adjudicaran.» Dit i fet. La redacció de *La Publicitat* estava a menys de tres-cents metres de la universitat, a la Gran Via, a dues passes del cinema Coliseum, en una casa que una bomba va ensorrar durant la guerra civil. I, en efecte, després de parlar amb en Manuel Brunet, el cap de redacció, vaig continuar fent el que feia en Lladó: explicava les reunions d'estudiants, reproduïa convocatòries d'exàmens, canvis de catedràtics, feia comentaris propis... Era una secció bastant llegida, perquè l'universitari era un ambient al qual un hi quedava més o menys relacionat per sempre. Això es veu d'una manera admirable entre els anglesos: qui ha estudiat a Cambridge o a Oxford és una persona que forma part d'una elit intel·lectual i social. I aquí era com una còpia en brut d'aquesta tendència. A més, la politització de les aules feia que sovint jo parlés de qüestions no estrictament universitàries. En treia diners de butxaca i una mica més, i la meva firma va començar a ser coneguda. Un dels primers articles va ser publicat el 28 de juliol de 1931:

Informació universitària.

L'ESTATUT, HEUS ACÍ L'ÚNICA PREOCUPACIÓ D'AQUESTS DIES PER A L'ESTUDIANT

L'estudiant té en aquests moments un deure gran a complir. L'estudiant català, que ha tingut la sort d'ésser-ho en aquests moments, amb el seu esforç ha de consagrar la tasca que constantment desplegaren els seus predecessors, que com ell no tingueren la sort mentre eren tals, de veure el premi a llurs sacrificis. (...)

L'estudiant que en els pobles on estiueja –i més encara si és el nadiu– gaudeix d'un cert prestigi, i per tant d'una remarcable influència, té el deure de fer la més intensa propaganda de l'Estatut per tal de que tothom sàpiga ço que és i el que significa. (...)

L'editorialista de «Mirador» diu que el principal enemic de l'Estatut pot ésser molt bé l'emmandrit estiuejant i recomana que a tots els pobles s'estableixi una mena d'espionatge per aconseguir que aquests no deixin d'anar a ciutat o allà on sigui a dipositar el seu vot. (...)

Aquests dies l'estudiant té d'ésser com un agent electoral d'un partit de dimensions fins ara insospitades, d'un partit que és tot un poble, d'un partit que és tota la Catalunya. (...)

Tu ja saps, estudiant, que has de recomanar i propagar la votació de l'Estatut. Si ja tens vot, menys encara s'ha de recordar-te res; per a tu seria enutjós. No et calen tan sols raons; per sobre d'aquestes, si així es pot dir, hi ha la teva decidida voluntat.

Així doncs, a aquest primer Estatut de 1932, ja hi vaig donar suport periodístic. Al segon, el de 1979, vaig tenir l'honor de donar-li el vot com a diputat al Congrés a Madrid. Si el primer va ser objecte de debats molt encrespats a les Corts, el segon, treballós de portes endins, va ser aprovat amb facilitat. Com a secretari general d'UCD de Catalunya, vaig ser l'encarregat de fer l'explicació de vot a la tribuna del Congrés. Mentre parlava, i com que ja es coneixia el resultat positiu de la votació, alguns diputats mostraven poca atenció i d'altres marxaven, entre ells Adolfo Suárez, cap del meu partit, cosa que em va saber greu. Però, tot i així, per a mi, aquella jornada parlamentària va ser especialment emotiva perquè establia una continuïtat en la meva trajectòria, trencada per l'abisme inesquivable de la guerra civil i les seves conseqüències, els quaranta anys de Franco. Uns fets terribles que van marcar la meva vida, i no només en l'aspecte professional. Quan escric aquestes línies, a mitjans del 2006, el nou projecte d'Estatut català ha estat aprovat, però desfermant una autèntica campanya de desqualificacions per part del PP, que acapara la Constitució com si fos de la seva exclusiva propietat.

Tornant als primers anys trenta, m'anaven sorgint propostes per publicar a diferents llocs. Vaig anar a fer de passant al despatx de Xavier Regàs –pare de l'Oriol i la Rosa–, a qui havia conegut a *La Publicitat*, on ell també col·laborava. Més que escrits per dur al jutjat, acabàvem fent articles. Era un treball molt informal; ell confessava, anys després, amb un cert humor, que no m'havia pagat, però jo crec que alguna vegada sí que vaig cobrar. El pare de Xavier Regàs era un hoteler molt important i el seu fill feia d'assessor jurídic per a aquest gremi, juntament amb un parent meu, Ignasi Armengou, primer editor de Josep Pla. L'associació d'hostaleria publicava un mensual amb un títol vuitcentista, *El Viajero*, mot que aviat, a la vida corrent, va ser substituït per *turista*. El director d'*El Viajero* em va encarregar unes entrevistes amb gent que podríem dir-ne *viatjada*. El més notori va ser el comte de Güell, que havia estat l'últim alcalde de la monarquia a Barcelona. Era un home una mica solemne i protocol·lari, però dotat de molta personalitat. Quan era alcalde, comptant que els guàrdies urbans no el reconeixerien –aleshores gairebé no es publicaven fotos als diaris–, els preguntava amb accent, com si fos un turista anglès, unes determinades adreces. Una vegada, un guàrdia li va respondre: «Senyor alcalde, ja m'ho pot demanar més senzillament.» També mirava que els agents anessin ben afaitats i, quan en detectava algun de mal presentat, ho comunicava al senyor Ribé, un conegut cap de la Guàrdia Urbana.

El comte de Güell em va rebre al Palau Moja, on vivia. Com si fos un grec peripatètic, va decidir parlar passejant amunt i avall d'un gran saló. Jo li donava la dreta, però quan arribàvem al final, havia de fer un moviment ràpid per posar-me a la seva esquerra, i això, cada vegada, es repetia. Ell feia com si no se n'adonés. Em va sorprendre bastant que em digués que, als matins, per esmorzar, es bevia unes copes de *champagne.* Quan va venir la guerra es va exiliar, però com que no va voler incorporar-se a la zona d'en Franco, va romandre a la Costa Blava francesa. Léon Daudet va escriure un article sobre ell a *L'Action Française*, titulat *Un prince catalan.* Li haurien confiscat les finques que tenia si no fos que el seu fill Claudi, el comte de Ruiseñada, va fer mans i mànigues per impedir-ho, aprofitant que tenia un bon contacte amb Franco. A la seva finca de Toledo van tenir una històrica reunió –amb resultats negatius– Don Joan de Borbó i el mateix general Franco.

En els temps de *La Publicitat*, també vaig començar a prestar la meva col·laboració a un amic meu, Josep Serra Roca, que era fundador i director de Viatges Catalònia. La meva *feina* consistia, de tant en tant, a afegir-me a un dels seus viatges en grup, i, en tornar, fer un report recollint el que havia anat bé i el que no havia funcionat. Era una mena de periodisme, també, però no publicat. No em pagava amb diners, sinó amb els viatges; així vaig visitar les Balears, París, Londres, Portugal, Suïssa...

S'ha de considerar que els diaris de l'època tenien pocs diners. Funcionaven, més que com a empreses, com a un mitjà de partit, i, per tant, encara que hi haguessin anuncis, el resultat solia ser de números vermells. Els notables del partit respectiu eren els encarregats d'eixugar a escot aquestes pèrdues. Algunes persones subvencionaven personalment tot un diari, com en Pich i Pon, del Partit Radical Republicà, que va ser alcalde de Barcelona, sovint caricaturitzat a *El Be Negre* amb una bombeta sobre el cap, com la llengua de foc dels apòstols, perquè tenia molt bons negocis elèctrics. Home ignorant però llest, se li atribuïen errors com voler posar fi a una discussió a l'ajuntament dient: «Basta de fobias y de fibias, aquí todos somos hermafroditas.» Aquest polític finançava *El Día Gráfico* i *La Noche*.

A la Lliga, en Francesc Cambó i alguns empresaris donaven diners per a *La Veu de Catalunya*. Tampoc hi perdien gaire, perquè el paper era barat i als periodistes se'ls pagava poc i, a més, hi havia comptats professionals a dedicació total, només tres o quatre a cada diari, amb excepcions com *La Vanguardia*. El fenomen curiós és que els diaris es feien pràcticament sense periodistes. A *La Publicitat*, que és el que d'entrada vaig viure, devien ser uns cinc. El mateix director, en Carles Capdevila, era un actor que de vegades representava una obra teatral; de tant en tant, interrompia l'escriptura d'un article per escenificar-nos un fragment de *Terra Baixa* (li agradava fer de Manelic). Però les seccions les escrivien professionals de cada matèria. Cal dir que la majoria estaven ben fetes, perquè era gent que sabien de què parlaven, si bé els caps de redacció havien d'esmenar-los sovint els textos. La secció de medicina la feia un metge, que hi venia de tant en tant, i deixava a la taula la seva col·laboració. Hi havia una secció d'aeronàutica feta per un aviador anomenat Foyé, que explicava, per exemple, les característiques dels nous models d'avions. A través seu, vaig conèixer en Canudes i en Carreres, que mantenien al Prat una instal·lació de «bateig aeri»; amb ells, vaig fer diversos vols. El sobrevol de la Costa Brava fins al golf de Roses, inoblidable: encara em ve a la memòria la visió d'aquelles platges, contemplades amb mig cos sortint fora de l'avioneta, paladejant detalls avui impossibles de veure des del cel, perquè els avions volen més ràpidament i a una alçada superior. Anys després, durant la guerra, Canudes i Carreres van ser notables aviadors de les forces republicanes. Les seves avionetes eren millors que les de l'exèrcit francès de finals de la gran guerra. Després de l'armistici del 1918, van convidar el mariscal Foix a un bateig aeri, i ell va respondre: «D'acord, a condició que volin baix i a poc a poc», sense saber que acabava d'esmentar els dos perills més grans d'un vol aeri.

També tenia amistat amb els altres col·laboradors, com en Trigo, un nedador del CN Barcelona, que escrivia sobre la selecció de waterpolo, a la qual pertanyia. La borsa, la tractava en Vandellós, un economista empordanès amb cara d'àliga que va ser un dels primers a manejar estadístiques i autor del llibre *Catalunya, poble decadent*, on, a causa de la poca natalitat barcelonina, preveia un futur amb una Catalunya mancada de catalans...

A part, hi havia els escriptors col·laboradors fixos, com en Carles Soldevila, que feia el seu «Full de Dietari», mitja columna diària. Acudia cada tarda a la Gran Via, en sortir de la Diputació (després Generalitat), on treballava. Tenia un nas afilat, com la seva ploma. Va publicar l'obra de teatre *Civilitzats, tanmateix*, un títol que el retrata molt bé, perquè era educat i posseïdor d'una vasta cultura, un europeu obert a l'art i a la vida social, creador i director del periòdic *D'Ací i d'allà*, dedicat a les arts aplicades. Una revista molt adequada per a la capa més alta i distingida de la burgesia catalana, que s'hi il·lustrava sobre arquitectura, moda, decoració i literatura. Soldevila lliurava unes quartilles molt clares, tan pulcres com ell, a la mateixa taula del J.V. Foix. Aquest portava la pàgina de Lletres, on de vegades publicava textos elogiosos sobre, per exemple, el futurisme i Marinetti, lligat amb un feixisme italià encara novell. No parlava directament de política, sinó de temes culturals. Malgrat això, anys després, alguns l'han acusat injustament de filofeixista. En J.V. Foix hi passava part del matí, i sovint sostenia unes discussions a grans crits, més aviat humorístiques, amb en Manuel Brunet, el cap de redacció, que tenia una veu forta i aires expressament volguts de pagès, mentre que Foix era l'expressió senyorívola del barceloní de Sarrià. Portava un barret una mica pinxo, lleugerament inclinat cap a l'esquerra, i el seu abillament era tan acurat com descurat era el d'en Brunet, que duia un barret tan arrugat com els seus pantalons. Qui més cridava era en Brunet, fent una mica de teatre, punxant Foix: «Això de l'art modern és una carallada!», deia, i prosseguia amb una abrandada defensa del romànic i el figuratiu. En Foix, a la defensiva, anava responent com podia. Era molt divertit per als oients, als quals de fet s'adreçaven, perquè només discutien si hi havia una quantitat respectable de públic. Tocades les dues, Foix desapareixia per dedicar la segona part de la jornada a les seves feines comercials a la pastisseria de la plaça de Sarrià. Vist des d'ara, el més sorprenent és que, tots plegats, al Foix no li donàvem importància, se'l considerava una mica llauna. Quan t'agafava passant pel seu cantó, et col·locava, sense rèplica possible per part teva, tota una conferència sobre temes de la seva especialitat, com era l'art modern, el surrealisme o la projecció intel·lectual de París. Alguns de nosaltres, pocs, sabíem que era poeta perquè havíem llegit alguns dels seus versos. Però, això sí, qualsevol redactor sabia que es podia recórrer a ell per rebre'n precisions gramaticals o lèxiques, perquè el seu català era impecable. Ara m'agrada recordar-lo quan, camí de Sarrià, passo per l'avinguda que porta el seu nom.

Una persona recollia tots els materials, els ordenava i els enviava a la impremta, que estava al barri del Raval, al carrer Marquès de Barberà, continuació del carrer Unió. Hi havia dues redaccions, la de dia, una elegant casa burgesa a la Gran Via, i la de nit, que estava en un entresòl de mala mort a sobre de la impremta. Era un lloc molt incòmode, feia molta calor a l'estiu, amb molt de fum i flaire de cafè i cigalons. Hi havia cabines telefòniques per rebre les trucades de redactors i informadors. Cada nit hi passava en Joan Tomàs, que treballava a l'agència de notícies Fabra, vinculada a la francesa Havas. Això li permetia saber quina personalitat famosa acabava d'arribar a Barcelona i a quin hotel s'allotjava, i era el primer a anar a fer-li una entrevista. En Tomàs –que també escrivia sobre temes de circ– tenia un tarannà bohemi i noctàmbul. En Vilà, que signava com a Critias, hi passava després dels combats de boxa, que explicava amb gran estil, a diferència d'altres redactors d'esports. En Manuel Brunet hi era al matí i també a la nit, tancant l'edició. Portava el pes del diari. El món dels redactors de nit era diferent: al carrer

Barberà hi havia pocs periodistes, que no cobraven gaire, però que eren, per exemple, poetes, com en Felip Graugés. N'hi havia un altre que es deia Pere Mialet, de Valls, autor d'un llibre titulat *Pere Mialet presenta*. No feien gaire cosa més que enganxar notícies d'agència, titular-les i ordenar-les. Allà, cada nit, es discutia acaloradament, hi havia un ambient de redacció molt més de comunitat, no com el de dia, més asèptic.

En Manuel Brunet ha tingut una posteritat injusta, uns l'han caricaturitzat bé com a feixista, bé com a ultracatòlic. En realitat, però, va mantenir postures diferents, que tenen relació amb les circumstàncies que l'envoltaren. Primer, va ser seminarista. Després de sortir del seminari va ser anarquista i, més tard, quan jo el vaig conèixer, deia que era «anarcoconservador». Amb el temps, ja va esdevenir conservador a seques. Al servei de Cambó, va escriure articles molt polèmics a *La Veu de Catalunya*, contra la revolució i la FAI. Poc abans de la guerra civil, li van etzibar un cop al cap amb una barra de ferro, i aquestes coses sempre radicalitzen. Durant uns dies se'l va veure amb el cap embenat. A la guerra civil, va salvar la vida pels pèls. Va aconseguir marxar a Itàlia, a la recerca de Cambó. Després va anar a Terra Santa, amb el pare caputxí Miquel d'Esplugues. A la redacció de *La Publicitat* vaig poder constatar els seus dots periodístics. Escrivia amb una gran facilitat i coneixements el seu comentari i, al mateix temps, mantenia discussions, de vegades molt vehements. A la nit, li treien les quartilles de paper raspós de la mà –que redactava amb una estilogràfica grossa i groga– per baixar-les a impremta i, l'endemà, era sempre per quedar-se parat: l'article era coherent i ben escrit. Després de la guerra civil, sostingué una secció fixa a *Des-*

tino, amb el pseudònim Romano, indicador de la seva prosa vaticanista.

Un dia, Manuel Brunet em va dir: «Escolta, per què no t'ocupes d'altres temes, a part de la universitat?» Arran d'aquest comentari, em van començar a encarregar coses diverses, per exemple, cobrir un míting a Sant Andreu, o un procés contra uns pistolers anarquistes que es va fer a la presó Model per raons de seguretat.

Recordo especialment un míting a una zona industrial de Barcelona. Devia ser l'any 32, perquè hi parlava el president de la Generalitat, Francesc Macià, que era ja objecte d'un fenomen de devoció pública més enllà del raonament polític. No calia que digués res, només s'havia de mostrar, dir «Catalans!» i poc més, i la gent quedava fascinada per l'anomenat Avi. Però, en aquell míting, Macià va ser, si no xiulat, sí xiuxiuejat pels nombrosos anarquistes presents, i jo vaig escriure que la gent s'havia posat a fer soroll de fregir peix en entrar el president. La ressenya va tenir eco, perquè els altres diaris no van informar d'aquest fet, potser per una excessiva veneració de la seva figura. Això anunciava que els anarquistes no estaven al costat d'ERC ni de la Generalitat, cosa que Lluís Companys no va tenir en compte el 6 d'octubre de 1934. En Brunet es va adonar de la importància d'aquesta hostilitat i va destacarla tipogràficament. Potser massa, perquè l'endemà, a la Rambla, uns de l'Esquerra, encapçalats per Ramon Pei, em varen dir: «Et mereixeries que et clavéssim un mastegot.» En Pei col·laborava a *Mirador*, on havia publicat uns reportatges des de Xangai, que la gent creia escrits per un xinès, atès el seu cognom.

A *La Publi* hi anaven no solament els periodistes i els col·laboradors, sinó també els polítics i intel·lectuals d'Acció Catalana per aportar-hi el seu pensament i suggeriments. Hi anaven abans de dinar, a l'hora de l'aperitiu, i comentaven la situació del dia. S'hi afegia el director, i sovint Rossend Llates, i un d'ells escrivia l'editorial que es desprenia de les converses. No venien cada dia els mateixos, però entre els més importants s'hi comptaven Amadeu Hurtado, Santiago Gubern, Bofill i Mates, Manuel Reventós, Eduard Ragasol, Josep Barbey, Ramon d'Abadal i Vinyals...

Al cap de redacció, Avel·lí Artís –pare d'en Tísner–, jo li solia lliurar els meus originals. Un dia, em va demanar que li presentés algun altre universitari a qui li interessés escriure. Successivament, n'hi vaig portar quatre. Tres no van servir, i un, en Josep Maria Xicota, s'hi va quedar. A *La Publicitat* només vaig tenir amics, i m'anaven encarregant coses cada cop més importants, i d'això sorgiren les col·laboracions per al setmanari *Mirador*. La meva mare estava encantada de poder sumar els articles del seu fill als retalls que col·leccionava de temes que li interessaven. Al meu pare, el veí del segon li va dir: «El seu fill, d'aquí a poc, serà diputat.» Va ser veritat..., però quasi cinquanta anys després. El meu pare, a causa de la nissaga de metges, desconsiderava una mica els altres menesters, però arran de la repercussió dels meus reportatges a *Mirador*, va canviar el seu tarannà.

L'any 1933 vaig fer per a *La Publicitat* una sèrie de reportatges dels rabassaires, un tema aleshores candent. Vaig recórrer durant un parell de setmanes diferents pobles, d'una manera incòmoda, en precaris autocars de línia, dormint a les fondes dels pobles i enviant per correu l'article del dia. Algun lector desconegut va relligar aquesta sèrie en forma de llibre perquè, moltes dècades després, en Josep Maria Cadena –qui si no?– va trobar en una llibreria de vell aquesta peça artesanal i me'n va fer present.

Acció Catalana va fracassar com a partit polític, però no com a productor d'edicions, perquè va propiciar un diari de qualitat, *La Publicitat*, el de més tirada en català i el més ben escrit de l'època. I un setmanari extraordinari, *Mirador*, modern, molt europeu, propietat d'Amadeu Hurtado. També una publicació satírica de gran èxit, *El Be Negre*. Disposava d'un grup mediàtic, que en diríem avui. Tenia lectors però no electors. Entre la Lliga i l'Esquerra Republicana, Acció Catalana no trobà espai. La Lliga era un centredreta que cobria la burgesia; l'Esquerra arreplegava gent de tot ordre –però més aviat dependents de comerç i artesans–, i els obrers eren dels sindicats. El mapa polític es completava amb el Partit Radical d'en Lerroux i, entre les forces minoritàries, Unió Democràtica de Catalunya, un partit inspirat en la democràcia cristiana italiana, que disposava d'un bon diari, *El Matí*. La CEDA, a les eleccions generals de 1933, pràcticament ja no va tenir projecció a Catalunya. Gil-Robles va pactar amb Cambó que la Lliga, al congrés dels diputats, votés sempre amb ells. Tot i que la Lliga era més liberal que la CEDA, també tenia un sector conservador, i Cambó, tot i el seu tarannà obert, no volia que ningú li restés diputats a Catalunya.

Els periodistes estaven aplegats en dues associacions: una de molt antiga, amb redactors més aviat de tendència lerrouxista, pertanyents al diari *El Diluvio*, i una altra exclusivament per a periodistes de premsa escrita en català.

Les relacions entre totes dues associacions eren bastant bones. La catalana estava presidida pel periodista polític de la Lliga Joan Costa i Deu.

No hi havia gaire relació entre intel·lectuals catalans i castellans. Però, a banda de la manca de tracte personal, molta gent de l'Ateneu sí que teníem una curiositat personal: llegíem els diaris de Madrid, i seguíem Unamuno, Ortega y Gasset, Marañón, Valle-Inclán... No coneixíem pas més la cultura castellana que la francesa, però no estàvem tancats a Catalunya. Jo vaig arribar a escriure a *El Sol*, però per un encàrrec que em va fer Josep Maria Massip, director de *La Rambla* i corresponsal d'*El Sol* a Catalunya. Va ser el primer escrit que vaig publicar en castellà, devia ser el 1932. També em va demanar un reportatge per a *La Voz* de Madrid, que era un diari de tarda del mateix grup.

L'any 1932 també s'escaigué el meu servei militar. Vaig jurar, per tant, la bandera republicana en potser la primera lleva del nou règim. Vaig servir al setè lleuger d'artilleria, regiment que era a les Drassanes. Perquè pogués dedicar temps a *La Publicitat* i a la universitat, el governador, Claudi Ametlla, un periodista molt amable, em va dir que em recomanaria perquè pogués continuar escrivint. Tanmateix, la instrucció, que eren tres mesos, l'havia de fer tothom, i vaig formar part de diversos recorreguts, amb els carros d'artilleria, cap als camps dels caputxins. Després, aquella recomanació va servir perquè anés a parar a oficines als matins i m'estalviés el servei a les tardes i les guàrdies. Un cop allà, però, vaig adonar-me que aquella feina era pitjor per a mi que la caserna. Feia d'arxivador de *partes*, que en deien. A la caserna, certament, calia fer guàrdies, es dormia poc..., però en canvi tenia dies de festa sencers i sobretot m'estava a l'aire lliure amb els companys, i no tancat en un despatx. Per això, al cap d'un temps, vaig demanar tornar al batalló. De vegades, en algunes guàrdies, com la de la tarda a les cavallerisses, hom s'adormia, cosa gravíssima que podia constituir un arrest major. Per tant, et col·locaves la baioneta a sota de la barba i, en aclucar els ulls i baixar el cap, et punxaves de seguida i et despertaves de cop. En tinc un bon record, d'aquells dies. El meu uniforme el va heretar després en Tísner, que era també a *La Publicitat* i teníem una talla semblant. Tant l'un com l'altre vàrem fer el servei anomenat «de quota». S'havia d'abonar una quantitat i pagar certes coses, però, en canvi, no s'exigia viure a la caserna i fer les prestacions d'altres soldats. T'havies de fer un uniforme a mida i pagar-lo, per exemple. El Tísner me'l va quedar a deure, com ell mateix explicava sovint.

Vet aquí una graciosa carta seva on s'excusava de no abonar-me el preu de l'uniforme (jo treballava aleshores com a secretari del conseller de Finances).

Amic Sentís:

He vingut a la conselleria però com que l'ordenança era un xic pessimista respecte a la teva vinguda aquesta tardaací, me'n vaig sense veure't.

Crec ineludible el donar-te una explicació concreta i cabal del perquè no compleixo el meu propòsit. Per una banda, he passat dos dies d'arrest al calabós de la caser-

na, la qual cosa m'ha impedit efectuar diverses gestions. Per una altra, el «devengo» del Be negre ha estat d'allò més minso. Concretament, vull dir que malgrat tots els meus esforços no he aconseguit reunir res. He sondejat, finalment, el meu pare i n'he tret la conseqüència que fins a fi de mes no n'hi haurien de cuits.

Ara ve allò de dir «lamento, em sap molt greu» etc. M'ho estalvio perquè estic convençut que et saps fer càrrec de les coses.

No m'atreveixo a dir «disposa» del

Tísner
Artís

El setè d'artilleria es va fer conegut per la seva mala estrugança quan, el 18 de juliol de 1936, sumant-se a la rebel·lió, va sortir per anar a la plaça Catalunya. Tal com explicaré més endavant, mentre pujaven per la Rambla, els guàrdies d'assalt i els de la FAI els anaven abatent a trets.

4

ULLS I ORELLES A L'ATENEU BARCELONÈS

No tenia encara vint anys quan em vaig fer soci de l'Ateneu, que freqüentaven bastants coneguts meus de *La Publicitat*, *Mirador* i *El Be Negre.* S'hi reunien en diverses tertúlies, en les quals participaven pocs estudiants. La més important era l'anomenada Penya Gran, que congregava en una rotllana alguns dels noms més destacats de la cultura catalana del moment. Jo anava assíduament a la biblioteca, perquè hi escrivia més còmode allà que a casa meva, i, un dia, en Quim Borralleras, puntal i president d'aquesta Penya Gran, va convocar-me perquè expliqués als contertulians uns esdeveniments de la universitat. Entre d'altres qüestions, responent les seves preguntes, els vaig explicar com una associació d'estudiants republicana, la FUE, volia imposar-se sobre les altres, amb mètodes, no del tot democràtics. Em van demanar que hi tornés l'endemà, per informar-los de l'evolució dels fets... i ja em vaig quedar instal·lat en aquesta penya àulica. Eren reunions restringides, la gent no gosava anar-hi: els penyistes eren darrere de dues portes, que no estaven tancades amb pany però que era necessari obrir, i qui les traspassava sense ser-ne un habitual era acollit pel silenci i les mirades interrogatives dels presents.

En Borralleras –que va ser secretari de la Junta de Museus– era un metge que no exercia. El seu pare havia fet uns quants diners a Cuba i els va invertir bé, així que el seu fill vivia de renda. Quan jo tenia uns tretze o catorze anys, de vegades, passats els exàmens, anava a casa del meu parent Fulgenci Matas, notari aleshores a Prats de Lluçanès, vila d'on procedia en Borralleras i on hi passava llargues temporades estiuenques. Allà el vaig conèixer bastant, ens trobàvem en algun berenar a les fonts, i també, conjuntament amb el meu parent, un metge i el manescal, anàvem a veure funcionar una màquina de batre el blat –signe de gran modernitat– que ells havien comprat i que llogaven a preus mòdics a diferents pagesos, que, per torns, la feien servir.

A la Penya Gran també hi havia, entre d'altres, Josep Maria de Sagarra, Pere Rahola, Pere Comes, Joaquim Ventalló, Joan-Baptista Solervicens, Joaquim Folch i Torres, el notari Raimon Noguera, August Matons, Alexandre Plana, Enric Jardí, Camps Margarit, Mercader Pintó, el doctor Dalí (oncle d'en Salvador), Rossend Llates, Josep Maria Planas, Lluhí Vallescà... Avel·lí Artís (qui després prengué el nom de Sempronio) i jo érem els únics nois joves de la colla. Ell hi seguia la tradició familiar perquè ja hi era el seu pare.

En Sagarra era un poeta i erudit i, alhora, un home elegant i *bon vivant*, més distingit que els altres. El recobria una pàtina aristocràtica que li venia, em sembla, per la banda dels Castellarnau, el seu segon cognom, emparentat amb la noblesa catalana. Sovint, abans de posar-se a escriure la seva secció «L'Aperitiu» per a *Mirador*, feia unes quantes passes pel pati-jardí de l'Ateneu. Li cruixien les sabates, segurament perquè eren molt bones i fetes a mà. Josep Maria Planas l'imitava una mica, i algunes vegades bastia els seus articles amb el que li sentia dir, emprant fins i tot el mateix to sorneguer.

Hi havia un altre *elegant* que, com en Borralleras, tampoc no treballava, la qual cosa, aleshores, no estava gens mal vista. Es deia Màrius Gifreda, tenia aficions literàries i artístiques, i escrivia al *Mirador.* Amb en Sagarra, la Mercè Devesa, aleshores nòvia seva, i Gifreda, havíem anat a banyar-nos a Badalona, a una platja poc concorreguda, que era de molt difícil accés, a través de camps cultivats, on hi havia instal·lats uns banys que es deien *El Mar del Plata.*

Pere Rahola, calb i amb una barba molt florida, tenia una veu de tro. Havia estat diverses vegades diputat de la Lliga i ministre de Marina en una ocasió. D'altra banda, l'Esquerra, a la Penya, estava molt ben representada per l'advocat Pere Comes, diputat del grup de L'Opinió –que publicava un diari–, així com per en Lluhí i Vallescà, que es féu famós un dia al congrés de diputats de Madrid perquè hi defensà l'*amor lliure.*

Martí de Riquer, molt alegre i enjogassat, era un assidu de la biblioteca, com el pintor Emili Grau-Sala o l'escriptor Ignasi Agustí. També ho era Bartomeu Rosselló-Pòrcel, un poeta mallorquí que feia molta vida a l'Ateneu perquè vivia a dispesa, cosa que, per cert, també va fer una vegada mort: en morir i no poder-se traslladar el seu cadàver a Mallorca, per la guerra civil, Salvador Espriu, gran amic seu, li va cedir la seva tomba a Arenys de Mar (la poètica Sinera). Acabada la contesa, va poder-se fer el trasllat i avui és Espriu qui hi reposa.

També hi havia a l'Ateneu algun personatge estrambòtic, com un soci que tenia la mania de la contaminació i agafava els panys de les portes sempre amb una quartilla, que després llençava.

A la Penya Gran, jo hi escoltava, més que parlar-hi. En aquella època, vaig escriure els reportatges *Viatge en Transmiserià*, al *Mirador*, sobre la vinguda incontrolada de les primeres onades migratòries. Vaig proposar la idea a en Just Cabot, director del setmanari, i ell va voler que en fes una sèrie. Murcians i gent d'Almeria venien a Barcelona en unes condicions deplorables, en òmnibus atapeïts i amb problemes d'ordre mèdic, com el tracoma, que els podia deixar cecs i que es feien curar als hospitals catalans. Era gent que acabava engrossint el lumpen i alguns es convertien en força de xoc dels anarquistes de la FAI, que els posaven una pistola a la mà. Vaig anar a Múrcia i em vaig embarcar en un autobús clandestí, que feia el trajecte fins a La Torrassa. Com que aquest reportatge va tenir una molt bona acollida, en Just Cabot volia publicar-lo en forma de llibre, car ja s'havia fet amb alguna altra sèrie, com la de Joan Terrassa *L'URSS, república de treballadors*, que va escriure en tornar d'un viatge acompanyant el ministre d'Economia, Lluís Nicolau d'Olwer. Però en Cabot va desistir del seu propòsit després d'aparèixer a *Solidaridad Obrera* una nota mig amenaçadora sobre els reportatges. El llibre no va veure la llum fins que l'editorial La Campana, l'any 1994, va decidir editar-lo, i allà explico les circumstàncies que van envoltar els fets.

A causa d'aquests reportatges, publicats a cavall entre el 1932 i 1933, vaig esdevenir força conegut; fins al punt que em trobava acceptat dintre d'un grup que potser no m'hauria correspost per l'edat. Sagarra em va citar al seu

«Aperitiu» del *Mirador* com a «el meu jovenïssim i estimat amic» (10 d'agost de 1933), tot lloant els meus textos, que, segons deia, «descobrien punts notables i curiosos de com el murcià arriba a Sants i es dedica a la penetració pacífica o armada del país». Al número dos d'*Annals del Periodisme Català*, la publicació de l'Associació de Periodistes de Barcelona, del desembre del 1933, ja hi figura la meva foto, com a un dels «conferenciants que han contribuït al curset commemoratiu del centenari de la Renaixença organitzat per l'associació», al costat de noms com Lladó Figueres, Ferran Valls i Taberner, Josep Maria López-Picó o Joan Anton Maragall.

La Penya Gran estava oberta a les informacions de gent molt diversa que passava per Barcelona. El germà de l'Avel·lí Artís, que vivia a Berlín, hi explicà els primers actes de persecució dels jueus. Josep Pla, que feia de corresponsal de *La Veu de Catalunya* a Madrid, també podia aparèixer per la Penya, com ho havia fet anys abans, en tornar d'algun dels seus viatges al nord d'Europa. Eren trobades on hi havia gent de diferents estaments i colors polítics. Els contertulians sabien que, diguessin el que fos, no serien combatuts de forma agra, i que el que hi deien tampoc no seria divulgat. Érem un orde de gent prudent, que es feia càrrec que certes coses es poden dir en petit comitè però que, esbombades, prenen un altre caire. No hi havia mesquineses, ni competitivitat ni rivalitats. Ens trobàvem a l'hora del cafè, i a la nit tornava a haver-hi penya, sovint amb la mateixa gent. La majoria n'eren addictes. Solervicens, per exemple, anava a la Fundació Bernat Metge de la Via Laietana, a «can Cambó», a complir laboralment, i després tornava a la Penya; era una part fonamental de la seva vida. Si Solervicens hagués escrit més, hauria deixat una obra sobresortint, perquè era un erudit, que posseïa un català extraordinari, i un italià excel·lent. De fet, la traducció que va fer Sagarra de la *Divina Comèdia* va ser revisada per ell. Era una boníssima persona que es resistia a treballar en el que no li agradava. Tenia el seu sou de la fundació Bernat Metge, escrivia per a *La Veu*, per a *L'Instant* i no necessitava gaires cèntims. En certa ocasió, Cambó li va demanar: «Soler –perquè li deia Soler, no Solervicens–, aquesta feina hauríem de deixar-la feta aquesta tarda...», i ell el va interrompre: «No sé pas si tindré temps perquè arribaré a les sis.» «Home, però podríeu venir abans.» I ell, que per a altres coses era molt tímid, li respongué: «Abans no... que tinc la penya de l'Ateneu.»

A la biblioteca hi havia una vitrina on exposaven les noves adquisicions de llibres. M'agradava llegir-los o, almenys, fullejar-los. De vegades, al llarg d'aquells anys 1932 i 1933, m'hi quedava a sopar; servien una truita a la francesa amb pa amb tomàquet i un petricó de vi. Vaig decidir passar a estudiar Dret per lliure i intercalava la facultat i l'Ateneu. Però em sentia més estudiant a l'Ateneu que no pas a la universitat.

Per la institució del carrer Canuda, hi circulaven molts periodistes i moltes informacions. Puc veure encara, tancant els ulls, com en Just Cabot, a la seva època de director de *Mirador* (càrrec en què havia succeït Brunet quan aquest s'apropà a la Lliga), recollia de nit els originals que anàvem lliurant els col·laboradors. Després els aplegava sobre un pupitre inclinat mentre ell mateix redactava unes notes curtes i concentrades, d'una excel·lent prosa stendhaliana. És gairebé l'únic que ha deixat escrit. En Cabot era un altre metge que mai no havia exercit, i un dels lectors més extraordinaris que hi ha hagut a Catalunya. Tenia tants llibres que, així com altres posaven un pis a la seva amiga, ell va posar un pis als seus llibres. Encara que tenia un petit local propi, el *Mirador* es feia quasi sencer a l'Ateneu. En una habitació del segon pis, Josep Maria Planas i dos o tres col·laboradors muntaven *El Be Negre*.

L'ateneista Rossend Llates va publicar un llibre que recull persones i ambients de l'època, *Trenta anys de vida catalana*, on parla de molta gent i molt poc d'ell mateix. Havia passat per la universitat, tenia molt talent, però era bastant mandrós. Quan escrivia un article, es cansava a la meitat; la primera part era sempre molt bona, però després dequeia. Deia al director que tenia fet un article quan, en realitat, només el tenia pensat. Uns notaris, potser Raimon Noguera i algun altre, es preocuparen que comptés amb uns ingressos del Col·legi de Notaris. Desconec si hi anava alguna vegada. Certs matins, passava pel Club Natació Barcelona, de vegades directament des de l'Excèlsior, el cabaret de moda de la Rambla, on havia passat la nit amb Sagarra i Planas. I allà a la platja dormia sota el sol, i després jugava una mica al frontó. A la tarda, Rossend Llates tornava a la penya, escrivia, anava a sopar amb la colla de Sagarra i tornava a començar la ronda. Solien encarregar-li els editorials de *La Publicitat* i també en feia per a *Mirador*. Era un home molt callat, bastant aristòcratic i, a causa de la seva mandra, defugia les discussions donant la raó al seu interlocutor. Era un gran musicòleg. Després de la guerra, es va casar amb la reconeguda pianista Maria Canals. Als anys seixanta, quan jo era director del *Tele/eXprés*, el vaig invitar a col·laborar-hi.

Tot i no tenir l'estatus, jo també treia el nas per l'Excèlsior, un lloc de qualitat amb taules separades, que era al costat del teatre Principal Palace, cap al final de la Rambla. Un cop franquejada l'entrada, que costava un duro, a l'interior s'establia una divisòria entre els que tenien més diners i els que en tenien menys. Josep Maria de Sagarra era dels rics i solia lluir una camisa de seda a manera d'uniforme, com tots els de la seva colla: Planas, Màrius Gifreda... Hi anaven després d'haver sopat a la terrassa de l'hotel Colón, que aleshores presidia una plaça Catalunya diferent de l'actual, car era un espai de terra batuda amb palmeres disseminades. La terrassa, acotada per mampares, s'estenia als dos costats de la curta escala que conduïa a la porta giratòria de l'hotel. Era una delícia a totes hores, especialment als capvespres de les estacions suaus. Sens dubte, va ser aquesta terrassa la que va inspirar a Sagarra el títol de la seva secció al *Mirador*, «L'Aperitiu». Els vetlladors de marbre i les cadires estaven instal·lats a sobre d'una moqueta molt espessa i acollidora. El millor era, però, la clientela, amb elegants estrangers de pas, algunes senyoretes aïllades que anomenàvem, a la francesa, *demimondaines*, i algunes tertúlies que, moltes nits, es traslladaven al menjador, a l'interior. El sopar podia ser car. De fet, jo, com que era estudiant, només vaig accedir de manera escadussera al menjador de dalt, des del qual es contemplava tota la plaça, acolorida amb els anuncis de neó.

L'efecte no volgut de la proximitat amb tots aquests importants homes de la cultura catalana va ser que no els admirés tant com ho hauria fet, de ben segur, mirant-me'ls des de lluny. La veritat és que no m'adonava de la sort que tenia de conviure amb ells i estar, per tant, exposat a la possibilitat de contagi d'alguna de les seves virtuts.

A l'Excèlsior, hi actuà Maurice Chevalier, perquè aleshores Barcelona formava part del circuit de desplaçaments de les vedetes i artistes francesos i tenia una vida cultural pròpia d'una gran ciutat europea. El Liceu, el Romea i altres locals també acollien figures tan destacades com ara Carlos Gardel o Josephine Baker. Tot Barcelona vivia molt a l'escalf de París, i fins i tot els teatres de varietats imitaven els vodevils francesos, en els quals s'especialitzà l'actor Josep Santpere, el pare de la Mary. Després d'algun sopar col·lectiu, de vegades trèiem el nas per Cal Sagristà, un lloc canalla, d'ambient homosexual, freqüentat per turistes estrangers i per algun escriptor francès com Jean Oberlé, cronista de Montmartre. També anàvem a ballar a L'Ocell de Foc, un local de *taxi-girls* del carrer Aribau famós entre els universitaris. Aquestes noies –contra el que avui pugui fer pensar el nom– no eren pas prostitutes, sinó que, senzillament, tenien com a feina ballar amb qui comprés uns quants tiquets que donaven dret a un temps determinat a la pista. Era una moda americana. N'hi havia de molt simpàtiques. El meu germà Josep Maria i jo hi anàvem sovint, en qualitat d'amics de la seva mateixa edat que les feien riure; a nosaltres sovint no ens demanaven tiquet, a diferència dels visitants amb més anys i més diners, que contemplaven amb mala cara que aquells dos galifardeus fóssim els favorits. Hi havia també concursos de ball, unes maratons que duraven dos o tres dies, fins que només quedava una parella sobre la pista. Cal dir que Barcelona seguia molt la moda nord-americana, fins i tot en aquests llastimosos concursos. De fet era l'única ciutat espanyola amb Coca-Cola abans de la guerra civil.

Altres noms que freqüentaven la terrassa del Colón eren els advocats Duran Reynals i Soler de Sojo, el pintor Joan Serra, l'escultor Viladomat, Joaquim Ventalló i l'incommensurable filòsof i *inventor* de religions Francesc Pujols, sempre irònic i prest a treure's el barret en versallesques salutacions. Un dia, en veure que una de les esmentades *demimondaines* no s'adonava que, unes taules més enllà, una amiga reclamava la seva atenció, ell es va aixecar i en un to de veu considerablement alt va dir: «Senyoreta, senyoreta...» Quan, a la fi, ella el va atendre, ell va afegir, molt seriosament: «Aquella altra puta la crida.»

Nosaltres, els més joves, anàvem a La Maison Dorée, a la mateixa plaça Catalunya. La terrassa era preciosa, però no de tanta categoria com la del Colón. Érem, sobretot, polítics i gent de la premsa, com Dalmau Costa, cap de protocol del Parlament, el Sempronio, Lladó Figueres, o l'empresari Ferré Aymà, subministrador de material d'oficina. Avui, tant una terrassa com l'altra són fredes i despersonalitzades voreres al costat de bancs.

Tots aquests ambients noctàmbuls els va reflectir el llibre *Nits de Barcelona* (Proa), de Josep Maria Planas, que va escriure el 1931, quan només tenia vint-i-quatre anys. Són retrats de locals nocturns com ara el Grill del Ritz, la Granja Royal, el Bar Americà del Colón, l'Edèn Concert... i reflecteixen l'embranzida de l'Exposició del 29.

Val a dir que, pel que fa a la vida social, a Barcelona sempre hi ha hagut una separació estricta entre l'escassa aristocràcia del país i els intel·lectuals. En aquella època, això es va intentar superar a través d'algunes conferències i trobades. Isabel Llorach, l'única barcelonina que anava als llocs en Rolls-Royce, va ser una figura destacada. Era l'hereva de les aigües medicinals Rubinat-Llorach, i a *Vida privada* Sagarra la retrata sota el nom d'Hortensia Portell. Presidia el Conferentia Club, una institució inspirada per Cambó i dirigida per Carles Soldevila. Entre 1929 i 1936, hi van desfilar molts intel·lectuals, entre ells el comte de Keiserling, Paul Valéry, André Maurois, Chesterton o Madariaga, que solien passar també per l'Ateneu, on jo vaig assistir a un acte de García Lorca, que va recitar fragments del seu *Poeta en Nueva York.* De la conferència d'André Maurois, vaig fer-ne la ressenya a *La Publicitat.* Pels salons de la casa d'Isabel Llorach no faltaren Nijinsky, Carlos Gardel o Josephine Baker. L'Alliance Française finançava els viatges dels grans escriptors francesos.

A Madrid, però, ha existit sempre més relació entre l'aristocràcia i la intel·lectualitat. El duc d'Alba, cada setmana, organitzava sopars on convidava gent com Ortega o Marañón. I no solament era el duc d'Alba, sinó el marquès de Quintanar, el comte Fontanar... Barcelona ha tingut tradicionalment poca aristocràcia i no gaire il·lustrada. L'alta burgesia tampoc no era ni cultivada ni catalanista, perquè va ser Joan Ventosa i Calvell qui, gairebé persona a persona, els va anar convencent que calia donar suport a la Lliga. Pensem que eren gent que procedien d'unes famílies que ja al segle XIX parlaven castellà, i que sempre havien votat els partits amb seu central a Madrid (que, abans de la Lliga, eren tots). Per exemple, a casa de l'industrial tèxtil Eusebi Bertrand i Serra, que llavors posseïa la primera empresa d'Espanya, tot i ser membre de la Lliga, s'hi parlava castellà.

Un altre dels ateneistes era Manolo Sagnier, un dels lectors més empedreïts que he conegut. Era d'una família important i, com en Borralleras, tampoc no havia treballat mai. Llegia fins que sortia el sol. Ho llegia tot: llibres i diaris d'arreu. Es llevava a l'hora de dinar, s'arreglava i tornava a l'Ateneu, on sopava. Atesos els seus coneixements, alguns amics s'hi apropaven a demanar-li dades diverses. Passada la guerra civil, vaig preguntar al seu cunyat, que era parent meu: «Quan va venir la guerra, què va fer, el Manolo?» I em va respondre: «Oh, va continuar llegint.» Com que no podia fer-ho a l'Ateneu, se'n va anar a viure al mas Vilanova de Reus, on vivia la seva germana, el mateix on jo vaig estar de molt petit. I allà va morir tot llegint.

Un altre dels que de tant en tant apareixia per la Penya era Manolo Bosch Barret. Va resultar que, essent ministre de Marina en Pere Rahola, el van nomenar president del Tribunal Mixte del condomini francobritànic de l'arxipèlag de les Noves Hèbrides (avui Vanuatu), al Pacífic Sud. Un càrrec per al qual estava capacitat, perquè complia els requisits de ser advocat i dominar l'anglès i el francès, cosa no gens corrent en aquella època. Però al cap d'un temps en el seu destí, va quedar decebut perquè Port Moresby, capital de les Noves Hèbrides, no era com Papeete (Tahití) contràriament al que ell s'havia imaginat. Per començar, els seus habitants, físicament, tenien tota una altra factura, que feia que a Port Moresby no hi haguessin les espectaculars *vahinés* que es trobaven a Papeete. Passada la novetat, Manolo Bosch es va cansar de l'aïllament. Quan va venir la guerra civil, en comptes de pensar que havia tingut sort, per a ell la llunyania esdevingué encara més dolorosa amb tot el que passava a Barcelona, on hi tenia família i béns. A finals de la guerra, va dimitir i es va instal·lar a París, amb la seva germana, una refugiada de primera hora que havia muntat un restaurant.

Un altre que passava moltes hores a l'Ateneu era el jove historiador Jaume Vicens Vives. Tot i que se'l veia molt més a la biblioteca que no pas a les penyes.

Després de la bona acollida de la sèrie de reportatges del *Transmiserià* al *Mirador*, un altre addicte a la Penya, el poeta Alexandre Plana, em digué: «Tu hauries de pensar a professionalitzar-te com a periodista i, per tant, ser en un diari amb solidesa econòmica. I, per a això, res millor que *La Vanguardia* –on ell col·laborava–; parlaré amb en Gaziel, el director...» Uns dies després, m'anuncià: «M'ha dit que li enviïs un reportatge i que després vagis a veure'l.» N'hi vaig trametre un sobre les barraques de Montjuïc, segurament equivocant-me de tema. En Gaziel em va rebre al seu despatx, que era auster i una mica fosc. Després de preguntar-me a quin curs estava de Dret, em va dir: «Miri, el periodisme és un treball insegur, amb el qual no s'hi pot comptar, aleatori. És un risc basar la professió en això. Jo li aconsellaria que continués la carrera.» Penso que Gaziel va fer molt bé, de parlar-me així, perquè en aquell moment el periodisme era una activitat encara bastant amateur, fora de comptades excepcions. El mateix Sagarra, a qui es presentava com a un exemple de senyor que vivia molt bé de la ploma, guanyava molt més amb el teatre que no pas a través de la premsa.

Va ser la meva única trobada amb Gaziel. Anys després, ell va pensar que, acabada la guerra, tornaria a la direcció de *La Vanguardia*. No va ser així, perquè justament aquest diari, quan el seu propietari, Carlos Godó Valls, fou objecte de l'anomenada *depuració* per les autoritats franquistes, va rebre recriminacions molt dures a causa dels articles *azañistes* de Gaziel. El ressentiment va anar creixent al cor de l'antic director, i va escriure un llibret contra els Godó. En les seves *Meditacions en el desert*, ens ataca, a Josep Maria Massip i a mi, dient que escrivíem per a qui millor ens pagava, i de mi afegia, en concret, que havia passat de servir la Generalitat a ser un defensor de l'espanyolisme del nou règim. També m'acusà d'escriure al diari de Falange, *Arriba*, malgrat que el meu record em diu que fou en algunes ocasions excepcionals, com quan aquest diari subscrigué una sèrie de reportatges des de París venuts per l'agència Efe. La meva opinió sobre els articles de Gaziel a *La Vanguardia* és que hi parlava massa personalment, sense tenir prou en compte la línia editorial del diari i, en definitiva, el catalanisme, que només li va rebrotar a la postguerra.

És per això que als que tenim una mica de memòria ens sorprèn que Gaziel sigui avui considerat per alguns un model de catalanista, perquè tret de la seva primera època a *La Veu de Catalunya*, que va deixar per *La Vanguardia*, no va publicar més en català. Ni tan sols a l'època del gran esclat republicà i catalanista, amb la Generalitat instituïda. Ell era tan adversari de la Lliga com de l'Esquerra, un defensor acèrrim del paper d'Azaña. Durant la guerra civil, com explica l'historiador Borja de Riquer a *L'últim Cambó (1936-1947)* (Eumo), Gaziel va signar un manifest de suport als militars revoltats, anomenant-los «exèrcit alliberador». Només després de la guerra, corroït pel despit, va tornar al català que havia utilitzat en la seva joventut, en les seves magnífiques «Cartes de París» a *La Veu de Catalunya*.

Alexandre Plana no va reeixir en la seva intervenció a favor meu. En canvi, va tenir més sort quan va promocionar un jove Josep Pla perquè escrivís a *La Publicidad*. Més tard, la propietat d'aquest diari va passar de mà i Pla, corresponsal a Berlín, va deixar de rebre el seu sou. Aleshores Plana va organitzar una col·lecta entre els membres de la Penya Gran per poder-li enviar els diners que devia a la pensió i l'import del bitllet de tornada. Borralleras i Plana s'encarregaven de recollir aquest tipus d'aportacions. A la Penya hi havia diferents nivells econòmics. Els que no patien mai cap problema per participar a les col·lectes eren l'empresari Camps Margarit; Soler de Sojo, un advocat d'assumptes navals; o Pere Comes, que tenia un gran bufet d'advocats.

5

EL 6 D'OCTUBRE

Els fets del 6 d'octubre de 1934 els vaig viure des de l'interior de la Generalitat bombardejada per l'exèrcit, però no pas com a periodista sinó en qualitat de secretari particular d'un membre del consell executiu, Martí Esteve. Això va fer que em sentís obligat a mantenir una confidencialitat que naturalment avui, quan escric aquest llibre, ha prescrit.

A finals del 1933, Lluís Companys va formar un govern on va donar entrada a Acció Catalana, en la persona de Martí Esteve, que va ocupar la conselleria de Finances, un càrrec sempre difícil de trobar, per l'alta qualificació que demana. ERC, que no era un partit de quadres, potser no tenia un bon candidat propi. Aquesta decisió de Companys va aprofundir l'esquerda dins d'Acció Catalana entre els que, constatant els fracassos electorals, preconitzaven l'acostament cap a ERC, i el sector que es decantava més aviat cap a la Lliga.

La Publicitat, òrgan d'Acció Catalana, es feia a través d'una tertúlia, que influïa en la seva línia editorial. Un dels assistents era Martí Esteve, i un dia que jo estava escrivint en una taula arraconada, vaig notar de cua d'ull que m'observava. De sobte, es va acostar i em va demanar quin curs feia de Dret. «Quart», li vaig respondre, i, d'immediat, em va dir: «Com saps, seré el nou conseller de Finances de la Generalitat, si t'interessa venir com a secretari...» Jo tenia vint-i-dos anys. Va ser una cosa espontània, no va intervenir-hi ningú més. Ignoro per què es va fixar en mi; no havíem tingut pas cap contacte especial; probablement va ser a causa dels meus escrits a *La Publicitat* i a *Mirador.*

Ja instal·lat a la secretaria, el conseller creia que jo guanyava massa per ser un estudiant. Algun cop, m'havia vist al Liceu i m'havia dit: «Noi, quina joventut tan estupenda passes!»... tot i que només hi era perquè la Generalitat subvencionava el Liceu i les conselleries disposàvem, de tant en tant, d'algun abonament. El cas és que em vaig quedar una mica parat el dia que em va demanar que deixés cada mes un petit tant per cent del meu sou dins d'una capsa de la secretaria, per fer front als pidolaires que solien acostar-se als càrrecs públics. Val a dir que aquell romanent es va utilitzar en molt comptades ocasions.

Vaig treballar onze mesos a la Conselleria de Finances amb una relativa normalitat... fins al 6 d'octubre de 1934. Es vivien uns dies d'enrenou a tot Espanya, que van repercutir molt vivament dintre de la Generalitat. El novembre del 1933, la CEDA (Confederación Española de Derechas Autónomas) havia guanyat les eleccions generals, però el seu líder, Gil-Robles, va decidir, per no esverar l'oposició, que presidís el govern el republicà radical –cada cop més moderat– Alejandro Lerroux. Famós a Barcelona, Lerroux havia merescut el nom d'Emperador del Paral·lel, a causa del seu poder sobre les masses obreres. A començaments de la tardor del 1934, es van incorporar tres ministres de la CEDA al gabinet. Això va fer que les esquerres afirmessin que «els feixistes» havien entrat al govern. Es produí un moviment de signe comunista a Astúries, encapçalat pels miners. Creient que fets similars s'estendrien per tot Espanya, Companys va decidir sumar-se a l'aixecament. També van pesar sobre ell altres dues consideracions, d'àmbit estrictament català. Primerament, el fet que el conseller de Governació, Josep Dencàs, segons es deia, estigués preparant un *cop* separatista, amb la complicitat d'uns escamots feixistoides de joves ensinistrats en el maneig de les armes, que feien instrucció a Montjuïc, i que portaven com a distintiu –moda de l'època– una camisa, que en aquest cas era verd oliva. El president va voler evitar que en Dencàs li fes un *sorpasso*. En segon terme, Companys estava irritat per l'evolució de l'afer de la llei dita de «contractes de conreu», aprovada pel Parlament per tal que els rabassaires –molt propers al president– s'apropiessin de determinades terres. Els interessos dels seus propietaris eren defensats per l'Institut Català de Sant Isidre, recolzat per la Lliga. Els parlamentaris d'aquest partit varen recórrer la llei al Tribunal Constitucional de l'Estat, que els va donar la raó i la llei es va anul·lar, però la Lliga va ser titllada d'anticatalana. Tots aquests factors van fer que Companys optés per una posició molt radical i, vinguda l'ocasió, per aixecar-se contra la legalitat vigent.

El dissabte 6 d'octubre, en plena vaga general, hi va haver molt rebombori, en protesta pel nou govern de Madrid. A la Generalitat es va celebrar un consell executiu dramàtic, car hi havia consellers gens partidaris de prendre una posició de ruptura constitucional, entre ells Martí Esteve. Però Companys, que anteriorment no havia estat mai catalanista i arrossegava un cert complex, va comunicar que proclamaria, des del balcó de la Generalitat, l'Estat Català dintre de la República Federal Espanyola. Sens dubte, recordava l'èxit de quan, uns anys enrere, havia sortit al balcó de l'ajuntament a proclamar la República espanyola. Aquell 14 d'abril tot li havia rodat molt bé, massa bé... i això el va fer creure que podria repetir una cosa semblant. Quan, passat el migdia, el conseller Martí Esteve va travessar el meu despatx de secretari per anar al seu, em va dir, textualment: «Encara ets aquí? Vés-te'n cap a casa, que això acabarà molt malament!» I jo vaig dir-me: «Aquest home em considera un noiet que no està per coses de risc.» I, passant per alt la seva recomanació, m'hi vaig quedar.

Jo ho sabia prou bé, que hi havia risc, perquè havia estat parlant, com sempre que hi havia consell, amb el poeta Melcior Font, secretari del conseller de Cultura, Ventura Gassol, i amb en Joan Alavedra, secretari del president Companys, com abans ho havia estat de Francesc Macià. Ells també creien que era un greu error el que Companys estava a punt de cometre, perquè no es tractava de presentar cap demanda a les Corts a Madrid, sinó d'un aixecament en tota regla, com els que altres vegades havien fet els militars. El 6 d'octubre ja va indicar que les esquerres del país patien la síndrome «*pas d'ennemi à gauche*», consistent en no voler tenir cap adversari a l'esquerra d'un mateix, i això pot donar lloc a prendre posicions molt extremades.

La cosa va acabar tan malament com havia pronosticat en Martí Esteve. A les vuit de la tarda, Companys va sortir al balcó i va dir: «Catalans, les forces monarquitzants i feixistes que des de fa algun temps pretenen trair la República han aconseguit els seus objectius i han assaltat el poder. (...) La República, en els seus fonamentals postulats democràtics, es troba en gravíssim perill. (...) El Govern de la Generalitat trenca, des d'aquest moment, tota relació amb les institucions falsejades. (...) En aquesta hora solemne, en nom del poble i del Parlament, el Govern que presideixo assumeix totes les facultats del poder a Catalunya i proclama l'Estat Català de la República Federal Espanyola. Cadascú en el seu lloc i la República en el cor de tots!»

Estàvem tots expectants a veure quina seria la reacció popular, però a la plaça Sant Jaume no va venir pràcticament ningú a fer costat al president, ni els rabassaires, que es van limitar a causar alguns estralls anticlericals als seus llocs de radicació. Els únics que a Barcelona tenien força al carrer, els anarquistes, van considerar que la Generalitat actuava en raó d'un nacionalisme per a ells completament aliè, com es demostraria dos anys després, quan els seus pistolers van assassinar els germans Badia, vinculats als serveis de seguretat de la Generalitat. Els sindicats anarquistes van jugar molt fort el 18 de juliol de 1936, però el 6 d'octubre de 1934 es van abstenir.

Al Palau de la Generalitat va començar a córrer el rumor que sortiria l'exèrcit a apagar la «rebel·lió». Més tard, es produí una trucada telefònica del capità general Batet, que també era català, al president Companys: «Si vostè no es tira enrere –li va dir–, hauré de sortir i prendré la Generalitat, perquè això és un acte contra la Constitució i el mateix Estatut de Catalunya.» Companys no va respondre, i va aguantar. Poc més tard, algú va cridar:

«Ara vindrà la tropa, tanquem les portes!» En fer-ho, va romandre a dintre, entre d'altres persones, un pobre noi immigrant, un tal Cano, que feia pocs dies que era a Barcelona, dormint al carrer; ni parlava català ni sabia res del que passava, però, com que badava al llindar de la porta, va quedar, així, lligat per atzar al destí de la Generalitat revoltada.

Com si no passés res, el cap de cerimonial va anunciar: «És l'hora de sopar!». L'home havia encarregat un àpat per al govern i els seus càrrecs, de manera que, en una d'aquelles grans sales del Palau, van començar a servir-nos el primer plat, un puré de pèsols. Just quan me l'havia acabat, va fer explosió el primer projectil de morter al pati dels Tarongers, per la banda del carrer Sant Honorat. Com els que van seguir després, va fer més soroll que no pas estralls; sembla que els projectils tenien espoleta però no metralla. La intenció de l'exèrcit no era fer cap carnisseria. Encara avui podem veure al pati dels Tarongers alguna marca d'aquells projectils de trajectòria parabòlica que llançaven des dels voltants de la plaça i queien a l'interior del Palau. En qualsevol cas, en un grau més o menys destructiu, érem bombardejats en tota regla. De seguida van apagar els llums, i el cap dels Mossos d'Esquadra, el comandant Pérez Farràs, va fer que els seus homes prenguessin posicions als balcons i finestres, mentre ens cridava: «No es moguin!» I van començar a disparar. A l'exterior, Jaume Comte, líder d'un grup separatista, responent a la proclama de Companys, va arreplegar un petit grup d'homes, que es va veure implicat en un intercanvi de trets al CADCI, al final de La Rambla, on ell mateix va caure mort amb alguna altra persona. Allà mateix va caure mort, amb altres companys seus. Van ser les úniques víctimes d'aquells fets a Barcelona. En alguns pobles allunyats va haver-hi alguna baixa, entre elles la d'un rector parroquial.

A la primera morterada, ja érem tots sota la taula, seguint les instruccions de Pérez Farràs. Jo vaig agafar el meu panet de Viena i me'l vaig posar a la butxaca, perquè vaig pensar: «Això serà llarg i no acabaràs el sopar.» I em va anar bé, me'l vaig anar cruspint de mica en mica durant tota la nit. No estava espantat, sinó absorbit per l'espectacle. Per primera vegada vaig experimentar una sensació que després es repetiria al llarg de la meva vida: ser al mig d'un esdeveniment de gran tensió i, en comptes de sentir-me'n actor o víctima, viure-ho distanciadament, com un espectador.

Mentre sentíem les primeres detonacions, alguns dels presents es van fer escàpols per un passadís que comunicava amb unes dependències de l'Institut d'Estudis Catalans. Jo, una de les primeres coses que vaig fer aquella nit va ser anar al meu despatx i recollir les monedes de plata, duros i pessetes que tenia a la capsa de cartró, aquella part del meu sou que s'apartava per als necessitats. El primer necessitat, en aquells moments, era jo.

Hi havia gent que anava i venia, i els secretaris teníem entrada a sales d'accés restringit. En una d'elles, en Josep Tarradellas em va palesar la seva actitud contrària a «aquesta trencadissa». Ell era dels que s'havia oposat a la «sortida al balcó», enfrontant-se a molts seguidors del president. A Companys se'l veia desbordat. No sabia ben bé el que li deien. I la gent, sense fer visible la seva por, guardava un gran silenci.

Malgrat les detonacions, a mitjanit em vaig endormiscar; cal dir que estava engripat i després vaig tenir febre. Existeix una foto feta poc després al saló de Sant Jordi, on es veuen amics que m'envolten i un que em pren el pols.

A la matinada, es va produir una altra trucada del general Batet. Digué a Companys que no tenia res a fer, que estava envoltat i era absurd resistir. Amb la primera llum del dia, va decidir rendir-se, malgrat les protestes de Pérez Farràs. Tot agafant un tovalló blanc, el president cercà amb l'esguard algú perquè sortís a un balcó a mostrar-lo. En mi va veure una cara coneguda i, quan semblava que m'anava a cridar, un voluntari es va avançar. Amb la dubtosa llum de l'albada, els soldats no van veure la bandera blanca i van disparar..., però no el van malferir. De seguida va entrar la tropa i tothom va quedar detingut. Durant dos o tres dies, tots els que érem allà vam haver d'acampar amb mantes entre el Saló de Sant Jordi i altres estances. Per allà vaig tornar a veure aquell pobre passavolant no català que havia acabat formant part de la revolta.

Hi ha alguns que critiquen que el general Batet ataqués el Palau de la Generalitat. Però ell es va limitar a complir les lleis bàsiques de la República, perquè ni la Constitució ni l'Estatut permetien una declaració unilateral d'una república catalana. I, mogut per les mateixes conviccions, el 18 de juliol de 1936, quan Batet era capità general de Valladolid i li van demanar que se sumés a l'aixecament militar, ell ho va refusar dient: «Jo em dec a la República. Sóc defensor d'un govern constituït i d'una Constitució.» I el van matar. Havia fet exactament el mateix que el 6 d'octubre de 1934. Era un home honorable que va saber estar en el seu paper, i que fou víctima de la seva fidelitat al govern democràticament instituït.

Tots quedàrem arrestats a Palau. Com que el meu germà Lluís era advocat de l'assessoria jurídica de la Generalitat, va aconseguir fer-me arribar un paquet amb un pijama i roba d'abric. En un parell de dies, es presentà una unitat del Terç. Molt aviat ens van traslladar al vaixell *Ciudad de Cádiz*, el correu que anava a Mallorca, requisat a la Transmediterránea. Al cap d'uns quants dies, ens van portar a un altre vaixell, més gran però no tan elegant: l'*Uruguay*.

Dels vaixells, més aviat en tinc bons records. El govern de la Generalitat estava allotjat a primera classe; nosaltres i altres funcionaris, a segona, però mantenint el contacte amb els consellers. I la resta, com aquell noi que no hi tenia res a veure, a tercera o a la bodega. Dalt del barco no hi havia cap mena de vigilància, només a les escales.

Paral·lelament, es va produir un error: van detenir Manuel Azaña, acusat d'haver participat en els fets, perquè hi va haver la coincidència que era a Barcelona aquells dies, allotjat en una casa particular. El van portar al vaixell amb nosaltres, i en un cert moment que ell estava recolzat a la barana, li vaig ser presentat, conjuntament amb altres secretaris, així que vam encaixar la mà. Com que, en realitat, no hi estava implicat, aviat el van deixar anar.

La vida al vaixell era bastant confortable. Els pares d'en Dalmau Costa, el cap de Protocol del Parlament, eren els amos de la fonda de Port de la Selva, i li van fer arribar molt aviat una cistella de vímet, d'aquelles que cruixen quan s'obren, amb uns embotits meravellosos. Així que, encara que ens donaven un ranxo que feia de mal menjar, teníem reposició pròpia. Jo també vaig rebre uns quants queviures de la meva família. Podíem enviar cartes a l'exterior i, per aquest conducte, vaig demanar al meu germà Josep Maria (a qui anomenàvem familiarment Peter) que em portés uns quants diners i una ploma estilogràfica.

Així van transcórrer uns quinze dies. Aquell octubre, com sol passar a Barcelona, el clima era molt bo: el sol era agradable, i passejàvem tot parlant amunt i avall per la coberta.

No pensàvem que ens pogués passar cap cosa greu perquè, en aquella època, les coses a Espanya –no solament a Catalunya– encara eren negociables i dialogables. Van empresonar el govern de la Generalitat, però no es va parlar mai de cap cosa que anés més enllà d'un procés amb una condemna de presó. Aquest clima de certa distensió es podia palesar amb un fet personal: uns periodistes dels que cobrien la informació de la Generalitat, entre ells Josep Maria Xicota i Josep Tarín Iglesias, s'adreçaren al general Álvarez Arenas, cap de l'ocupació de la Generalitat, dient-li, tot referint-se a mi: «Hi ha un company nostre, detingut al *Ciudad de Cádiz*, que té la convocatòria d'exàmens per acabar la carrera de Dret, i no voldríem pas que la perdés.» El general els va dir que no hi havia cap problema. I, l'endemà, em van venir a cercar dos policies de paisà –no d'uniforme, com es va publicar llavors a algun diari–, que m'acompanyaren a la universitat per examinar-me de les dues assignatures que em mancaven.

Els dos policies van seure amb mi a l'aula. Un dels dos catedràtics no sabia què passava, però l'altre, en Josep Xirau Palau, se'n va assabentar i em va sotmetre a un examen fàcil, de l'assignatura de «Procediments i Pràctiques», que era justament la que portava menys preparada. Quan vaig tornar al vaixell, ja era advocat, i ho vàrem celebrar.

Dins del vaixell, les autoritats militars van constituir un tribunal depurador. Quan em va tocar el torn de declarar al cap d'un parell de setmanes, es va constatar que la meva feina no era d'ordre polític i el meu cas va quedar sobreseït, així que vaig poder abandonar la nau. Durant aquells dies, vaig tenir ocasió de comprovar la llunyania existent entre els meus criteris polítics i els de la majoria dels que eren allà. Jo no havia militat mai a ERC, però, ara, després de veure'ls actuar, sabia que no ho faria mai. Per fer un parèntesi i airejar les idees, me'n vaig anar unes setmanes a casa del meu parent notari a la Bisbal de l'Empordà. Alguns migdies, anàvem a banyar-nos a les platges de la Costa Brava, aleshores desertes.

Passats uns mesos, després d'una meva visita personal al conseller Martí Esteve –en companyia d'un amic seu, no polític–, a la presó de Carabanchel de Madrid, abans que traslladessin els detinguts al penal gaditá del Puerto de Santa María, vaig perdre el contacte amb tot el que va significar el 6 d'octubre. Més tard, al febrer del 1936, va guanyar les eleccions Esquerra Republicana i el govern que havia estat a la presó tornà a la Generalitat. Vaig anar a saludar el conseller Esteve, que ja tenia l'amic Frederic Rahola com a nou secretari. Arribada la guerra civil, com algun altre conseller del Govern, Martí Esteve aprofità una missió que tenia encomanada per poder sortir del país i no tornar-hi més. Anà a parar a Cuba, on fou professor fins a la seva mort.

Francesc Cambó criticà la revolta del 6 d'octubre, però defensà aferrissadament el manteniment de la Generalitat i de l'autonomia, tant a Madrid com en mítings que va fer a Catalunya, oposant-se a l'amenaça de dissolució que podia venir tant del Partit Radical com de la CEDA. Tenia por d'una guerra civil. Barcelona era, des de feia anys, la capital de l'anarquisme ibèric, encara que hi havia també alguns focus a Saragossa i a Andalusia. Primerament, l'anarquisme ens havia arribat d'Itàlia. Van ser llibertaris italians els que varen assassinar la reina d'Àustria a Ginebra. També va ésser un italià l'assassí d'Antonio Cánovas del Castillo, president del consell de ministres espanyol. A Catalunya, els primers anarquistes foren teòrics, però aviat exerciren mestratge sobre els desheretats nouvinguts, que sovint es convertien en el seu braç armat. Un cas tràgic va ser el del famós Francesc Ferrer i Guàrdia, director de l'Escola Moderna d'ensenyament oral anarquista, que morí afusellat injustament pels fets de la Setmana Tràgica, car, com va dir el tinent que el va defensar al consell de guerra, «el pensamiento no delinque», i ell no havia participat en els aldarulls.

Encara se sent, de tant en tant, algú que diu que el 6 d'octubre de 1934 va ser el començament de la guerra civil. No és així, tot i que va ser-ne un avís. La diferència fonamental, per a mi, fou la no-intervenció de la FAI i dels sindicats. En canvi, sí que es va produir la seva acció determinant el 18 de juliol de 1936, amb un molt efectiu foc granat des de balcons i terrats contra els militars revoltats. Com veurem, la FAI va provocar el fracàs de l'aixecament comanat pel general Goded quasi d'immediat. I això va determinar que prenguessin el poder real, perquè tenien la moral d'haver guanyat i conservaven les armes confiscades a les casernes militars.

Fora de la Generalitat i sense feina periodística, vaig pensar dedicar-me a l'exercici de l'advocacia. Fins i tot vaig assajar fer de passant al despatx de l'advocat Cunill –gendre de Puig i Cadafalch–, a qui havia conegut a la Generalitat, per compte de la qual ell feia algun encàrrec. Encara conservo la sentència del febrer del 1935 de la primera i única vegada en què vaig exercir com a advocat a un tribunal, davant d'un jutge de Cornellà que també es deia Sentís i que no tenia res a veure amb la meva família.

L'assaig amb Cunill no va durar ni dos mesos. Manuel Brunet i Ramon d'Abadal em van comunicar que anava a sortir *L'Instant*, un diari vespertí de la Lliga, que volien que fos un producte diferent de *La Veu*, que era un diari del matí i de doctrina política. *L'Instant*, contràriament, no tindria ni tan sols editorial, sinó informació sobre espectacles, arts, esports i reportatges. La idea era que el pogués llegir qualsevol persona independentment de les seves idees polítiques. Em van fitxar per fer reportatges, bona part dels quals són el contingut del llibre *L'Instant abans del 36*, publicat per La Campana al setembre del 2004, que recull aquesta tasca de dos anys de la meva vida. La redacció estava instal·lada en un petit pis a prop de la plaça Catalunya.

L'Instant mantenia una relació molt estreta amb Ràdio Associació de Catalunya, creada per uns empresaris amics d'en Cambó, entre els quals destacava Eduard Rifà, que tenia la representació de la marca Frigidaire, l'empresa que va comercialitzar les primeres neveres, amb tant d'èxit que va donar nom al gènere: «M'he comprat una frigidaire», deia la gent, encara que no fos d'aquesta marca. A les retransmissions de la RAC, que eren totes en català, es podia sentir sovint: «Avui llegiu *L'Instant*, que publica un reportatge on s'explica...» És a dir, entre la ràdio i el diari s'establia el que avui diríem *sinèrgies*, o serveis recíprocs. Modernament és cosa corrent, però aleshores representava una veritable novetat, no solament aquí sinó també a Europa. Només a Amèrica s'havien començat a plantejar grups empresarials periodístics de ràdio i de premsa.

A la redacció de *L'Instant* hi havia un home clau, el gerent, Ramon d'Abadal i Vinyals, que em penso que exercia d'una manera desinteressada, tal com ho havia fet anteriorment a *La Publicitat*. Era una gran personalitat. Ho va demostrar després en els seus llibres d'història sobre l'època visigòtica. Anys després, va ser membre del consell privat del comte de Barcelona.

Al nou diari no hi era en Manuel Brunet, que s'havia incorporat com a comentarista polític a *La Veu*. A *L'Instant* jo em sentia molt còmode, era un diari obert, com ho prova el fet que, entre l'equip de reporters, s'hi comptava Irene Polo, una persona clarament d'esquerres. Malgrat que hi havia algunes altres dones que escrivien als diaris, Polo va ser la primera, si no l'única, que va exercir com a reporter tot terreny. Altres redactors eren Ignasi Agustí, que escrivia quasi diàriament; Modest Sabaté, que exercia de crític literari; Ramon Garriga Alemany, que portava la informació internacional i que després va ser corresponsal a Berlín durant la guerra mundial; Miquel Capdevila, que publicava reportatges retrospectius, amb els antecedents històrics dels fets d'actualitat (per circular per casa seva, calia passar entremig de grans piles de retalls de diaris); Joan-Baptista Solervicens, que col·laborava amb en Ramon d'Abadal en funcions directives... Jo, més que estar-me a Barcelona, vaig anar enllaçant viatges: Itàlia, França, Portugal... Una vegada, el diari em va citar com a «enviat especial» a les Falles, cosa que *El Be Negre* va aprofitar per fer-ne broma, perquè trobaven que València era massa a prop per a aquesta denominació.

L'Instant, com gairebé tots els diaris, no tenia una tresoreria important. Quan, per exemple, vaig anar a París, va ser amb un bitllet d'avió que havia guanyat en un concurs periodístic. Altres desplaçaments havien anat a càrrec del meu amic Josep Serra Roca, propietari de Viatges Catalònia, per al qual, això sí, havia de redactar un informe sobre el funcionament del seu tour. També vaig anar a Roma en un tren especial per al casament de Don Joan de Borbó, viatge que he explicat al llibre *Seis generaciones de Borbones y un cronista*, publicat a Edicions Destino el 2004.

A Roma vaig conèixer Eugenio Montes, el corresponsal de l'*ABC*, que el 1941 prologaria el meu llibre *La Europa que he visto morir*, on contrastava la seva posició «metafísica» amb la meva «cinematogràfica», recordant aquells moments a la capital italiana: «Mientras yo me apartaba del diálogo para leer latines mordidos por los siglos en el torso de una columna mutilada, al regresar me encontraba con que Carlos ya había aprendido la canción que con voz barítona cantaban los soldados que al alba iban a embarcar en Nápoles rumbo a la aventura y a la gloria de Abisinia.» Ell es delectava amb els crepuscles del Gianicolo, mentre que jo parava més atenció a la sortida dels avions cap a Àfrica.

Aquell any 1935, en una capital italiana castigada per les sancions de la Societat de Nacions, no hi havia a penes turistes. Tota la ciutat semblava ocupada per militars i policies que vestien els uniformes negres del feixisme. De seguida vaig incorporar-me a l'animada tertúlia diària del cafè Aragno, integrada principalment per corresponsals de la premsa espanyola, com l'esmentat Montes, i a la qual se sumava algun jove de l'ambaixada. Hi havia Manuel García Viñolas, del *Ya* de Madrid o Luis González Alonso, de l'*Ahora*. El més assabentat de tot era l'amabilíssim Juan Ramón Masoliver, corresponsal de *La Van-*

guardia, que em va introduir a l'*Stampa Estera* (associació de premsa estrangera) i fins i tot em va trobar una pensió al costat del seu hotel –de categoria massa alta per al meu diari–. El seu hotel, per cert, havia perdut el nom de De Inghilterra, car aquest país –representat per Anthony Eden, secretari d'Exteriors– era el principal promotor de les sancions contra Mussolini. En Masoliver era qui parlava millor l'italià. També cal recordar Octavio Pérez Vitoria –a qui coneixia del batxillerat i de la facultat–, que hi ampliava estudis de Dret Penal. Amb ell vam emprendre un viatge per diferents punts del país, com ara l'illa de Capri o Nàpols, on, per cert, a la plaça de l'Estació i en creuar el carrer, es va obrir la meva maleta (no devia ser de gaire qualitat), que mantenia agafada amb una mà; es van escampar per terra totes les meves pertinences, que, amb l'ajuda de l'Octavio, i molt avergonyit, vaig anar recollint. Quan esperava una esbroncada per part dels passatgers d'un retingut tramvia, vaig veure, aixecant el cap, que tots, el conductor i els passatgers, reien de bona gana (voleu més proves que, efectivament, érem a Nàpols?). De tant en tant veig l'Octavio, encara que només sigui per lamentar –tots dos nonagenaris– que tants amics i companys ens hagin deixat.

6

ESCLATA LA GUERRA

Com explico al ja esmentat *L'Instant abans del 36*, vaig passar gairebé tot l'hivern de l'any que va esclatar la guerra civil a París, a la Cité Universitaire, des d'on enviava cròniques al diari *L'Instant*. A més, com a oient, assistia a les classes que donava a la Sorbona el professor Niboyet, per al qual m'havia lliurat una carta de presentació el seu col·lega barceloní Josep Maria Trias de Bes.

Arribat el 14 de juliol de 1936, vaig prendre l'avió París-Barcelona, que feia escala a Marsella. Llavors els vols entre les dues ciutats no eren directes, car les aeronaus no gaudien de tanta autonomia de vol. Me'n recordo, del dia exacte, perquè, durant l'escala, el capità va brindar amb *champagne* en honor de la *fête nationale*, que vam celebrar la tripulació i la dotzena de passatgers.

L'endemà o l'endemà passat, vaig assistir a la Penya Gran de l'Ateneu. Faltaven, doncs, dos o tres dies perquè esclatés la guerra civil. S'hi discutia, amb una certa vehemència però sense agressivitat, sobre l'assassinat de José Calvo Sotelo la nit del 12 al 13 de juliol. En concret sobre si era un crim pitjor o equivalent al que, uns dies abans, havia costat la vida al tinent Castillo, de la Guàrdia d'Assalt. Alguns contertulians de la Lliga, com Pere Rahola, opinaven que era més greu haver assassinat un diputat, cap de la minoria, que un home d'armes, perquè aquest, en el seu ofici, assumeix uns determinats riscs. Mentre que els penyistes de l'Esquerra, també molt civilitzadament, defensaven el contrari. Per exemple, el regidor Joaquim Ventalló, d'ERC, digué rotundament «És el mateix, són dos homes. La vida d'un home val la vida d'un altre home.» La conversa reunia en una mateixa rotllana, com sempre, un grup de gent moderadament de dreta i d'esquerra.

Malgrat que fóra exagerat dir que tot Barcelona era com la Penya, aquesta tertúlia palesava, de manera emblemàtica, que el clima que es respirava aquells dies no era gens el d'una guerra civil. Contràriament, abans de marxar jo de París, el periodista català Paco Madrid, a qui em vaig trobar al Boulevard Montmartre, m'havia dit: «He abandonat la capital d'Espanya, perquè ja es dóna per començat el conflicte. No tornis ara a Espanya.» Però no solament vaig pensar que la situació a Barcelona seria diferent, sinó que justament també si es presentaven moments difícils volia romandre al costat de la meva família. Ja a l'Ateneu, em vaig convèncer que en Paco Madrid havia exagerat. La manca d'informació era total.

En canvi, el dia 17, tot sortint de matinada de l'Ateneu un grup de quatre persones, entre ells Manuel Brunet i J.B. Solervicens, vam veure que pujava, Canaletes amunt, una companyia de guàrdies civils amb gorra de caserna –no pas tricorni– i manta en bandolera. Alguns ramblistes aplaudien i cridaven: «Visca la República!» Als aplaudiments, els guàrdies responien aixecant el puny. Davant els rumors cada cop més sòlids que a les casernes s'estaven aquarterant tropes, la Guàrdia Civil va sortir al carrer a favor de la República. Per tant, no va fer causa l'endemà amb l'ordre d'aixecament del general Goded, capità general de les Balears, que, des de Mallorca, havia preparat la revolta a Barcelona.

Com en tantes coses, els fets de Barcelona i Catalunya van ser molt diferents d'altres llocs de la península. Tan diferents com contradictoris. A Barcelona, quan esclatà l'*alzamiento*, la Guàrdia Civil i la guàrdia d'assalt van dominar-ne una part, però en general aquella revolta la van capitalitzar sobretot els homes armats de la CNT-FAI. Uns i altres, des dels terrats de la Rambla van tirotejar i matar homes i algun cavall de la tropa del setè d'artilleria (on jo havia fet la mili), que havia sortit de la seva caserna de les Drassanes en direcció cap al centre. De fet, uns quants cavalls morts van romandre uns dies estesos al bell mig de la plaça Catalunya, amb la panxa inflada. En quaranta-vuit hores, com a molt, s'havia sufocat l'aixecament a tot Catalunya.

Una vegada més, un precedent militar d'èxit provocava greus equivocacions en operacions posteriors: l'experiència del 6 d'octubre de 1934 va fer creure al general Goded, dos anys després, que podia repetir la maniobra d'imposar-se ràpidament només traient les tropes al carrer. No va saber copsar la importància que havia tingut l'abstenció dels sindicats en els fets de 1934. Li va mancar informació de l'alt nivell de preparació dels anarquistes en guerrilla urbana i va patir en carn pròpia l'efectivitat de la terrible maquinària revolucionària. El fracàs va ser tan ràpid que, detingut, va haver de demanar per ràdio als seus partidaris que cessés el foc i donessin per acabat l'intent. Això no estalvià que l'afusellessin a Montjuïc amb d'altres militars. Es va continuar matant –a la mateixa plaça Catalunya es van executar oficials de l'exèrcit–, però ja com a fets escadussers. A diferència del 6 d'octubre de 1934, el 18 de juliol de 1936 es començà vessant sang des del primer moment.

La CNT-FAI va dominar automàticament tot Barcelona. Havien equipat les seves bases amb l'armament lleuger trobat a les casernes. Hi ha una fotografia on es veu el mateix president de la Generalitat assistint a un repartiment d'armes. Amb tota la «massa revolucionària» amb fusells, es van iniciar les execucions portades a terme pels comitès dits «antifeixistes», integrats, a més de la FAI, per comunistes i altra gent, que, sense cap control, anaven segant vides humanes. Fins i tot es van obrir les portes de les presons i els condemnats engruixiren el nombre d'incontrolats. Per exemple, als anomenats «passeigs» de l'Arrabassada, carretera on de matinada es trobaven els cadàvers a les cunetes. La impunitat dels revolucionaris era total.

El comitè executiu de la FAI –Ascaso, Garcia Oliver, etc.– va ocupar la residència de Francesc Cambó, situada a l'últim pis del número 30 de la Via Laietana, amb jardí al terrat, on hi van establir la seva seu. Per a ells, Cambó era l'enemic número u. Es tractava d'una qüestió ideològica: era pitjor que els militars, car era el cap genuí dels odiats burgesos. La revolució –no la guerra sinó la revolució– era contra la burgesia, i la representació màxima d'aquesta classe era Cambó: polític, financer i monàrquic. Instal·lar-se a casa seva tenia un gran simbolisme. La FAI i el seu òrgan, *Solidaridad Obrera*, eren anticatalanistes, perquè identificaven aquesta ideologia amb la burgesia.

Més que una guerra, per tant, el que jo vaig viure a Barcelona va ser una revolució. No podia ser guerra perquè un dels contrincants s'havia desfet en menys de quaranta-vuit hores. Ni jo ni ningú del meu entorn –el que avui anomenaríem catalanisme de dreta i centredreta, representat per la Lliga– va donar suport a l'aixecament militar. Però, quan van començar a ser perseguits per la FAI i els revolucionaris, llavors sí que van prendre partit, i ho van fer pels qui pensaven que podrien defensar-los o, si més no, restituir les condicions anteriors de la vida ciutadana. En el meu cas, a més, em va afectar la crema de convents i esglésies, no només perquè sóc catòlic, sinó també perquè creia que l'Església catalana d'aquell moment –parlo de la que jo vaig conèixer personalment– era bastant liberal, no veia que hagués desenvolupat cap activitat que justifiqués l'odi que li tenien. Al contrari: el cardenal Vidal i Barraquer, arquebisbe de la Tarraconense, tenia molt bones relacions amb la Generalitat, els clergues de Vic havien estat la font del nacionalisme català, i molts homes d'església llegien *El Matí* (diari d'Unió Democràtica de Catalunya). L'ambient eclesial que jo vaig viure era de submissió al poder constituït, una república laica. Com és sabut, el mateix Macià assistia a la missa dominical de la capella de Sant Jordi del Palau de la Generalitat.

Cambó no va ajudar ni poc ni molt que es produís l'aixecament militar, com alguns han dit agosaradament. Havia estat una víctima de la dictadura de Primo de Rivera, que va provocar el seu exili, i les seves posicions eren molt contràries a la intervenció política dels militars. Cambó s'assabentà del que havia passat trobant-se a bord del vaixell *Catalònia*, a les aigües de l'Adriàtic, a Abazzia, un port aleshores italià i avui croat. Des d'allà mateix, es posà en contacte amb amics personals i polítics, que havien pogut sortir del que ja s'anomenava *zona roja.* Cambó va creure que l'exèrcit alçat era l'únic que podia treure els anarquistes de Barcelona i de Catalunya. Això no vol dir que actués així perquè la seva residència estigués ocupada per la FAI. No es movia per impulsos personals; dir-ho altrament fóra erroni. Havia estat sempre en contra dels anarquistes i de tots els que apel·laven a la violència. Ell mateix, de molt jove, essent regidor, va ser víctima d'un atemptat, el 1907, camí d'un míting de la Lliga a Hostafrancs. El seu cotxe de cavalls –un faetó– va ser tirotejat i ell va quedar ferit. La bala que va rebre li va travessar el pulmó. Sempre recordava que havia tingut la convicció que moriria, a jutjar per la cara dels metges que l'atenien. Cambó ja havia anunciat que, un dia, els anarquistes prendrien els pisos de l'Eixample. Tot va succeir com si li volguessin demostrar que havia tingut raó.

Ell s'havia oposat sempre a l'adveniment d'una república, més que per motius ideològics, per raons pràctiques. La república li semblava un sistema adequat per a altres països, com ara França, però creia que a Espanya constituiria una aixeta oberta per a la demagògia de tota mena i que el país, com havia demostrat en altres moments, cauria en la violència. Temia, sobretot, una repetició a l'engròs de la Setmana Tràgica.

Una revolució anarquista triomfant, com la que s'estava produint a Barcelona, era una cosa insòlita al món. No se n'ha vist cap més que durés tant de temps, ni abans ni després. No va ser un fenomen espanyol, va succeir només a Catalunya: un país petit, controlat durant més d'un any per uns comitès anarquistes. Per entendre-ho, que no justificar-ho, cal tenir en compte la situació social de l'època, avui difícil d'imaginar, amb quantitats enormes de gent sense cobertura mèdica ni res per quan arribessin a la vellesa.

Hi ha uns quants antecedents d'anarquistes catalans. L'home que, el 1906, va tirar la bomba contra Alfons XIII i la reina Victòria Eugènia el dia del seu casament, era de Sabadell. Es deia Mateu Morral, i la fàbrica de la seva família (al soterrani de la qual havia guardat la bomba de l'atemptat) era veïna de la dels Casablancas, la família de la meva muller. També, el 1921, en Casanellas i altres van assassinar el president del govern, Eduardo Dato. Pocs països del nostre entorn poden citar tants magnicidis: Prim el 1870, Cánovas del Castillo el 1897 i Dato el 1921.

A Barcelona, els primers dies de la guerra, circulaven pel carrer les anomenades «patrulles de control». Mentre encara duraven els tiroteigs –devia ser la mateixa nit del 19 o del 20–, la meva mare em va demanar que anés a fer companyia al seu germà Mariano, padrí meu, que era metge militar i podia córrer risc. Director del laboratori de l'Hospital Militar, vidu, vivia sol, i existia la possibilitat que l'anessin a detenir. Així, si passava alguna cosa, jo podria avisar. Era un home callat, pacient, àdhuc passiu, que acceptava les coses tal com venien. Encara avui sento l'efecte que em produí escoltar a la ràdio de casa seva l'impressionant discurs radiofònic d'Indalecio Prieto: «¿De quién pueden ser las mayores posibilidades del triunfo en una guerra? De quien tenga más medios, de quien disponga de más elementos. Ello es evidentísimo. Pues bien: extensa cual es la sublevación militar que estamos combatiendo, los medios de que dispone son inferiores a los medios del gobierno. Si la guerra, cual dijo Napoleón, se gana principalmente a base de dinero, dinero y dinero, la superioridad financiera del Estado, del gobierno y de la

República, es evidente.» Va dir també que els rebels no podien guanyar perquè la República controlava Madrid, Barcelona, València, Bilbao... és a dir, les grans ciutats. Es va equivocar: no tenien els diners, sinó només els bitllets, sense una riquesa i una confiança al darrere que justifiqués el valor de la moneda. A Barcelona, almenys, el sistema econòmic i de producció es va aturar, a les fàbriques es treballava molt poc, no hi havia ni bobines de paper per imprimir els diaris confiscats. Com podien pensar els revolucionaris que matant o foragitant els empresaris podia funcionar el país? Com podien guanyar amb aquesta gent emprenedora fugida o amagada?

Al meu oncle, tot i essent militar i molt catòlic, no li va passar res: molt aviat, va tornar al seu lloc de feina, on els metges eren molt necessaris a causa dels abundants ferits que omplien els hospitals. Fou després, el 1939, quan entraren les forces dites *nacionales* quan el van separar del servei i el sotmeteren a una depuració. No sé què hauria passat si el cap dels metges militars, Gómez Ulla, que el coneixia personalment, no l'hagués avalat. Acabà la seva carrera a les Illes Canàries, on el vaig veure quan era coronel director dels laboratoris de l'exèrcit.

Tornant als inicis de la guerra civil, vaig personar-me a la redacció de *L'Instant*, incautat, com quasi tots els diaris. No haver-m'hi presentat hauria pogut marcar-me. Al rebedor hi havia un milicià assegut amb un fusell. A dintre, un altre que vigilava i un tercer que mirava els papers. Tot s'inscrivia en una aparent normalitat: ens arribava informació del que estava passant i jo podia moure'm. Per exemple, amb un company vaig anar en cotxe a Girona a cobrir una informació, em sembla que de tipus cultural. Mostràvem un salconduit donat pels milicians del diari, acreditant que estàvem en funcions. Amb aquest document anàvem passant les barreres de control. Ens trobàvem milicians que anaven al front d'Aragó. Aquesta activitat em va proporcionar informació directa del que succeïa. La gent no tenia altra cosa a fer que comunicar-se, bé per telèfon, bé visitant-se... i tothom explicava moltes històries.

Pels carrers, d'un cantó a l'altre circulaven camions descoberts amb milicians i milicianes armats. Més tard, les dones foren expulsades del front d'Aragó per l'aparició de malalties venèries. Primer els moviments bèl·lics eren tots molt caòtics, després es van organitzar una mica. Volien anar a Saragossa, on la FAI es pensava que trobaria acollida en els seus correligionaris i tot seria arribar i moldre. Però no van passar més enllà dels Monegros, perquè els militars coneixien l'ofici de la guerra, generalment ignorat pels milicians. Cada fracàs al front accentuava la repressió a Barcelona: noves execucions, ocupacions i registres de locals i de vivendes...

Els milicians també van intentar prendre l'illa de Mallorca, en un desembarcament molt ben planejat. L'estratega fou el comandant Bayo, que en comptes d'entrar-hi per la costa occidental, com va fer Jaume I, va fer la volta a l'illa i va atacar per Manacor, com si vingués d'Itàlia. Però a terra, després d'avançar uns quilòmetres, es va trobar una resistència inesperada. Després del fracàs, van reembarcar tan de pressa que es deixaren a terra un grup d'homes de cobertura. El comandant Bayo, a causa de la seva experiència, va ser l'encarregat, molts anys després, de l'expedició que va fer Fidel Castro des de Mèxic fins a Cuba, operació naval en aquest cas reeixida del tot.

Els anarquistes perdien la guerra perquè estaven dedicats a fer la revolució. En aquest sentit, els comunistes eren més estrategues, tot i que eren molts menys; deien als anarquistes: «La revolució, ja la farem després, ara cal fer la guerra.» Ells responien: «No, no, les dues coses a la vegada: la guerra i la revolució.» No van fer ni una cosa ni l'altra. No va ser fins més avançada la contesa, el maig del 1937, que l'arribada a Catalunya de la policia armada i unes unitats de l'exèrcit republicà va obligar els escopeters de la FAI a integrar-se a la disciplina de l'exèrcit. Això és el que haurien hagut de fer de bon començament, seguint el model de Trotsky, fundador de l'Exèrcit Roig a Rússia. Trotsky va concentrar tots els esforços a eliminar l'Exèrcit Blanc tsarista abans d'engegar la revolució comunista. No vull dir que, un cop desallotjats els anarquistes de la direcció militar, a Barcelona no es continués matant, perquè els comunistes van eliminar fins i tot els qui, dintre del mateix bàndol, s'oposaven a la seva línia estalinista, com l'Andreu Nin, però sí que la repressió es va produir en menor grau i d'una manera més metòdica. Cosa que, evidentment, a les víctimes no els servia de consol.

A Barcelona, cada patrulla actuava més o menys pel seu compte: uns cremaven esglésies per aquí, uns altres empaitaven capellans per allà... A la redacció m'arribava força informació d'aquests fets. Sobre els periodistes també planaven amenaces. El 24 d'agost, van matar Josep Maria Planas, de *La Publicitat*, i director d'*El Be Negre*, perquè havia publicat un reportatge sobre l'assassinat dels germans Badia, esdevingut el 28 d'abril de 1936, quan van ser morts a trets a la porta de casa seva. Planas deixava clar que Miquel Badia –que va ser cap de policia de la Generalitat– i el seu germà Josep havien estat assassinats impunement per elements de la FAI. Jo, al meu reportatge sobre l'emigració murciana, havia apuntat també que molts desgraciats eren «ajudats» per la CNT, que després els captava com a força de combat. Començava a notar un perill difús per tot arreu. La meva inexperiència, però, em feia viure tot allò d'una manera vital i fins i tot esportiva. Als vint anys, no se t'enfonsa cap món anterior, no tens res que et faci nosa, només penses en la supervivència i en protegir els teus.

Com ha explicat Borja de Riquer en el llibre *L'últim Cambó (1936-1947)*, a Catalunya, des dels primers dies de la guerra, «s'inicià un procés revolucionari, sense cap orientació ni direcció política global, que comportà no sols expropiacions i col·lectivitzacions de propietats, sinó també una onada de violència incontrolada envers els sospitosos de simpatitzar amb els rebels; començà llavors una sagnant persecució classista de membres del clergat, de polítics de dreta, especialment carlins i de la Lliga i, en general, de propietaris i homes de negocis. De fet, semblava que hom volgués fer desaparèixer físicament i política tant la burgesia catalana com l'Església catòlica». Aquestes matances es podien assimilar a un genocidi. Setanta anys després, a la gent li costa imaginar-s'ho. Els quaranta anys de repressió de Franco han esborrat aquest període. L'economista Juan Velarde Fuentes, a *Del real al euro. Una historia de la peseta* ha argumentat com el món financer internacional es va posar al costat dels revoltats: «Los relatos que hacían (sobre la zona republicana) de confiscaciones, de asesinatos de gente que conocían los financieros interlocutores, parecían reproducir, en un grado sorprendente, las noticias que habían recibido no demasiados años antes desde Rusia, desde Hungría, desde Alemania.»

Jo treballava, com ja he dit, a *L'Instant*, un diari de l'entorn d'en Cambó i, per tant, sota la màxima sospita. Havien assassinat dos diputats de la Lliga pel sol fet de ser-ho. Un d'ells, en Joan Rovira i Roure, pare del que després seria ministre d'UCD, Rovira Tarazona. Molts companys meus s'amagaren abans de marxar. L'assassinat de Planas (que es va produir quatre dies després que jo sortís de Barcelona) va causar un impacte molt fort entre els periodistes i intel·lectuals. Cal tenir en compte que *El Be Negre* d'en Planas era un diari satíric de tendència esquerrana. Tísner –que també havia escrit sobre l'assassinat dels Badia– es va allistar per anar al front republicà, lloc més segur, segons ell, que Barcelona. A les seves memòries, explica que havia rebut, a la redacció de *La Rambla*, la visita amenaçadora del pistoler Justo Bueno. Els anarquistes veien la Generalitat com un enemic, perquè abans els havien empresonat, perseguit i vigilat. Les seves milícies estaven disposades a morir i a matar, i això va fer que s'enduessin el poder.

Un estudi dels historiadors Josep M. Solé i Sabaté i Joan Villarroya i Font (*La repressió a la reraguarda catalana 1936-1939*, Publicacions de l'Abadia de Montserrat, 1989-1990) estableix que 383 membres de la Lliga van ser assassinats durant la guerra, d'entre un total de 8.360 persones a la rereguarda. Per tots els barris de Barcelona es van anar escampant les txeques, sinistres llocs on es torturava i eliminava qui era considerat enemic. La situació, tan arbitrària, feia pensar en aquells versos populars sobre la crema de convents del segle XIX, ocorreguda després de la sortida de la plaça de toros de la Barceloneta: «Hi havia cinc toros / i tots eren dolents, / i d'aquí va venir / la crema dels convents.»

El meu pare, com ja he dit, tenia un germà canonge, un altre vicari i una germana monja. D'aquí ve el coneixement directe i viscut que jo tinc de la persecució religiosa que a partir del 18 de juliol es va produir a tot Catalunya. Els meus oncles van haver de ser materialment salvats per dos dels meus germans, en Jaume i en Lluís, que, posant-se ells mateixos en perill, van traslladar-los de casa en casa de familiars i coneguts fins que els van fer travessar la frontera del Pirineu. La meva tia monja va ser més fàcil d'escamotejar: acompanyada d'una altra monja, va venir a allotjar-se al nostre pis de Barcelona; les dones no inspiraven sospita.

A la casa de Riudoms, arran del 18 de juliol, varen anar a buscar el meu oncle vicari, el Joan. Llançaren pel balcó –i després cremaren a la plaça– el que els semblà: mobles i retrats d'avantpassats (també el del pretendent carlista). El cosí germà del meu pare, Eusebi Sentís, que era farmacèutic, va tenir menys sort que els oncles capellans, perquè una patrulla li va demanar on era el seu germà militar i, en no donar-los resposta, el van traslladar a un vaixell-presó al moll de Tarragona. Un dia, en una de les *sacas* –treien o «*sacaban*» gent–, el van afusellar, pel mer afany de matança, pel seu cognom. Un home que no s'havia ficat mai en res.

Els meus germans també van ajudar a amagar el capità de l'exèrcit que buscaven, en Josep Maria Sentís Simeon. Era un carlista, ideologia reminiscent d'una altra època, que revifà a causa de les persecucions. Sabuda és l'existència del Terç de Nostra Senyora de Montserrat, compost per catalans del Requetè que sofriren moltes baixes durant la guerra. Jo no puc parlar en contra dels carlins, que sempre he vist com una cosa tradicional, romàntica però a la vegada arcaica. Una de les coses que l'aguantava és que al seu lema «Dios, Patria y Rey» hi van afegir els «fueros», element que atreia molts bascos i catalans (de fet, el catalanisme polític del segle XIX reneix de la dreta tradicionalista, oposada a un estat unitari a la francesa, la màxima modernitat liberal). Van comptar molt poc després de la guerra, escombrats pels falangistes, que els arraconaven. Tant és així que finalment els caps carlins que quedaven –entre ells, el meu parent– van anar a Estoril i van pactar amb Don Joan adherir-se a la dinastia borbònica que ell representava.

Les coses, al País Basc, eren molt diferents. Mentre allà molts capellans i seminaristes formaven a les files dels gudaris que defensaven el setge de Bilbao, a Catalunya se'ls empaitava com a conills. Durant la guerra civil, Euskadi va tastar un període d'independència *de facto*, la qual cosa podria explicar alguns fets que passen avui. Allà no foren els comunistes ni els anarquistes els que prengueren tots els poders, sinó els independentistes. Sempre s'ha parlat de la guerra civil com si fos uniforme. Sense tenir en compte les diferències segons les ciutats i els territoris. Jo mateix, si no hagués viscut el caos de Barcelona, si hagués estat per exemple a Sevilla, o en un lloc on el terror i els abusos els exercissin els «nacionals», segurament hauria pres una posició diferent.

7

UN CURT EXILI

Les informacions dramàtiques que anava captant per tot arreu, i el fet que fos quasi immediata la crida de la meva lleva, em feia veure l'abisme cada cop més a prop. Em trobava en un carreró sense sortida. Podia ser víctima del terror arbitrari de la FAI? O, pel contrari, em veuria obligat a lluitar al seu costat? Vaig considerar la recomanació de la meva família de marxar a l'estranger. Un grup de quatre periodistes de la premsa de la Lliga vàrem decidir preparar la nostra marxa. L'expedició estava formada per en Joan-Baptista Solervicens, un dels secretaris de Cambó, encarregat de qüestions culturals; en Modest Sabaté, que portava una pàgina de crítica literària a *La Veu* i a *L'Instant*; en Joan Costa i Deu, el més gran de tots, cap d'informació política de *La Veu,* i jo mateix.

El conseller de Governació de la Generalitat, Josep Maria Espanya, ens havia propiciat un passaport, gràcies a la mediació de Costa i Deu, amb qui tenia un tracte cordial tot i ser de l'oposició. El conseller Espanya ens podia fer els passaports, però això no garantia la sortida del país, perquè el poder real era dels anarquistes. Més d'una vegada he sentit explicar al president Tarradellas com va anar la primera entrevista de la CNT-FAI amb el president Companys, dos o tres dies després del 18 de juliol, al Palau de la Generalitat. Els *faieros* van descarregar sobre la taula totes les seves pistoles i cartutxeres i el president els va dir: «Vist que veniu amb això –assenyalant l'armament– és millor que us quedeu el Palau i nosaltres l'abandonarem.» «No, no, no...», van replicar els anarquistes. No volien que caigués la Generalitat, perquè els proporcionava una certa cobertura. En Companys va sospesar, inicialment, la idea de descarregar totalment la Generalitat de la responsabilitat del que passava al carrer. Però, finalment, el Govern català va decidir quedar-se, amb la voluntat de salvar el que es pogués i, a poc a poc, recuperar el poder. En Ventura Gassol, el conseller de Cultura, que havia estat seminarista, salvava companys seus capellans, començant pel mateix arquebisbe de Tarragona, Vidal i Barraquer. El comte de Godó, propietari de *La Vanguardia*, també marxà gràcies a un passaport donat pel conseller Espanya. La Generalitat pogué salvar de les cremes de les esglésies alguns tresors artístics. Arribava algun funcionari i penjava uns cartells que deien «Propietat del poble». Companys va creure que podria recuperar les regnes del poder amb una mica de temps, però no va ser així. Si, un cop dominat l'aixecament del 18 de juliol, la Generalitat hagués represès el control del país, reinstaurant la normalitat econòmica i fortificant-se per esperar l'atac rebel, a Catalunya la República hauria pogut resistir, perquè al començament Franco tenia molt poc suport, per no dir pràcticament gens. El gran error va ser incorporar la revolució com a nou element.

En tot cas, el 20 d'agost de 1936, nosaltres quatre ja teníem els passaports. Havia anat a veure el cònsol d'Itàlia, Bossi, que em va estampar els visats. Algú del grup va aconseguir que poguéssim accedir a un vaixell de càrrega alemany, el Leverkusen, que transportava productes de la Bayer. La gran dificultat era poder arribar al peu del barco. El meu germà Lluís, gràcies als seus contactes a la Generalitat, va poder facilitar-nos un cotxe de servei amb el qual vàrem anar fins al moll. Al número 39 de la revista *L'Avenç* (juny del 1981), en Modest Sabaté va narrar la nostra marxa. Prefereixo que l'expliqui ell:

> *El dia 20 d'agost de 1936, cap allà les vuit del matí un cotxe de la Generalitat de Catalunya baixava per les Rambles en direcció cap al port. En arribar al davant mateix de l'entrada del Liceu, un escamot de quatre o cinc homes, armats, l'atura. Dintre del cotxe hi havia en Joan Costa i Deu, en Solervicens, en Carles Sentís i jo mateix. La porta de darrere el cotxe és oberta d'una revolada. "Encara uns capellans que fugen", una veu malhumorada va pronunciar, tot tornant a tancar la porta, d'una gran empenta. Em recordo que en Carles Sentís i jo ens vam mirar molt fixament, potser amb un somriure interior, però era cert que acabàvem de salvar-nos d'un perill greu.*
>
> *«Encara hem de passar l'entrada del port» –va dir en Costa i Deu, quan ja érem cap a Colom, car és ben veritat que tots quatre ens havíem quedat esmaperduts.*
>
> *El moll, del qual n'ignoro el nom, és el mateix d'on surten ara els vaixells que fan la travessia fins a Palma de Mallorca. Després de baixar del cotxe –el qual duia les insígnies i l'escut de la Generalitat de Catalunya– vam entrar a un hangar, on hi havia ja moltes altres persones. Cent cinquanta, dues-centes? Els anys han destenyit les xifres, però, en tot cas, hi havia totes les que hi havien*

pogut arribar. De dins de l'hangar, per les altes portes vitrades que donaven sobre el moll, podíem veure el vaixell Leverkusen que ens esperava. Quant ens caldria esperar a nosaltres? Ningú en sabia res. I entre els grupets formats dintre d'aquell hangar, hi havia una separació psicològica creada per la por. No s'establia cap conversa. Totes les mirades anaven a través d'aquelles vidrieres, cap al vaixell, per a nosaltres una ratlla darrere la qual ja no correríem cap més perill. Eren ben bé cap a les deu del matí quan les portes sobre el moll van ser obertes. Per la que jo vaig sortir, junt amb els altres companys, es trobava davant mateix de l'escala del vaixell, l'accés de la qual era guardada per dos milicians armats amb fusells. Arribo i mostro el meu passaport. El milicià que guardava el primer escaló va mirar bé el passaport, i detenint la seva mirada a la signatura del Governador Civil (sic) *d'aquell moment, qui me l'havia lliurat, va dirme aïrat:*

«Passa, passa. Encara un de signat per l'Espanya. Però la mà ja li tremola. No en signarà gaires més, no!»

Aquell home tenia raó, perquè al cap de molt poc temps Josep Maria Espanya va haver de marxar del país, com altres consellers de la Generalitat. Com que ell era aranès, va passar fàcilment a França des de casa seva. Allò era un campi qui pugui. En cap cas eren menys catalanistes els que marxaven que els que es quedaven. Aquesta qüestió no es plantejava, encara que alguns, anys després, ho hagin manipulat. S'assassinava gent que era catalanista de tota la vida, i d'altres que no. La FAI no et perdonava per ser nacionalista; moltes vegades era al contrari, com en el cas d'en Josep Maria Planas.

Sempre he pensat que molts dels governants de les institucions de la República a Catalunya van ser gent bastant competent, amb empenta i categoria. Per exemple, Tarradellas –per a sorpresa d'en Franco– va organitzar molt bé la fabricació de material de guerra, perquè tot i que moltes fàbriques d'armes no havien caigut del cantó dels republicans, des de Barcelona es van fer metralladores i blindats, reconvertint la metal·lúrgia lleugera en indústria armamentística. Franco no ho va oblidar, i per això després va voler contrarestar, des de Madrid, la força industrial de Barcelona, aleshores gairebé única. Es fa difícil citar cap capità important o estratega de la guerra que fos català, però, en canvi, n'hi va haver uns quants que es van distingir en l'equipament i subministres, o en tasques de propaganda. A Madrid, hi va haver intel·lectuals que, l'any 1931, s'havien posat «al servicio de la República», però, quan les coses van començar a anar malament, amb la guerra i el govern Largo Caballero, van tocar el dos. Hi va haver un problema de lideratge, va faltar una classe política forta que imposés la legalitat republicana.

El meu cas no admetia opcions. Amb la família amenaçada, pertanyent a l'entorn periodístic de Cambó i amb les patrulles cremant esglésies..., quina havia de ser la meva posició? La brutal repressió i els horribles assassinats que van cometre els franquistes eren encara lluny en el temps. No ens movíem per cap ressort patriòtic –que estaria fora de lloc, perquè els dos bàndols eren del mateix país– ni ideològic. En el nostre horitzó de joves atrapats per una guerra que sentíem profundament aliena, només hi figurava el que succeïa en aquells moments a casa nostra, un malson que ens obligava a marxar del país. Certament, els morts que va acabar provocant l'altre bàndol van superar bastant en nombre les víctimes de la revolució, però això va ser posteriorment i no era cosa que poguéssim preveure. De fet, per a nosaltres era inimaginable: una cosa és que els militars no agraïssin a en Cambó el que havia fet per ells, i una altra que perseguissin el catalanisme. Quan nosaltres vam haver de decidir-nos, l'únic terror que hi havia a Catalunya era el dels anarquistes i el seu entorn. No en coneixíem cap altre. El pes de les circumstàncies immediates fou decisiu.

A bord del Leverkusen, que venia de l'Orient amb les bodegues plenes de copra –la desagradable olor de la qual s'escampava per tot el vaixell–, vàrem arribar a Gènova el 21 d'agost. Al moll hi havia una petita taula de control per evitar que, aprofitant la confusió, entressin al país persones que no fossin refugiats; hi havia un militant de la Lliga de Sabadell, anomenat Argemí, que va abraçar immediatament en Costa i Deu, també sabadellenc. Tots entràrem sense cap dificultat. Érem molta gent. Les primeres setmanes de guerra es va poder marxar de Barcelona amb una relativa facilitat, per dues raons: una era que els vaixells del port acceptaven un passatge d'exiliats, no només ocasional, com en el nostre cas, sinó que els francesos fins i tot van establir un pont marítim, sota la positiva acció del cònsol. Aprofitaren els dos vaixells de la ruta Casablanca-Marsella, que recalaven al port de Barcelona recollint refugiats, molts d'ells estrangers i d'altres que ho feien veure. La segona raó és la desorganització pròpia d'un règim anarquista, on per un cantó s'afusellava i, per l'altre, no hi havia la mateixa rigidesa per impedir fugides, algunes de les quals es permetien a canvi de diners o or.

Arribats a Gènova, la nostra idea era posar-nos en contacte amb en Cambó; sabíem que era a bord del seu vaixell, el Catalònia, a Abazzia. Vàrem anar a parar en una mena de fonda molt tronada del mateix port, la *Corona di ferro*. En un pis de dalt, s'hi allotjaven i rebien dues prostitutes. El pis de sota era de passatge i també hi havia un menjador. Arribàvem sense gaires diners, però no vaig haver d'utilitzar la peça d'or ni el parell de pedres semiprecioses que em va donar l'Antoni Oriol, parent meu joier, per a un moment de dificultat. A la sobretaula d'un dinar vàrem estar parlant de la situació europea i de si, a la guerra d'Espanya, hi intervindrien o no les potències estrangeres. En un moment determinat, va sortir el tema de l'URSS, que llavors ja tenia conflictes amb Finlàndia, país que demostrava una resistència insospitada i que feia pensar que potser els soviètics eren més febles del que semblava. Dos de nosaltres defensàvem la tesi que l'URSS no s'hi posava a fons, contra el seu veí del nord, però l'amo de la fonda, que –segons es va despendre més tard– era un confident de la policia, devia entendre malament el nostre català i va creure que fèiem un elogi de l'Exèrcit Roig. No va tardar gaire a arribar un cotxe de policia, amb dos guàrdies que ens van detenir i conduir a la *questura* per ser interrogats. Jo era el que parlava italià del grup, però no els vaig convèncer fins que, avisat el senyor Argemí, va venir a la comandància un funcionari del consolat espanyol –que ja s'havia posat a favor dels militars revoltats– a rescatar-nos. Vet aquí la paradoxa: fugint del terror roig, havíem estat detinguts per rojos.

Molt aviat, vàrem enviar un telegrama a en Cambó, amb la notícia de la nostra arribada. Ens va dir que no ens moguéssim, que ell passaria per Gènova. Tranquil·litzats, ens vàrem traslladar a una petita pensió en un barri burgès, tot i que no teníem diners. I, efectivament, en Cambó va arribar al cap d'una setmana.

Com explica en Modest Sabaté a l'article abans esmentat de *L'Avenç*, a un hotel important de la ciutat es va celebrar una entrevista d'en Cambó –i altres prohoms de la Lliga– amb emissaris de Salamanca. Nosaltres no vàrem participar-hi perquè era una conversa d'alt nivell. Els quatre periodistes ens esperàvem a una altra sala del mateix hotel. El gran tema de la trobada era si en Cambó havia de fer una manifestació d'adhesió a l'aixecament militar o no. En Cambó començava ja a ajudar materialment, amb diners, els revoltats, però, en canvi, en aquell moment no va voler fer cap demostració pública favorable. Com explica Sabaté, després d'hores d'interminable reunió, «tot d'un cop la porta, amb vidres opacs, s'obre i surt un dels prohoms de la Lliga, amb la cara descomposta, ulls excitadíssims; i en acollir-lo nosaltres s'exclama: –Punyeta, hem estat els "darrers puntals de la monarquia" i ara serem els "darrers puntals de la República". En Cambó s'havia refusat a fer cap declaració pública d'adhesió.

Aquesta postura, tanmateix, canviaria un mes i mig després, quan el mateix Cambó redactà i signà un manifest de suport a l'alçament. Sigui com sigui, i més enllà de les pressions i les tàctiques, ell era un antifeixista total. Per a ell la política era la parlamentària, no concebia cap altra fórmula. Admirava Bèlgica i Anglaterra, i no tant França. Veia els militars com un mal menor, una solució temporal, que hauria de tenir una curta duració, per aturar la disbauxa revolucionària, abans de reinstaurar la monarquia constitucional.

Una guerra civil dóna lloc a contradiccions i paradoxes. A Barcelona hi va haver, al començament, no més de dos o tres falangistes, quatre com a màxim. El que hi havia era un grup ampli de gent, pertanyent a la burgesia, o simplement catòlics, que, independentment del règim polític que pogués sorgir dels militars, veien en ells l'única manera de recuperar les seves llars i pertinences, o la seva modalitat de vida. L'argument principal d'en Cambó era: «A Catalunya, no hi tornarem, si no és perquè l'exèrcit ens obre el camí.»

Quan Cambó decideix la seva postura, cal saber veure també que Franco no era el líder, perquè hi havia diversos generals que actuaven cadascú a la seva zona. El nomenament de Franco com a «Generalísimo» es va produir el 21 de setembre de 1936 a Salamanca, no abans. En qualsevol cas, Cambó –esperonat per l'èxit que havien tingut uns articles seus al *Daily Telegraph* i altres diaris estrangers del mateix nivell, explicant el que estava passant a Catalunya– va voler establir pel seu propi compte una agència d'informació. Totes les despeses corrien a compte d'ell i d'uns quants amics polítics seus, com en Josep Bertran i Musitu, que més tard va prendre la direcció del SIFNE (Servei d'Informació de la Frontera del Nord-est d'Espanya), una organització creada per ells que donava una versió inèdita dels fets bèl·lics de Barcelona, atès que la realitat revolucionària anarquista no havia arribat quasi gens al món exterior. Cambó creia que els governants espanyols de la República estaven «desbordats per criminals vulgars» i que calia «fer comprendre a tothom que no lluiten democràcia contra dictadura, sinó barbàrie contra civilització», segons escriví a Joan Estelrich. Molt aviat, en Bertran i Musitu establí contacte amb el comte de los Andes –que havia estat cap de la Casa del Rei– i amb el general Mola, que era a Pamplona i que aquell estiu encara semblava que podria ser el cap de tots els altres generals. És sabut que en Mola va morir en un accident d'aviació, deixant el camp obert al general Francisco Franco per presidir la Junta Militar.

Aquest grup periodístic d'en Cambó aconseguí publicar articles en mitjans més o menys conservadors com *Le Figaro*, *L'Action Française*, la *Revue de France*, *La Gazette de Lausanne*, *The Daily Telegraph*, o *La Nación* de Buenos Aires.

Quan nosaltres, els quatre companys, vam veure en Cambó a Gènova, ens va dir que contactéssim amb en Bertran i Musitu. Aquest ens tornà a parlar de la necessitat d'una informació que omplís el buit deixat per la versió oficial, que quasi ignorava la rebel·lió anarquista i només parlava de l'aixecament militar. La nostra missió seria produir peces periodístiques, que després serien traduïdes a diferents idiomes. La visió que van tenir Cambó i els seus amics era tan oportuna com extraordinària, car aquesta informació no només mancava aleshores sinó que encara avui queda en l'opacitat davant d'altres qüestions. Però l'exèrcit aixecat no donava cap importància a l'opinió de la resta del món. Ja Unamuno va dir, a Salamanca, a Millán Astray: «Venceréis, pero no convenceréis.» Entre vèncer i convèncer hi ha tot un món, però els militars volien guanyar la guerra i prou. No tenien cap cura de crear una versió informativa, imprescindible de cara a l'influent món exterior. Nosaltres érem els seus «companys de viatge», no ens sentíem franquistes ni combregàvem amb l'esperit militar... però érem allà.

A més, en Cambó, que no parava quiet, va crear la més intel·lectual Oficina de Premsa i Propaganda a París, dirigida per en Joan Estelrich, per tal d'atreure intel·lectuals i altra gent important d'Europa en la comprensió dels objectius de l'exèrcit revoltat, que havia d'apagar el foc revolucionari. Van publicar la revista bimensual *Occident*, publicada a París en francès des de l'octubre del 1937 fins al maig del 1939, i on hi col ·laboraren Léon Daudet, Paul Claudel, Bernard Faÿ, el general Fabre, el vicealmirall Joubert, l'italià Arturo Farinelli, entre d'altres, a part de diferents personalitats de la Lliga i del règim de Burgos.

A partir de Gènova, amb en Cambó vaig establir una relació més personal o d'amistat. Cada vegada que ens retrobàvem, a París o Itàlia, la relació era més viva.

8

LA FEINA ALS SERVEIS D'INFORMACIÓ D'EN CAMBÓ

A les oficines de Biarritz –i altres llocs de França– dels Serveis d'Informació Frontera del Nord-est d'Espanya (SIFNE), hi havia un reduït equip de gent que traduïa les informacions que uns altres escrivíem (notes informatives sense signar). Des de la meva pensió genovesa, vaig redactar uns despatxos amb algunes de les coses que havia vist a Barcelona els primers dies de la guerra. Els traductors eren, generalment, «nois de casa bona», principalment de famílies pròximes a la Lliga, que havien de complir dues condicions que no estaven a l'abast de tothom: poder viure dels seus propis diners a l'estranger i dominar alguns idiomes. Hi havia militars «nacionals» que des d'Espanya els veien com uns «enxufats», inventors d'un sistema per passar la guerra tranquil·lament a l'estranger. Entre d'altres, s'hi comptaven els germans Gabarró, un xicot anomenat Brugada, fill del representant de la Barclays Bank a Barcelona, en Manuel Doncel –nebot d'en Bertran i Musitu– o en Daniel Ripol Noble, cosí dels Maragall, que era alt, ros, amb ulls blaus i anglès per part de mare.

De fet, el SIFNE era una organització amb tres nivells. El primer, els prohoms que hi aportaven diners. El segon, els que es pagaven totes les seves despeses, és a dir, no cobraven però tampoc no hi feien cap aportació. I un tercer grup, com jo –i una mica més tard Josep Pla–, que rebíem exclusivament l'import de les notes d'hotel i de la manutenció, que lliuràvem puntualment.

El SIFNE no va tenir gaire poder de convocatòria en el quartet sortit de Barcelona, tret del meu cas. De fet, érem molt diferents entre nosaltres. En Costa i Deu, que ja era vell i amb poca salut, no va resistir els trasbalsos de l'exili i va morir a Itàlia després d'haver escrit algun opuscle; en Solervicens no era un home d'acció, sinó un poeta sedentari, i es va quedar a viure a Itàlia, on va escriure uns llibres en contacte directe amb en Cambó; i en Modest Sabaté va decidir anar a cercar la seva muller a França, on va establir, al Voló, un petit taller de taps de suro, com el que tenia el seu pare a La Selva. Amb el pas dels anys, esdevingué una fàbrica importantíssima, la segona del món, amb tots els grans xampanyers com a clients. Després de la guerra mundial, vaig reprendre el contacte amb ell; s'enyorava de la feina de periodista, i li vaig respondre: «Doncs a mi m'agradaria tenir la fàbrica que tens tu!» En Sabaté va publicar uns quants números de *La Veu de Catalunya* al Rosselló, una *Veu* clarament antifranquista. L'Octavi Saltor Soler, pròxim a en Sabaté, és un altre cas d'un membre de la Lliga exiliat que mantingué unes posicions contràries a en Franco. Va sumar-se a la resistència –sobretot, cultural– al dictador després, però, d'haver treballat a l'oficina de París d'Estelrich. Me'n recordo dels seus dos cognoms perquè, segons em va explicar en Sabaté, escrivia a la tapa del seu quadern d'escola: «*¿Quién es el hombre más sabio? Octavio. ¿Y el hombre de más valor? Saltor. ¿Y el hombre de más saber? Octavio Saltor Soler*». En Saltor seria l'únic membre de la

Lliga que va parlar al famós míting de la Diada de Sant Boi, l'any 1976.

Més que unes instruccions precises, les ordres que rebíem eren força generals i àmplies, es tractava d'estar a disposició del SIFNE però no en un sentit militar, sinó dins d'una atmosfera liberal. Degut a la meva joventut, podia anar d'un lloc a l'altre i fins i tot passar la nit en blanc, així que, al cap d'un mes, se'm va demanar que anés a Marsella, a trobar-me amb Daniel Ripol. Com que les comunicacions estaven controlades, a Itàlia no vaig tenir ni tan sols contacte amb la família, però a Marsella em vaig reunir amb dos dels meus germans, que havien travessat el Pirineu a peu, en Lluís i en Josep Maria (aquest darrer va també fer alguns treballs per al SIFNE). Hi arribava gent de Barcelona en vaixells, molts a bord de l'Anfa, un dels dos correus francesos que cobrien la línia Marsella-Casablanca. Precisament, avançat el 1936, un dia vaig veure des del moll, abocats a la barana de l'Anfa, que estava atracant, el posat inconfusible d'en Josep Pla i la seva companya, l'Adi Enberg. Un cop desembarcats, els vaig portar a un bon restaurant a prendre una *bouillabaisse.* Pla estava molt decandit. Quan va arribar la fumejant sopa, es va posar a plorar. Era un home no especialment valent, i les havia passat de tots colors. S'havia hagut d'amagar durant moltes setmanes, perquè el buscaven per assassinar-lo. Uns anarquistes de Palafrugell li van salvar la vida donant-li refugi. Després de passar-les tan negres, en veure's davant d'una bullabessa a la Cannebière, qui no plora? Havia aconseguit marxar del país amb un passaport escandinau, facilitat pel pare de l'Adi Enberg, cònsol de Noruega a Barcelona. L'Adi Enberg –que suposàvem la seva muller– havia estat secretària d'en Cambó a

Madrid i a Barcelona. De la mateixa font que en Pla –Cambó–, com que era taquígrafa i dominava diferents idiomes, guanyava més diners, cosa que a ell li molestava.

De seguida vaig avisar en Bertran i Musitu que en Pla era allà i l'Adi i ell es van allotjar al mateix petit hotel on era jo. Tot havia de ser modest, forçosament, en una organització on ningú no cobrava cap sou. Amb en Pla, a Marsella, ens vèiem de tant en tant, ell llegia molt i em va fer descobrir els llibres d'en Simenon. Tot i això, no vam treballar mai junts: cadascú feia la seva feina. En Pla no era una persona per a la feina en equip.

També feia vida de sortir: anava a ballar, a sopar, a gaudir del bon moment del cinema francès... Sempre amb modèstia, és clar, mirant molt el que podies gastar i el que no. Un dia, em trobava al Cintra, un bar portuguès de Marsella, parlant en català amb el meu germà Josep Maria i uns que acabaven de passar a peu la frontera. Al lavabo, vaig coincidir amb un home de la taula del costat, que em va dir:

–Espanyol refugiat?

–Sí, en efecte.

–I quan pensen tornar? Quan pensen que s'acabarà la guerra?

–No ho sé, ara diuen que uns quatre mesos, potser cinc.

–Jo també m'ho pensava, quan vaig sortir de Rússia. Pensava que seria qüestió de mesos i ja fa divuit anys que sóc aquí.

Em va impressionar. Nosaltres érem refugiats, com després ho van ser els republicans. La diferència és que el nostre exili va durar poc, i per a ells una eternitat. Però he compartit aquesta condició, conec el sentiment d'estar fora del teu país, sense cap altra aspiració que poder tornar un dia a través del resultat molt incert d'una guerra. Això m'ha fet sempre sentir una empatia enorme pels exiliats, com els catalans que van anar a Mèxic, sense diners, sense futur. L'Albert Manent utilitza l'expressió «els dos exilis» en un article a *La Vanguardia* l'any 2004. No cal dir que el mateix Cambó tampoc no va tornar mai a viure a Espanya.

No vaig estar-me només a Marsella. A París vaig tenir contactes periodístics i fins i tot vaig ser convidat a una recepció que se li va fer a Jean Cocteau a l'Hotel Castille. Un dia em vaig trobar l'Eduard Ragasol, bon amic i prohom d'Acció Catalana, que hi havia anat a fer unes gestions. Em va dir: «Tu què fas per aquí? Després de la guerra, si no has estat al país, no hi podràs tornar. Si vols, et puc arreglar que ingressis a l'Acadèmia d'Oficials que hi ha a Sant Cugat.» Naturalment, no vaig acceptar.

Com ha documentat l'historiador Borja de Riquer, en Cambó va sospesar la possibilitat que jo anés a l'Oficina de París. A diferència de la feina que fèiem aleshores al SIFNE, Estelrich creia, en paraules de De Riquer, que «a París calia fer propaganda seriosa i efectiva i no sols dedicar-se a cercar informació». El 21 de novembre de 1936, Estelrich escriu a Cambó: «A Gènova, a Marsella, a Ginebra, a París, hi ha gent útil però que gairebé no fan altra cosa que redactar reports per ser llegits entre nosaltres, en els quals el *potin* ocupa massa lloc.» A començaments de 1937, Cambó escriu a Estelrich: «En Bertran diu que no es pot despendre d'en Pla i que aquest ha de continuar a Marseille. Voldria em digués, i m'ho digués telegràficament, si en Sentís podria fer el mateix servei. Com a periodista jo trobo en Sentís superior a Pla, i per entaforar-se per racons i donar-nos notícies és home també de gran utilitat.» Evidentment, Estelrich preferia

Pla, més idoni per a una revista com *Occident*, i, en la seva resposta, tres dies després, diu: «En Sentís (...), segons m'informa en Saltor, és actualment a París i treballa intensament en qüestions d'informació.» Tenia raó. No vaig fer cap altra cosa: treballar de manera anònima per a una pseudo-agència d'informació que tenia la premsa internacional com a destinatària. Encara que sortís del mateix motlle, l'Oficina de París no solament era diferent de l'organització de Bertran i Musitu, sinó que hi havia entre les dues una certa rivalitat. Si bé l'oficina d'Estelrich estava pensada per ser la redacció de l'*Occident* i per influir, des d'allà, en el món universitari i intel·lectual, no deixaven la informació de racó, perquè, en temps de guerra, s'aprofita tot. No és com en temps de pau, que molta gent no s'interessa per les notícies, sinó que tothom es preocupa de l'evolució de les coses, i tot són rumors i revelacions a cau d'orella. El tam-tam del carrer és la font principal d'informació, perquè tots els diaris poden estar censurats. Qualsevol persona es converteix en informador, en un ambient on el conflicte bèl·lic monopolitza totes les converses. Prova d'això és que, potser per donar-se més importància, el responsable de l'Oficina de París diu, el juny del 1937, en un informe enviat a Salamanca, que feia informes confidencials sobre «los manejos de los rojos en París y otras informaciones que captan los informadores de la Oficina: dicha información confidencial se entrega diariamente al Jefe del Servicio de Información Secreta de la Embajada Nacional en París». «Ambaixada» dirigida per Quiñones de León, ambaixador d'Alfons XIII a la capital francesa durant 25 anys.

Quan encara era a França, m'anava trobant que cada cop hi havia menys fonts espontànies d'informació, perquè, entre d'altres raons, s'anaven restringint les possibilitats de sortir d'Espanya. Algun cop, van aparèixer publicats escrits meus en algun diari espanyol, per falta de cura de l'organització, i se'n podia deduir l'autoria per l'estil i les coses que explicava. D'altra banda, la postura oficial francesa era de suport a la República, i era explicable que investiguessin el que uns i altres estàvem fent al seu territori: van arribar a tenir una llista amb tots els nostres noms. Tot i això, en aquell moment no hi havia cap directriu governamental clara i la policia francesa tenia una actitud ambigua: les seves actuacions depenien, en gran part, de la ideologia del comissari de torn. Una vegada varen entrar a l'habitació d'en Brugada i s'endugueren la seva agenda de treball, on s'esmentaven una pila de noms i adreces.

Tot això em va fer qüestionar el meu paper al SIFNE. Si la policia ja ho sabia tot, la llista amb els nostres noms arribaria fatalment a l'ambaixada republicana a París. No podia continuar fent el badoc. A més, els representants de Salamanca havien anat a informar-se de les activitats del SIFNE i decidiren començar a controlar l'organització.

L'acusació que he rebut de fer d'espia per a en Franco data d'aquell moment. La va llançar l'Eugeni Xammar, que aleshores era agregat de premsa a l'ambaixada republicana a París, i va tenir accés a la llista de la policia francesa on sortia el meu nom. Aquesta calúmnia, i alguna altra posterior –com que al final de la guerra vaig entrar a la casa madrilenya d'en Juan Ramón Jiménez per endur-me coses o que, molt més tard, vaig afavorir un plantejament urbanístic d'un constructor anomenat Sentís (amb el qual no tinc res a veure, tot i que tinc d'ell un bon concepte)– es varen fer servir sobretot arran de les campanyes electorals del 1977 i del 1979, a les quals em vaig presentar –i vaig sortir elegit– com a cap de llista d'UCD i de Centristes de Catalunya-UCD per Barcelona.

He esmentat la indigna acusació d'haver-me endut coses de casa de Juan Ramón Jiménez. Algú em va fer saber, quan jo vivia als EUA, el que es deia. Per això vaig enviar a Juan Ramón Jiménez aquesta carta.

Nueva York, 30 Nov. 1946

Sr. D. Juan Ramón Jimenez

Señor:

Por el hijo del malogrado Eduardo Marquina, he sabido que Vd. ha dicho que yo me había quedado con su Biblioteca de Madrid.

Sólo le mando estas líneas para informarle de que, si Vd. piensa seguir diciéndolo –yo esto no podría evitarlo– sepa categóricamente que está pronunciando una total calumnia.

Si en lugar de ser Vd. un poeta, fuese otro ser menos depurado y más dado a las pasiones políticas, no me habría tomado la molestia de mandarle esta carta.

Le saluda

Carlos Sentís

Com que aquesta mentida ha circulat fins a avui, penso que en aquestes memòries he de denunciar-la. Reproduiré uns textos de Juan Ramón Jiménez –publicats en el volum *Guerra en España* (Seix Barral, 1985)– on ell mateix explica els fets que van passar al seu domicili de Madrid.

El poeta diu «En junio de 1939, (...) allanaron mi piso, Padilla, 38, un grupo de escritores al frente de los cuales iba el joven ratero catalán F.R (...) En el grupo estaba C.M.B (...) Engañaron a mi criada Luisa (...) le dijeron que iban a recoger mis (...) para guardarlos mejor, y ella cayó en la trampa. Fueron varias veces. Se llevaron todos mis paquetes de manuscritos, cartas, (...) y además, por si hubiera duda, la máquina de escribir, el gramófono, los discos...». Continua dient l'escriptor que, un mes després, els autors d'aquest robatori van *tornar* els papers al Servicio Nacional de Propaganda y Publicaciones, i es demana, escèptic: «¿Qué fue lo que no devolvieron?». Un amic li escriu, uns dies más tard: «Estoy gestionando la devolución de los manuscritos y documentos sacados por F.R. y C.M.B. que fueron depositados en Prensa y Propaganda (...) Para mí, lo ocurrido debió ser ideado por el cuervecillo ciruela Sepepe que al marchar lo encargaría a R, el cual vino desde Barcelona para perpetrar esta hazaña y reponer su biblioteca con libros ajenos». El mateix amic es felicitarà, amb posterioritat, d'haver «restituido a casa de Luisa todo o casi todo el conjunto de carpetas blancas y amarillas que hace tiempo habían sido trasladadas de lugar en contra de su deseo (...) no puedo asegurar que esté todo completo, pero sí que debe faltar poco. (...) Luisa cree que los originales deben estar en casi su totalidad. Libros sólo han entregado 25 volúmenes diversos, de lo demás nada. Gracias a Dios no se ha perdido esta labor de 40 años de trabajo...». En cap moment el poeta esmenta el meu nom, o les meves inicials (les altres han estat atribuïdes a Fèlix Ros i a C. Martínez Barbeito). Quan, el 20 de juliol del

1939, demana a les autoritats cubanes que li gestionin el retorn dels documents, acusa a «un joven poeta» (Ros) del robatori i, el novembre, en una altra lletra, adreçada a Pablo Bilbao Arístegui, diu que van ser F.R. i C.M.B. els qui es van endur els llibres: «Los dos fueron juntos a Padilla, 38, como usted debe saber, para llevar a cabo un *encargo*», i és sempre a ells dos a qui busca i amb qui es posa en contacte per aconseguir la restitució de tots els seus béns. De fet, després de rebre una carta del poeta, C.M.B va tornar uns quants papers més, segons l'amic abans esmentat de l'escriptor li explica en una carta el 1940. El 10 de juny del 1945, Juan Ramón escriu directament a Fèlix Ros, demanant-li «todo lo que usted y sus dilijentes amigos recojieron con tanto cuidado» i, irònicament, li etziba: «Me gustaría mucho saber por ustedes mismos que estas cosas les han sido útiles o agradables». Més tard, Juan Ramón escriurà a José María Pemán demanant-li: «¿No sería posible que usted intervinera pacíficamente para que estos ladrones reintegraran a nuestra casa lo que todavía retienen?». I, finalment, el març del 1946 (primera i única vegada que apareixen les meves inicials en aquest *affaire*, segons les cites del llibre esmentat), l'amic de Juan Ramón li revela que Ros ha escrit a Pemán «avisándole la devolución de 27 volúmenes que afirma son los que tenía en su biblioteca procedentes de Padilla. Me parecen muy pocos, pero él ahora trata de cargar las culpas sobre C.S. por estar en el extranjero». De ser certa aquesta versió, ignoro per què Ros, un simple conegut meu de l'Ateneu Barcelonès i la Universitat, va donar el meu nom. Tampoc Zenobia Camprubí, la dona de Juan Ramón m'acusa als seus *Diarios*, sinó que ho fa l'editora, Graciela Palau, a una nota a peu de plana, basant-se en un reportatge calumniós de la revista *Interviú*. En qualsevol cas, resulta insòlit i extravagant que, a partir d'aquests materials, s'hagi pogut estendre la idea que jo vaig participar en aquest assalt.

El meu compromís al començament de la guerra va ser amb l'activitat informativa de l'equip d'en Cambó. La informació que jo redactava, com passa sovint en períodes bèl·lics, circulava per circuits restringits, com les mateixes cartes que enviava personalment a en Francesc Cambó, rarament per Correus sinó lliurades en mà per algú de confiança. Eren informacions que serien normals en un entorn amb llibertat d'expressió. Es podrien comparar amb una pràctica actual: les informacions de les publicacions anomenades «confidencials», a les quals solen subscriure's polítics, financers o diplomàtics. Entre la informació periodística d'aquest tipus i l'espionatge hi ha moltes diferències, però sobretot una de fonamental: no existeix la infiltració a casa de l'enemic. Fa riure que al pobre Josep Pla, que el coneixia tothom, li diguin espia. Com podia aquell home passar desapercebut? Ara bé, informació confidencial, evidentment, en Pla en va fer sempre, abans de la República, durant la República i durant la guerra. Jo parlava amb refugiats i amb polítics, d'un bàndol i de l'altre, i després escrivia. En situacions d'aquesta mena, la gent té ganes de comunicar i explica coses que, en un altre context, es guardarien per a elles. Val a dir, de totes maneres, que, si és per a una causa en la qual un creu, i no una feina mercenària, el treball d'espia pot ser honorable, com diu en John Le Carré, que en fou un. Si jo hagués fet espionatge pròpiament dit, no me n'hauria d'avergonyir. Sé que alguns companys que feien exactament la mateixa feina que jo han presumit d'haver fet d'espies. No és més que una presumpció, una vanitat pronunciada per gent que no corre els riscos dels autèntics espies. Per exemple, si hagués acceptat a París l'oferta d'Eduard Ragasol d'incorporar-me a l'Acadèmia d'Oficials republicans de Sant Cugat, i des d'allà hagués continuat escrivint informes, hauria estat un espia, evidentment. Però, com ja he dit, vaig refusar l'oferiment.

Amb la guerra, van desaparèixer els mitjans on jo publicava, però, per una altra banda, com es veu, hi havia més tema que mai. A l'estranger, jo vaig continuar fent la feina que he fet sempre. Eren els lectors els que canviaven: en lloc de ser el públic del carrer, ara eren uns senyors determinats. A la postguerra, vaig continuar enviant algunes cartes confidencials a en Cambó i altres personalitats reflectint la situació política espanyola del moment.

Tot això em provocaria un somriure, si no fos que he sentit frustració en veure que una cosa tan senzilla d'aclarir ha continuat quedant tèrbola per culpa d'interessos, frivolitats i prejudicis polítics.

Xammar diu, en el seu llibre de memòries *Seixanta anys d'anar pel món*, que l'anava a veure sovint a l'ambaixada per demanar-li feina. És una de les diverses falsedats que hi trobem: efectivament, vaig entrevistar-me amb ell, i vam parlar de la situació, però una sola vegada i mai vaig demanar-li feina ni cap altra cosa. És cert que, en casos així, en una situació de guerra i per raons que tothom pot comprendre, jo no tenia per què revelar al meu interlocutor la meva tasca ni les meves posicions polítiques. El record que en tinc d'ell és el d'un home extravertit i molt gesticulador, amb una veu molt greu. Li agradava escoltar-se, potser perquè era com un actor de teatre.

Xammar també assegura –i, sorprenentment, Cristina Badosa ho reprodueix sense contrast al seu llibre *Josep Pla, el difícil equilibri entre literatura i política 1927-1939*– que jo li vaig demanar un visat per anar a Londres. Badosa diu: «Tot i que l'extensió de visats a refugiats polítics per entrar a Anglaterra era difícil, Xammar li féu el favor.» Però, en realitat, jo no era pas oficialment un refugiat: tenia un passaport espanyol en regla, amb el qual viatjava sense cap problema, el mateix document que havia fet servir l'hivern anterior per anar al col·legi d'Espanya de la ciutat universitària de París. Tot i això, si m'hagués calgut un visat, me l'hauria hagut d'expedir l'ambaixada britànica a París i no pas l'agregat de premsa de l'ambaixada espanyola, com sap qualsevol persona que hagi viatjat mínimament.

Prova d'això és que, tot i tenir la meva base a França, jo feia sovint desplaçaments a altres països. A Brussel·les, per exemple, vaig parlar amb en Josep Carner. El seu pare era amic del meu avi, i ell em tenia força confiança. L'any 1934, fins i tot em va demanar que aconseguís que Lluís Companys intercedís davant Lerroux a favor d'un destí diplomàtic que ell desitjava. Encara recordo les seves profètiques paraules, quan el vaig visitar: «Aquests de la Lliga es pensen que els militars, després de la guerra, els tindran en compte, però van ben errats: els tractaran a puntades de peu!»

El cas és que vaig desplaçar-me a Londres, amb la intenció d'escoltar els refugiats que hi arribaven, com l'amic Josep Vergés, després editor. Ell aleshores dubtava de si havia de quedar-se a viure a Anglaterra, on es guanyava modestament la vida gràcies a la situació que li havia proporcionat un parent seu anomenat Carreras, empresari del món del suro, que produïa el filtre per als famosos cigarrets Craven A. De fet, com ell va reconèixer, jo vaig ser l'artífex del seu contacte amb *Destino*, car li vaig recomanar en plena guerra que anés trobar a Burgos aquell grup, molts d'ells amics meus (Ignasi Agustí, Masoliver, Javier de Salas i altres ateneistes...). Acabaria, molts anys després, com se sap, portant la revista. I em recordà, com qui diu una *boutade*, un cop que es barallà amb l'Ignasi Agustí: «Veus? Tinc aquests problemes per culpa teva!» Però no em va dir res de semblant quan la revista esdevingué una molt rendible editorial de la seva copropietat. En les seves velleses, em consta que va dir a la seva família que jo era un dels millors amics que havia tingut a la vida.

A Londres, a un Lion's Corner House –una cadena de cafeteries populars, on era costum compartir taula amb desconeguts– vaig seure amb uns amics. Quan tot just començàvem a parlar, una senyora del costat que semblava molt anglesa i que estava sola ens va advertir: «Escoltin, no sé quin serà el seu tema de conversa, però els haig de dir que jo sóc de Sant Feliu de Guíxols.» Poques vegades he vist un detall de discreció semblant.

Sobre aquest meu viatge a Londres, estic obligat a respondre la versió que en dóna l'Eugeni Xammar al seu llibre de memòries. Recordem les seves paraules exactes on m'acusa de ser «un agent dels serveis d'espionatge del govern franquista», (per utilitzar l'acrítica expressió de Badosa): «Una prova indiscutible, una carta original del mateix personatge, facilitada per funcionaris del servei francès de Correus simpatitzant amb la República, que sabent perfectament on treballava i quines adreces feia servir l'Oficina de Propaganda franquista a San Juan de Luz, de tant en tant recollien algun paquet de comunicacions adreçades a l'esmentada oficina i la feien arribar gentilment als serveis d'Informació de l'ambaixada de la República.»

Em sembla clar que aquests mots constitueixen, per part d'en Xammar, una confessió clara que ell sí que feia tasques d'espionatge, car no d'una altra manera es pot catalogar una intercepció del correu. Aquesta suposada carta –per què no la va mostrar mai, si deia tenir-la?– aniria adreçada a en Bertran i Musitu i, sempre segons el relat de Xammar, jo hi hauria explicat com, anant a visitar el secretari de l'ambaixada republicana a Londres –el nom del qual Xammar diu no recordar–, hauria aconseguit copiar no menys de quaranta grups de xifres. Ell diu que aquest secretari «no va prendre un dia ni la precaució de tancar la porta del seu despatx mentre l'"amic" s'esperava a la sala immediata. La qual cosa va permetre-li de prendre bona nota d'una quarantena de grups de xifres del codi que utilitzava l'ambaixada a Londres i que va comunicar tot seguit a Bertran i Musitu. Aquest servei a la causa franquista era important, ja que a mans d'un bon criptògraf, una quarantena de grups de xifres és suficient per a reconstituir gairebé totalment un codi secret».

És tot plegat una fantasia de James Bond que ja m'agradaria que fos certa, car en el fons m'atribueix unes facultats del tot envejables: entrar a l'ambaixada per la porta principal, acompanyat del personal de la legació, i aconseguir, en plena visita, quedar-me sol i accedir a uns codis xifrats importantíssims. Per cert, la persona de l'ambaixada que vaig visitar –només una vegada– i que en Xammar no recorda era en Giménez de Cossío, amic meu dels dies en què vàrem conviure al pavelló d'Espanya de la ciutat universitària de París, uns pocs mesos abans. La meva funció no era treure-li cap codi secret, sinó captar informacions diverses per escriure les meves cròniques.

Seguidament, en Xammar, per arrodonir-ho, inventa de dalt a baix una conversa amb mi on diu haver-me desemmascarat a la meva tornada a París. Llegim-ne un fragment, que revela les potencialitats com a fabulador del seu autor:

> *–No teniu cap motiu per a prendre'm per un noi de bolquers. (...) Em dieu que jo faig cas de les calúmnies que circulen referents a les vostres activitats, però heu de saber que la carta en la qual vós heu donat compte al senyor Bertran i Musitu de l'èxit de les gestions que us va permetre de fer el visat que em vau extreure abusant de la meva bona fe com un malfactor qualsevol, no una còpia de la carta o una fotocòpia, sinó la carta autèntica, la vostra carta amb la vostra signatura, la porto actualment a la butxaca.*
>
> *Va intentar aleshores cantar-me un cuplet sobre la situació creada pels anarquistes a la zona republicana.*
>
> *Vaig tallar-li la cançó amb la pregunta següent:*
>
> *–Quants morts teniu a la família?*
>
> *La meva pregunta no obtingué resposta. Seguidament vaig recordar-li que jo tampoc no tenia familiars morts, però que, en canvi, plorava la mort d'una persona que, tant la meva dona com jo, estimàvem com un afillat i que era ni més ni menys que Josep Maria Planas. Així, doncs, el cuplet que ell volia cantar-me era perfectament inútil.*

La veritat és que, després de Londres, mai no vaig tornar a veure en Xammar. Aquest diàleg de ficció no és ni tan sols versemblant: com podia jo callar davant la pregunta de si tenia morts a la família? La meva resposta, de ben segur, hauria estat una cosa com: «Tinc un mort, el cosí germà del meu pare, Eusebi Sentís, farmacèutic de Riudoms, assassinat a Tarragona, i dos oncles capellans, salvats d'una mort segura pels meus germans. Ah, i en Planas també era amic meu.» És una fabulació molt difícil de creure: si, segons diu Xammar, jo havia traït la seva confiança d'aquesta manera, robant uns codis a Londres, per què l'hauria anat a visitar després? Un altre absurd és suposar que jo signés una comunicació secreta amb el meu nom i cognom.

Aquestes al·lucinacions xammarianes van ser donades per bones per la revista *Interviu* l'any 1981, que va publicar en dos capítols «*Carlos Sentís, el espía de Franco*». Al cap de pocs dies d'haver aparegut la publicació, un grupet de persones, a la barra d'un bar de Madrid, en veure'm, es van desfer en felicitacions, per la meva gran tasca com a espia, insistint a convidar-me mentre jo intentava rebaixar-me els mèrits. Ignoro, d'altra banda, per què Cristina Badosa no va contrastar la versió dels fets d'en Xammar amb la meva i, en canvi, la va reproduir sense més ni més. Vull recordar que Xammar havia publicat, en la immediata postguerra, un article en una publicació de Perpinyà on deia que els membres i col·laboradors de la revista *Destino* estàvem «destinats» a ser afusellats quan la República tornés. Ningú de nosaltres va apuntar-lo amb el dit quan en Xammar va decidir tornar a l'Espanya de Franco per passar-hi confortablement el que foren els darrers anys de la seva vida. No em resulta gens agradable replicar a algú que ja no hi és, però són acusacions escrites en un suport permanent –un llibre– i responc de la mateixa manera; un silenci podria ser interpretat com un assentiment. Per què Xammar va inventar tot això contra mi? Ho ignoro. Només puc dir: que Déu l'hagi perdonat.

El 10 de novembre de 1947, m'indignava davant de semblants acusacions. En una lletra adreçada a en Narcís de Carreras li deia: «He llegit un exemplar dels *Quaderns de l'exili* d'aquests bojos de Perpinyà. En el mateix exemplar on parlen força bé de Don Francesc em deixen a mi de volta i mitja parlant de si era espia durant la guerra, etcètera. I jo, durant la nostra guerra, no vaig fer més que seguir les directrius de Don Francesc. Per ell vaig moure'm per l'estranger, etcètera. La cosa és molt injusta i crec, francament, Narcís, que se m'ha deixat una mica massa a camp descobert, a mi. Està bé fer una temporada de tropa de xoc, no sempre.»

S'han escrit altres inexactituds. Per exemple, he llegit alguna vegada que en Josep Pla es dedicava a observar un vaixell del port de Marsella que havia de marxar cap a Barcelona carregat d'armes. De fet, no calia estar-se allà hores i hores mirant què passava. El port de Marsella, en aquella època, estava sota el domini d'un sindicat capitanejat per dos corsos. Es deia que els corsos estaven tant en el gangsterisme com en la policia, car el «primer policia de França», director general del Ministeri de l'Interior, Chiape, era cors. Els capitostos sindicalistes que controlaven els molls –res es movia sense que ho sabessin– eren l'Spíritu i el Carbone, que més tard van col·laborar amb els alemanys, i després de la guerra van ser processats. Qualsevol podia obtenir informació a través d'ells, abonant la quantitat que haguessin estipulat. En Pla o jo no teníem l'exclusiva d'aquestes informacions, que eren públiques, i fins i tot publicades. A diaris de totes les tendències (només cal repassar *L'Humanité* de l'època) sovintejaven les informacions sobre els moviments de vaixells carregats amb armes per a un o altre bàndol. Probablement, moltes vegades Josep Pla es limitava a copiar dades d'una pissarra.

El periodista no sol fer de James Bond, obté la informació només parant l'orella. De l'acumulació d'informacions menors, en pot sortir una deducció major. Així vam saber, entre d'altres coses –com vaig recordar en un article publicat els anys quaranta–, que vaixells escandinaus carregaven armes de Marsella a l'Estaque de Martigues o a Port Vendres. Moltes nits, al moll G del port marsellès, arribaven trens carregats d'ales i motors d'avió per als republicans, que abordaven el vaixell *Ciutat de Barcelona* i l'omplien del seu carregament. Al costat dels tràfics nocturns, protegits per la foscor, hi havia els diürns, que es produïen, per exemple el primer de maig, davant de multituds de la CGT, puny enlaire, amb banderes roges i republicanes, cridant:

Des avions pour l'Espagne!
Des canons pour l'Espagne!
Les soviets partout!
Les soviets partout!

Cristina Badosa, a l'esmentat llibre sobre Josep Pla, explica algunes coses encertades sobre la tasca del SIFNE a França, però d'altres totalment influïdes per la visió esbiaixada que tenia l'Adi Enberg sobre l'organització on també treballava Josep Pla. Pla, certament, es va portar malament amb ella allunyant-se'n després de la guerra. A l'Adi, en les seves velleses, li va sortir la rancúnia, com palesen les seves converses amb Badosa, publicades en un moment en què, a més, en Josep Pla ja no hi era per poder replicar.

Els delegats de la UGT, la CNT o la Generalitat voltaven pels cafès i cabarets de ciutats com Anvers, París o Marsella, sovint cercant armes que es venguessin a bon preu. Tot i que més tard el negoci es va organitzar més seriosament, amb la intervenció de magnats d'ambdós costats dels Pirineus, comprar armament era cosa de cafè, bar o restaurant. Una munió d'aventurers voltaven per comissions, comitès i subcomitès diversos a les terrasses dels Camps Elisis, de l'inefable Cintra de Marsella, del tranquil Metropol de Brussel·les o dels bars del Castellet de Perpinyà. Gent que no tenia amb què pagar-se el cafè amb llet oferia canons antiaeris, i aspirants a milionaris oferien avions belgues i metralladores poloneses a comissió. Entre tango i tango de Tino Rossi, més d'una noia de Montmartre em va oferir associar-me amb ella per a la venda d'armament pesant (el lleuger es considerava un negoci insignificant), com l'artista mexicana Virginia Zuri, que, mentre ballàvem, em va dir: «Si me ayudas a vender tres aviones checoeslovacos te doy la mitad de la comisión.» Tot això no treu que, a l'hora de la veritat, la majoria no aconseguien col·locar ni un fusell. La borsa més activa (i també la més falsa, car tothom hi venia coses que ni tenia ni havia vist) era el Cafè Madrid del Boulevard Montmartre de París. Allà, qui no venia res, encara que fossin perdigons, era considerat sospitós. Hi havia diputats que dirigien els tractes, auxiliats per modestos empleats de banca. Una idea d'aquest amateurisme la dóna el fet que un delegat de la CNT va desembarcar un dia a l'aeròdrom britànic de Croydon i va demanar directament al taxista on havia d'anar per comprar unes metralladores que hi havia als *docks* londinencs. No cal dir que, al cap de dues hores, el tornaven al seu país en el mateix avió amb el qual havia arribat.

Però també hi havia gent més seriosa. En unes oficines d'un annex de l'hotel George V de París, coneguts advocats de Barcelona i Madrid cobraven comissions sobre caixes de metralladores i bombes de mà. Després sortien els carregaments, que, de matinada, es podien veure circular pels canals interiors de França, en concret per les rescloses del Roine, i pels ports de Le Havre i Marsella.

Un dia vaig visitar la redacció de *L'Humanité*, al carrer Montmartre, quan arribaven les primeres notícies de la victòria del Front Popular francès. Hi havia una ebullició d'individus amb corbata vermella, com de torero, i gorres marselleses de plat i amb visera, que s'agitaven entre les foguerades del magnesi. Els murs estaven plens de fotografies, algunes de Lenin amb coll dur i gorra d'automobilista model 1920.

Hi ha una anècdota sobre mi que ha corregut força: en un cafè francès (no se sap la ciutat), criden: «*L'espion de Franco, à l'appareil!*» i jo m'aixeco. Entenc l'èxit de la història –que m'han comentat en les situacions més diverses persones de tot tipus– perquè és força graciosa i fins i tot dóna una imatge simpàtica de les meves activitats, com si fos una mena d'espia d'opereta. El que succeeix, com és fàcil deduir, és que és absolutament falsa.

M'agradava sortir de nit. Dels quatre o cinc barris africans de París, el més conegut era el de la Rue Douai. Els cubans tenien la seva seu a Montmartre, a la boîte Cabane Cubaine, un cabaret on l'espanyol era l'idioma oficial. A primera hora, totes les taules eren ocupades per negres i, a mesura que entraven els turistes, els primers s'aixecaven seguint un senyal del maître, per cedir la seva plaça als que pagarien tarifes més altes per les mateixes begudes i espectacle. El local era freqüentat també per argentins, que tenien un cert aire de superioritat. Hi havia algunes senyores franceses, bastant madures, que anaven soles i eren tretes a ballar per algun jove musculós. Un dia, em presentaren en Moisés Simón, autor de «El manisero» i «Capullito de alhelí». Vam seure a la mateixa taula, amb la Diamanta, una cantant coneguda al Còmic de Barcelona, i que li demanava que li composés una cançó. Ell s'ho mirava tot amb un aire desmenjat i, en un determinat moment, va omplir el silenci que s'havia apoderat de nosaltres: «*¡Y pensar que he sido yo quien ha metido la rumba en el mundo!*»

La majoria dels espanyols que eren a França acabaven prenent partit per una de les dues Espanyes, per raons comprensibles segons les circumstàncies de cadascú. Malgrat aquesta situació general, vaig tenir uns amics que van decidir romandre fora –preferentment a París– sense inclinar-se per cap cantó. Aquesta posició «indiferent» era criticada com una manca de patriotisme, però jo la comprenia perfectament.

Un dels «neutrals» era Roberto Vicente, que aleshores devia tenir trenta anys i era un distingit membre de la Barcelona burgesa. Havia creat, amb altres estiuejants de Tiana, una comèdia musical a la manera dels films americans, que es va dir *Tiana Songs* i l'èxit de la qual va transcendir fins al punt que el setmanari *Mirador* va glossar la qualitat d'aquella obra teatral dirigida i duta a terme per amateurs. Vicente, que era un excel·lent pianista, va començar a assajar un altre espectacle similar a París per estrenar-lo després a Mèxic. Però, a part del piano i d'una cantatriu sud-americana amb la qual es va amistançar, no comptava amb res més. El projecte reeixí, però al començament visqueren dies de privació, durant els quals els membres de la companyia s'ingeniaren un procediment per no passar gana: de bon matí compraven al mercat un cert nombre d'ous esquerdats (i per això molt barats), aleshores feien truites de patates i les anaven dipositant als mostradors dels bars. De fet, introduïren les «tapes» espanyoles que després han tingut tant d'èxit. Arribat el vespre, passaven pels mateixos bars, recollint els guanys de les vendes de les truites. I, si no s'havien venut, almenys tenien el sopar resolt.

Ben diferent és el cas d'un altre «neutral», Maurici Torra Balari, d'una família que posseïa una gran indústria al Vallès Oriental. Tot el portava a sumar-se a altres membres de la burgesia que eren a Sant Sebastià, amb l'Espanya «nacional». Malgrat això, en Maurici s'establí a París. Disposava de pocs diners, però s'administrava molt bé. Es matriculà a la Sorbonne, a la facultat de Ciències Polítiques i Econòmiques, on es va fer amic de persones importants, com ara Christian Dior, que abans de ser modista, anava per a intel·lectual. En Torra Balari s'instal·là en un piset de la Rue du Bac, el saló del qual es convertí en un centre de reunió on s'hi trobaven altres exiliats –com alguns familiars del doctor Marañon– i noms molt rellevants del petit món de Saint-Germain-des-Prés. Era amic de Picasso, de Henry de Monterlant –que un dia em presentà a la seva editorial–... Era el que, a França, des dels temps de Stendhal, es deia un "salonard". Dubto que ningú més del nostre país reeixís a moure's en un ambient tan proustià. Bastants anys després, féu oposicions a Madrid per entrar a la carrera diplomàtica. Ja gran i trobant-se sol, familiars seus l'«importaren» a Barcelona, on visqué uns anys a la Gran Via de les Corts Catalanes. D'amagat, encara bevia els seus whiskis, i convidava, de tant en tant, amb intenció de tertúlia, uns quants amics molt apreciables.

La biblioteca d'en Maurici Torra estava presidida pel seu retrat, obra d'Emili Grau-Sala, un altre «neutral». El pintor barceloní també fugí de la Barcelona revolucionària, i aviat s'imposà com a il·lustrador de llibres per passar després a fer de pintor. Quan jo era a París, ens pensàvem que es casaria amb la Rosita Castelucho, filla de l'home que subministrava colors, pinzells i teles a quasi tots els pintors de Montparnasse. Finalment, però, la Rosita es va casar amb Just Cabot, que havia sortit de Barcelona després de la incautació per part de les brigades comunistes del setmanari *Mirador*. Cabot va restar també per sempre més a París, i va acabar els seus dies –trenta anys després– d'encarregat del departament de llibres de can Castelucho. El recordo bo i assegut en una butaca de vímet al portal de la seva llibreria parisenca. Potser és el que havia somiat des de la seva joventut. Després d'assistir al seu enterrament, al cementiri de Montparnasse, vaig escriure'n una crònica per a *La Vanguardia*.

Un dels últims actes abans de tornar a l'Espanya en guerra va ser trobar-me amb en Cambó a París per comunicar-li la meva decisió d'anar al front, que va aplaudir: «Fa molt ben fet, hem d'anar aviat a Barcelona –va respondre'm–, perquè, si no, seran uns altres els que ocuparan els nostres llocs.»

Quanta raó tenia! No només els franquistes de soca-rel ocuparen els llocs de poder a Catalunya, sinó que els mateixos seguidors d'en Cambó foren represaliats. La meva condició de combatent a primera línia em va permetre després de la guerra ajudar-ne diversos d'ells. Com el mateix Solervicens, a qui vaig signar un certificat de bona conducta el 7 de juliol de 1941 perquè el jutge li tanqués d'una vegada l'expedient de responsabilitats polítiques que encara li tenien obert. Sempre he distingit, per aquest motiu, els franquistes convençuts, que es creien i sentien la doctrina oficial, d'aquells altres que ho eren circumstancialment, pel lligam que la guerra civil havia fet entre ells.

No oblidaré mai aquella meva trobada amb en Cambó, abans de marxar cap a la guerra. Ell m'havia fet enviar una nota de cita: «Demà, a les onze, al costat dels quadres de Mantegna, al Museu del Louvre.» Un lloc de trobada insòlit, però per a ell molt adient. Cambó anava als museus a hores solitàries, ho feia també al Prado, a l'hora de dinar, quan era diputat. En el seu testament, va deixar uns Botticelli i un Giovanni del Ponte a aquest museu, perquè sabia molt bé que hi mancaven. Em penso que és la donació més important que ha fet mai un particular al Prado. Al Louvre, li vaig donar alguns detalls que havia conegut sobre la seva casa de Via Laietana, ocupada pels capitostos anarquistes, que n'havien fet el seu quarter general. Estava, sobretot, interessat pels arxius: «Els papers importants no els trobaran», va dir enigmàticament. Acabada la guerra, es va ocupar el quarter general de la FAI. Els franquistes requisaren els papers, i així s'explica que actualment, als anomenats «papers» de Salamanca, entre tantes d'altres coses, hi figuri el passaport d'en Cambó.

Aquell dia, en Cambó, sota els quadres de Mantegna, va estar molt cordial i de bon humor. Hi ha gent que té una visió d'en Cambó com un home sorrut, que no volia perdre el temps. En canvi, jo no tinc cap altre record que el d'un home alegre, explicant sempre unes coses entre irròniques i divertides. Em tenia una especial confiança, adquirida paulatinament, potser per la meva discreció, perquè li feia gràcia la diferència d'edat o perquè el sorprenia que jo li enviés informacions sense demanar res a canvi. En Cambó era un apassionat del periodisme. Quan vivia a Barcelona, escrivia molt sovint a *La Veu de Catalunya*, de vegades signant i d'altres en forma d'editorials, sobre els temes més diversos. Moltes vegades sobre política internacional o europea. És trist constatar que, com m'havia anunciat Josep Carner, tota la dedicació i esforços d'en Cambó i els seus amics a la causa dels «nacionals» no foren agraïts. Alguns generals aplicaven el concepte «separatista» a tort i a dret. Per exemple, un cop acabada la guerra, el general Saliquet acusava un processat de ser partidari de Lluís Companys; i aquest va interrompre'l:

–No, no, jo era d'en Cambó.

–Da lo mismo uno que otro.

Els «nacionals», atès l'èxit de l'Oficina de París, van voler controlar-la des de l'estiu del 1937, i va començar una etapa de tensions i picabaralles entre la Lliga i els representants dels militars. Veien perillosa l'àmplia autonomia de què disposaven uns homes que només obeïen les ordres d'en Cambó. Pel que fa al SIFNE, com diu Borja de Riquer, «el 28 de febrer de 1938, s'integrà dins del Servicio de Información y Policía Militar, que dirigia el coronel Ungría», cap d'informació de l'exèrcit, qui va copsar les possibilitats d'aquesta organització, i va decidir integrar-la en l'estructura del govern provisional de Salamanca. Quan això es va produir, jo ja feia uns mesos que havia marxat de França cap a l'Espanya dita «nacional», com mostra aquesta carta que vaig adreçar a en Joan Terrassa el 15 de desembre de 1941:

> *Hacia últimos del año 1937, dejé en el Hotel Cecil, rue Conservatoire 9, una caja entera con papeles y libros y además algo de ropa, en particular dos abrigos. (...) Últimamente en París ya no vivía en este hotel, pero como andaba saltando un poco a escondidas había dejado todas esas cosas en el hotel, seguro de que en ninguna parte estarían mejor. Me temo que la ropa y en particular los dos abrigos ya no estarán allí desde hace mucho tiempo. Por consiguiente no sería lo importante el reclamarlos, sino únicamente los libros y papeles, que no pueden haber sido un gran motivo de deseo.*

En Josep Pla abandonà també el SIFNE, més tard que jo, i se'n va anar cap a Roma, on va escriure –per encàrrec d'en Cambó– la seva *Historia de la II República española*, des de la Biblioteca del Vaticà, i després es va traslladar a Grècia, on hi va passar bastant de temps. Per cert, el mateix Cambó em digué, quan va passar per Espanya després de la guerra, que en Pla havia venut el llibre que ell li havia subvencionat a l'editorial Destino. M'ho va dir tot rient, com qui detecta una entremaliadura d'una persona pròxima, però el fet és que no es van veure més.

Cambó creia que hi hauria una etapa d'ocupació i de dictadura militar, però pensava en una duració relativament curta. Finalment, segons ell, es produiria la restauració monàrquica i, amb ella, l'adveniment d'un país normal. Una postguerra tan llarga, tan cruel, i amb Franco instal·lat quaranta anys al poder, això aleshores no ho preveia ningú. En Cambó no sentia simpatia cap a un Franco capaç de comprometre's amb els falangistes. Però en una guerra civil un es veu obligat a escollir un bàndol com a mal menor, i el de la majoria de la gent de la Lliga va ser el «nacional».

Segons han escrit certs historiadors, algunes ramificacions d'aquesta estructura informativa d'en Cambó varen realitzar tasques d'espionatge, és a dir, infiltració en ambients republicans, tant a Espanya com a l'estranger, per obtenir informacions. Com és natural, si això es produí, fou amb la màxima discreció i jo no vaig ser-ne informat ni se'm va proposar cap tasca semblant. El cas és que, el 26 d'agost de 1937, en Bertran i Musitu i el seu fill varen rebre l'ordre d'expulsió de França, poc després que els diaris d'esquerres francesos i espanyols parlessin d'una xarxa d'espionatge «franquista». La mateixa *La Vanguardia* va publicar una llista de presumptes *agentes de enlace*, on apareixia el meu nom. L'esmentada ordre d'expulsió, en realitat, mai va arribar a executar-se, com va denunciar *L'Humanité*, demostrant una vegada més l'ambigüitat de la policia francesa. El mes d'octubre del 1937 jo ja havia abandonat del tot la meva activitat periodística confidencial a l'estranger.

El diari català *La Humanitat*, òrgan d'ERC, va publicar una notícia breu «informant» de la meva mort amb el titular «A cada porc li arriba el seu Sant Martí». La meva família es va alarmar molt, però el meu germà Jaume –que era metge en un hospital de Pamplona– es va encarregar d'informar-los que no era veritat. Després se'm va dir que el responsable de redactar aquesta nota havia estat en Lladó Figueres, que era aleshores el director del diari. Mai li vaig mencionar això, i sempre vam mantenir la nostra amistat. De nou vam treballar junts als anys seixanta, quan jo era director del *Tele/eXprés*. En l'època de la transició, àdhuc vaig gestionar davant del ministre Rovira Tarazona una compensació econòmica d'un milió i mig de pessetes de l'època al seu favor, per haver-se-li negat el carnet de premsa durant el franquisme i, per tant, només en teoria, l'exercici de la professió.

9

DES DEL FRONT

Camí cap a l'Espanya de Franco, vaig passar un parell de dies bastant divertits a Biarritz, en companyia d'en Jordi Puig Palau, un dels germans fabricants de seda que poc després comprarien el famós Mas Juny de Palamós a en Josep Maria Sert. Una mena de parèntesi agradable abans de travessar la frontera d'Irun. Sabia que Biarritz era una mostra del món que deixava enrere. La ciutat basco-francesa era un indret de vacances i de residències més o menys daurades, un món de *bon vivants* aristocràtics, cafès, restaurants i nits al casino. Vaig dir adéu a tot allò en creuar la frontera d'Irun en cotxe, acompanyant el fill d'en Bertran i Musitu, Felipe Bertran i Güell, que era capità i anava i venia de Sant Sebastià a Saint Jean de Luz, fent d'enllaç. Quan s'apropava des d'Espanya a la frontera, es treia la guerrera, es posava una americana normal, però mantenint les botes i els pantalons, i semblava un *gentleman farmer* que vingués de muntar a cavall. De retorn, es vestia la guerrera i ja era de nou un capità.

Al capità Bertran ningú no li demanava documentació. Era el rei de la frontera, i jo, que vaig entrar al seu costat, no em vaig haver d'enregistrar enlloc. Però el procediment habitual era que t'havies d'inscriure. Et preguntaven: «*Usted, ¿de qué quiere ser, del Requeté* (carlistes) *o de la Falange?*» Responies improvisadament i, apa, hi quedaves adscrit. Així s'explica que molts tinguessin una determinada militància sense fonaments ideològics. Ser falangista no volia dir, necessàriament, ser addicte al règim. En qualsevol cas, jo m'ho vaig estalviar. Anys després, en preparar el meu primer viatge a Nord-Amèrica, vaig haver d'omplir un extens qüestionari d'immigració a l'ambaixada de Madrid. A la pregunta: «Ha format part d'algun partit totalitari?», vaig respondre negativament, i l'agregat de premsa, Philip Bonsal, que era amic meu, em va dir: «*Eso es un poco contradictorio, porque nosotros tenemos noticia de la fecha de su ingreso en la Falange, en Burgos.*» Vaig anar a trobar un amic meu, l'escriptor i falangista José Antonio Torreblanca. Se li va acudir adreçar una carta a la Secretaria General de Falange dient que estava fent un estudi sobre els escriptors catalans actuals, i va enviar uns quants noms preguntant la data del seu ingrés a l'organització. A la carta de resposta, en donar les dades demanades, es feia una excepció: «*En cuanto a Carlos Sentís, no aparece en el registro general, ni tampoco en el provincial de Barcelona.*» Només em calia donar aquesta carta a Philip Bonsal tot dient-li: «Els seus serveis d'informació fallen.» Es va quedar sorprès: «*Sepa que, en su caso, le habríamos concedido igualmente el visado. Se trataba tan sólo de evitar una contradicción.*» Potser m'havien pres per un meu germà.

El fet és que vaig entrar a Sant Sebastià un matí assolellat de la tardor de l'any 1937. El mateix dia, em vaig trobar al carrer una noia espanyola que havia conegut a París, i la vaig convidar a sopar. L'àpat fou interromput per dos policies de paisà que se'm van endur detingut. La noia es va quedar blanca com les estovalles. A comissaria, em van sotmetre a un interrogatori per saber qui era i què hi feia, a Sant Sebastià. Es veu que un ideòleg falangista m'havia vist a París en companyia de *gente roja*, i aquesta era l'acusació. Els vaig dir: «No tinc cap paper d'entrada, però poden trucar a casa del capità Josep Maria Sentís Simeón, que és el meu oncle.» Aviat va fer irrupció a comissaria, amb el braç en cabestrell i tota l'autoritat que li conferia haver estat ferit al front: «Aquest és el meu nebot, i jo responc per ell!» Aclarida la meva situació, vaig anar a Burgos a presentar-me a la caserna. Des d'allà em destinaren al front de Madrid, per demanda del meu germà Lluís, que hi manava els antitancs. Un altre germà, en Josep Maria, era motorista d'enllaç, i el gran, en Jaume, va exercir, més tard, de metge a un hospital de Pamplona.

Un segon ensurt el vaig tenir al mateix Burgos, en ple passeig d'El Espolón, quan em vaig creuar amb dos comandants, i un d'ells, mirant-me, va dir: «*Expediente 88* (no estic segur del número) *del proceso del 6 de octubre de 1934.*» Em vaig quedar garratibat. I llavors es va acostar mig rient i em va dir: «*¡No, hombre, no! ¡Yo me llamo Corbella, soy amigo de tu hermano Luis y, como pertenezco al cuerpo jurídico, intervine en el proceso. Nada, nada...*» Una broma bastant pesada. Amb els meus antecedents, cada cop estava més convençut que, si no m'hagués incorporat al front, hauria tingut greus problemes.

El meu germà Lluís, des de la batalla de Brunete, exercia de comandant «estampillado» (en realitat era capità). Madrid va ser un dels pocs llocs on hi va haver una guerra de trinxeres que podrien recordar les que s'obriren a França després del 1915, quan el mariscal Joffre –català del Rosselló– va guanyar la batalla del Marne, servint-se dels taxis de París per a un trasllat nocturn d'una divisió. Joffre va aturar els alemanys i va evitar que entressin a París, però, per contra, va establir unes posicions excavades, que pràcticament ja no es van moure fins al final de la guerra. De Gaulle, entre les dues confrontacions mundials, va escriure el llibre *La guerra de moviment*, per tal d'evitar que en un conflicte futur es caigués en el mateix error d'excavar trinxeres. La lliçó d'aquest llibre la utilitzaren els alemanys, però no els francesos, entestats darrere la línia Maginot, les defenses «insuperables» al llarg de la frontera francoalemanya, i que les tropes germàniques van evitar fent el tomb i entrant per Bèlgica.

El front de Madrid s'estenia des de la ciutat universitària, passant per la Cuesta de las Perdices i la Casa de Campo, fins més enllà de la carretera d'Extremadura. Era molt més obert que el precedent francès, però, a causa de la diferència del terreny en certs trams, les trinxeres eren molt a prop les unes de les altres. Abans que s'establissin, s'havien produït confusions de situació sobre quins eren els enemics. Això va costar la vida al conegut diputat de l'Esquerra Josep Sunyol i Garriga, que va fer una visita al front del Guadarrama i, en prendre un camí erroni, va identificar-se als soldats del bàndol equivocat, que el van afusellar en un tres i no res. D'aquesta manera absurda, Sunyol, propietari i fundador del setmanari *La Rambla*, el lema del qual era «Esport i ciutadania», va perdre la vida amb altres acompanyants, i no crec que hi comptés el fet, aleshores molt ignorat, que, en aquells moments bèl·lics ostentava la presidència del FC Barcelona.

Des del mateix front, enviava algunes cròniques a la revista *Destino*, que s'acabava de fundar a Burgos. Era una publicació de temps de guerra, amb força propaganda, però jo mirava de fer articles amb criteri literari. Els escrits que vaig fer amb mentalitat de guerra foren pocs i, vistos des d'ara, em semblen escrits per una altra persona. Havia de signar amb diferents pseudònims, per no posar en perill la part de la meva família que havia quedat al bàndol republicà. A part d'alguns perfils, m'encarregava d'una secció anomenada «Carnet de frente». Tot i que, setanta anys després, pot resultar relativament fàcil treure frases del seu context, els meus articles intentaven –sempre en el marc d'una revista a favor d'un bàndol– explicar detalls del front: com celebraven el Ramadà els soldats musulmans, quins llibres trobava als pobles en ruïnes, com s'adaptaven els animals de la serra a les trinxeres, comparava un paisatge bèl·lic de dia amb un de nocturn...

Algunes de les meves lectures d'aquella època procedien dels llibres abandonats a les cases i vil·les, de vegades sense cobertes i molt malmesos d'haver estat a la intempèrie. Així vaig trobar-me, per exemple, un llibre de Kant o *Els tres mosqueters*. Em produí una ingènua alegria veure per terra una àlgebra, precisament oberta pel capítol de les equacions: el meu suspens de tercer de batxillerat quedava justament venjat.

Precisament el dia de Nadal del 1937, vaig publicar un article, amb pseudònim (sobretot feia servir C.A.S., les inicials de Carles Anfruns Sentís, els meus cognoms invertits, i altres com Casandra). Era un text sobre alguns llibres i revistes que apareixien als «pobles fantasmagòrics» que trobàvem, com una *Història* d'Herodot, o les publicacions *La Ilustración Iberoamericana* i *Nuevo Mundo*. Escampats pel pati de la casa devastada de l'exministre Sebastián Castedo, a Pozuelo de Alarcón, hi havia molts llibres d'Hisenda i Administració Aranzelària, i tots els passis de tramvia i ferrocarril al seu nom des del 1920. A la plaça del mateix poble, els papers segellats dels arxius municipals formaven una catifa de gespa blanca; i els jardins mostraven els sots provocats pels obusos.

L'esmentada separació entre els dos bàndols obria una franja bastant ampla de *no man's land*, a la Casa de Campo. Això va fer que les perdius descobrissin que la seva seguretat era precisament romandre entre els dos focs. N'hi havia moltes. S'ha de tenir en compte que, prop d'allí, hi ha un tros de carretera que sempre se n'ha dit la Cuesta de las Perdices. De tant de temps d'estar en guerra, no s'espantaven dels trets. I un dia vaig matar-ne una amb una bala de fusell. El capità va animar a matar-ne d'altres, i em va permetre anar a la immediata rereguarda a comprar una escopeta amb cartutxos, amb la qual fos més fàcil encertar-les. Les perdius són uns animals semi sedentaris, viuen en un àmbit relativament reduït, fan vols molt curts. Per tant, el terreny de batalla s'havia convertit en el seu hàbitat i, només en dues generacions, ja trobaven tan naturals els trets com la remor del vent.

Madrid havia estat una batalla molt difícil. Va ser allí on les Brigades Internacionals varen jugar un gran paper. Per un cantó, hi va haver l'eslògan del *No pasarán*, un crit mobilitzador que aconseguí acumular defenses republicanes al nord-oest de la ciutat. I, per l'altre, l'estat major franquista, en lloc d'apostar pel desgast que hauria suposat travessar el Manzanares i enfilar-se pel Campo del Moro, va preferir deturar l'ofensiva i concentrar les seves forces a treure l'Alcázar de Toledo del seu setge. Aquesta acadèmia militar va ser un símbol («*Sin novedad en El Alcázar*») aleshores tant o més aprofitat mediàticament que el «*No pasarán*». El cas és que, els uns per l'Alcázar, els altres per Madrid, aquest front es va quedar enquistat, mentre la guerra es resolia en camps oberts i sobretot a la batalla de l'Ebre. Al front de Madrid, un i altre exèrcit mantenien els enfrontaments, i això obligava l'adversari a tenir-hi un guarniment de tropes, de les que no podien disposar a altres llocs. Per tant, no regnava pas la calma, car d'una manera irregular però sovintejada es produïen atacs locals per temptejar una ruptura del front o per demostrar a l'enemic que podia ser atacat per qualsevol sector, de nit o de dia.

Una nit de març del 1938, a Boadilla del Monte, un poble darrere de les primeres línies de la rereguarda, s'organitzà una sessió de cinema. A la plaça, una pantalla gegant tapava dues cases senceres, mentre un miler de soldats ens agrupàvem a l'entorn del camió-projector. Veièrem *La bandera*, una pel·lícula francesa que glorificava la Legió espanyola, interpretada per en Jean Gabin, a qui jo recordava dels meus temps a París. Va ser una experiència viscuda amb intensitat, un estrany parèntesi, car només mitja hora després ja tornàvem a disparar-nos amb l'enemic. Vaig escriure l'article «Cine en Boadilla» per a *Destino*.

El cinema no era l'única activitat cultural del front. Gràcies als gramòfons, també podíem sentir música, i fins i tot projectar-la cap a les trinxeres enemigues. El 26 de març de 1938, en publicava un article titulat *Tango* a l'esmentada secció «Carnet de frente».

En reprodueixo un fragment:

Ante todo «gentlemen». Aunque sea sin «agreement». ¿O es que los ingleses van a tener la exclusiva en la pretensión de hacer la guerra en «fair-play»?

(El «fair-play» inglés no cuenta: pura incapacidad de pasión.)

Esta noche sobre el cielo de Madrid la luna tenía cara de tonta, de Pierrot. Faltados de aire, los braseros de la trinchera se ahogaban. ¡A cambio de esto, condiciones acústicas magníficas!

Hemos colocado sobre el parapeto nuestro gramófono que ha abierto su tapa como para morder. Pero en lugar de eso ha exhalado lánguidos quejidos del Niño de Marchena... Sí, obsequiábamos con un poco de música a los rojos, a los del otro lado de la carretera de la Coruña.

Silencio en la noche... y la aguja después de rasguear (limpieza de garganta) arranca, efectivamente, un tango: «Yo no sé.» El de última moda.

Así, como si estuviésemos en el Monte-Cristo de París...

Y después una guajira... Y luego una ranchera... Y más tarde «Primavera», de Strauss.

Los rojos eran todo oídos. (Siempre han tenido las orejas crecidas.)

Por las mirillas, en lugar de las balas ordinarias, les entraban las notas dulzonas de un violín de Rhode.

Val a dir que, a mi, la propaganda de trinxera que expel·lien els altaveus em recordava l'ambient dels estadis i canòdroms, aleshores molt populars.

Es disparaven armes automàtiques, i també canons, una mica a l'atzar, d'una manera tan inesperada que, un dia que ens trobàvem al descobert, vaig veure un obús no esclatat rebotant pendent avall per una torrentera, com aquells palets que es llancen sobre una aigua quieta.

La nostra era una vida cavernícola, tot i que les coves no ens aixoplugaven prou del *cierzo*, el vent del Guadarrama. No et feies gaires preguntes, era una existència fisiològica, de supervivència.

Al novembre del 1937, un soldat musulmà es va apropar al comandant de regulars, que en aquells moments era amb mi, i li va dir:

–*Cuando salga la Luna, mi comandante, empezará nuestro Ramadán... Para celebrarlo ¿nos dejará usted disparar unos cuantos peines [petit rastell de bales] a cada uno?*

Els anomenats «moros» –mot que mai no utilitzàvem en to despectiu– formaven un petit món dintre de l'exèrcit: es reunien en rotllanes a prendre te, i un d'ells passava d'una rotllana a l'altra parlant-los de l'eternitat islàmica.

En el meu primer permís, quan era caporal, vaig anar a Irun des de Sant Sebastià. En tornar en autobús, va seure a la meva vora una família que evidenciaven ser de Reus. Vaig preguntar-los per coneguts i familiars, i van fer joioses exclamacions en descobrir que jo era fill d'en *Papitu*. De sobte, vaig sentir una veu que cridava:

–*¡Cabo!, ¡cabo! ¡cabo...!*

Fins a la tercera vegada, no vaig comprendre que era jo. M'acabaven de donar els galons, cosa que aleshores feien amb una gran facilitat.

–*A sus órdenes.*

–*Dígale a estos señores que está prohibido hablar catalán.*

Ens vàrem quedar muts i a la gàbia. Ells i jo. No vàrem parlar més en tot el trajecte. A l'arribada, vàrem acomiadarnos lacònicament. Ells, que venien de la zona roja, no sabien que hi havia gent amb aquesta mentalitat a l'altre bàndol. Val a dir, però, que a Sant Sebastià se sentia molt parlar català, fins al punt que van batejar el Gros, un barri de la ciutat, com «la Barceloneta», i es deia que hi havia més de 300.000 catalans vivint a la zona dita "nacional".

Molts anys després, en un article a *La Vanguardia*, evocava aquells dies, i en Josep Laporte, que va ser conseller de Sanitat i d'Ensenyament, i que va morir essent president de l'Institut d'Estudis Catalans, m'adreçà aquesta lletra identificant-se amb el retrat del Sant Sebastià d'aquella època.

Josep Laporte i Salas *Barcelona, 14-IX-86*
Muntaner 393

Amic Sentís,

Sempre que puc llegeixo els teus articles: sempre hi aprenc coses i gairebé sempre estic d'acord amb les teves tesis. Per a dir-te això no em sento en la necessitat d'escriure't, certament. Però «Catalanes en San Sebastián» m'ha arribat al fons dels meus records d'adolescència. Quan va esclatar la guerra tenia 14 anys i era a Barcelona –exactament, el 19 de Juliol era a Premià de Mar. I vaig passar la part final a San Sebastián. T'he de confessar que, per primera vegada, he llegit una descripció d'aquells temps tan tràgics que coincideix amb els meus records. Sempre he pensat que la història real de la nostra desgraciada guerra civil encara no havia estat escrita. Per què no t'hi poses? Jo en seria un seguríssim lector.
Una abraçada

Al front, vaig ser soldat, caporal i sergent. Llavors vaig decidir fer un curset, de dos mesos, per esdevenir oficial a l'Acadèmia d'Infanteria de Granada, instal·lada en un antic convent de La Cartoixa. Als dos exèrcits mancaven oficials i s'havia d'accelerar la preparació de les promocions. De l'Acadèmia de Granada, s'hi sortia amb la graduació d'alferes provisional. Alguns hi afegien «*...y cadáver efectivo*». En morien molts, perquè havien d'avançar-se a la companyia i, per tant, el risc era major. Una mentalitat antiquada feia que, enmig dels trets, almenys l'oficial no s'amagués. Hi havia algun coronel, com en Ríos Capapé, de la XVIIIa divisió del front de Madrid, que havia pegat i arrestat algun oficial per cobrir-se massa aviat o massa ostensiblement quan començava un tiroteig. Heus aquí una de les coses que es corregien a l'acadèmia d'infanteria de Granada. I com es corregien? Com d'altres, mitjançant un ensenyament molt més modern, tant que se n'encarregaven directament uns oficials alemanys. No sé pas en quin moment es va decidir que els matins alliçonessin els alemanys i a la tarda els espanyols. Eren uns ensenyaments contradictoris: al matí, els alemanys inculcaven que quan manaven «*cubierta completa*», hom s'havia de llançar a terra fos allà on fos. I, per demostrar-ho, acostumaven a fer-nos passar per llocs amb força tolls d'aigua o basses de fang. Volien estalviar vides humanes que, per una visió arcaica i romàntica de la guerra, es perdien. A la tarda actuaven els oficials espanyols. La majoria eren mutilats de les guerres d'Àfrica, les mancances físiques dels quals justificaven que no fossin al front. El coronel en cap es recolzava en un bastó molt alt, perquè li havia quedat una cama més curta que l'altra. N'hi havia un altre que portava empotrada al crani una placa de metall, després d'una trepanació. Hi havia també un capellà militar –més militar que capellà– que deia missa als matins i ens feia classes de balística a les tardes.

Menjàvem al refectori del convent, i a la trona hi pujava de tant en tant el coronel a fer una perorata. «*Me han dicho* –recordo que digué un dia– *que en el paseo de las Angustias alguno de ustedes se ha comportado mal.*» Diguem que aquest passeig de la ciutat de Granada es deia així pel nom de la mare de déu local, i que passejar-hi era l'única estona complaent de la jornada, i encara no tots els dies. A l'esbarjo del capvespre, s'hi concentraven els cadets. Era un passeig, com molts de província, on van amunt i avall les colles, que en aquest cas eren de noies, car els nois eren al front o, en tot cas, es feien fonedissos. El mal comportament a què s'havia fet al·lusió consistia a llançar *piropos* o floretes; i poca cosa més. De totes maneres, en temps de guerra, les afectuositats són més atrevides. El coronel ens va alliçonar: «Aquí se les da a ustedes una carrera y deben agradecerlo con su comportamiento.» La carrera, que aquell home defensava com si tingués un gran futur, era la de l'«*alférez provisional, cadáver efectivo*»...

La jornada començava a trenc d'alba. Sortíem cap als voltants de Granada i més d'una vegada vam passar a prop del lloc on havien afusellat García Lorca. Alguns dies, en lloc del passeig, anàvem a fer tertúlia a casa d'una família amb qui vàrem fer amistat i on unes noies ens obsequiaven amb xocolata desfeta. Vàrem saber alguns detalls de l'assassinat del poeta, refugiat al terrat de casa d'un seu amic, el també poeta Luis Rosales, on el trobaren després d'una denúncia.

Algunes vegades, aprofitava les sortides per comprar premsa estrangera, i em deien: «*¡Tú siempre con tus diarios franceses!*», encara que fos el *Corriere della Sera*. Els diaris italians i francesos que entraven a la zona nacional, tot i ser conservadors, explicaven la situació de la guerra millor que els espanyols.

Sortíem molt d'hora per anar a la instrucció amb els alemanys. Més tard, hi havia una suspensió de maniobres per fer una mica de repòs. Es feia conversa en diferents rotllanes. Un dia em van cridar:

–*¡Tú, catalán, que te llama el oficial!*

L'oficial alemany, que estava voltat d'alumnes, en atansar-m'hi, em digué, en català:

–Vostè és de Barcelona?

I vam continuar d'igual manera una breu conversa, que va interrompre per dirigir-se a tots els altres, dient: «*Con el cadete hemos hablado en catalán, que es un idioma muy importante.*» I va fer un elogi de la llengua i de Catalunya que va deixar bocabadats els altres alumnes. Després vaig saber que l'oficial havia tingut una botiga d'electrodomèstics al carrer Aribau.

Amb els oficials de la tarda vaig tenir menys èxit. En certa ocasió que ens havien encarregat un treball escrit, vaig emfasitzar la importància de la infanteria, reproduint una frase de Napoleó: «De totes les armes, la més important és la infanteria perquè és la que ocupa.» En plena classe, l'oficial operat del crani va cridar el meu nom. Una vegada dret, em demanà que esmentés les diferents peces d'un fusell. Mai me les vaig saber prou bé i, aviat, vaig emmudir, palplantat. Ell va prolongar el silenci i finalment digué:

–*Este alumno, que no conoce las piezas del fusil, ¿saben ustedes a quién ha citado en su trabajo?*

Un altre silenci estratègic. Davant l'expectació, va cridar:

–*¡Pues a Napoleón!*

Hi va haver un esclat de rialles, como si Napoleó fos aliè a una acadèmia militar. L'oficial potser responia a un eco del *dos de mayo*. Durant dos o tres dies, alguns mofetes em van dir «Napoleón».

En un altre moment, el mateix oficial va preguntar si entre els alumnes hi havia algun advocat. Jo era l'únic. Quan em va tenir dret, va començar a malparlar de la justícia civil, tot lloant-ne la militar. Va dir que un dels seus avantatges era la gratuïtat...

Encara havia de topar-me amb aquella llumenera una altra vegada. A les acaballes dels dos mesos, es va convocar un concurs de poesia i un altre de prosa. El títol del de prosa, *El sentimiento al abandonar la academia que me ha hecho oficial*, resultava bastant cínic, ateses les nostres ganes de marxar corrents, encara que fos per anar al front. El treball, anònim, portava un número. El dia que van cridar els dos premiats, va aparèixer un seminarista per a la poesia, i jo per a la prosa. Quan, responent a la crida del meu número, em vaig presentar, l'oficial es va quedar entre sorprès i molest:

–*¿¡Usted?!*

Els guardonats vam haver de pujar a la trona del refectori a llegir els nostres treballs. Aquest tronat episodi el vaig viure com una mena d'íntima reafirmació. De totes maneres, aquell dia no vaig dormir tan bé. Cansats com anàvem, quèiem sempre com a troncs a les lliteres superposades. Des de les escletxes de la de damunt, podien deixar-se caure xinxes, que et picaven sense que te n'adonessis... fins l'endemà.

Un amic especial que vaig fer a l'acadèmia va ser un alumne de la promoció següent, en Gregorio Marañón Moya, fill del doctor Marañón. Aquesta gran amistat es féu després extensiva a tota la seva família i dura encara avui entre els que no han desaparegut.

A causa de la meva classificació final, podia escollir destinació. Vaig apuntar-me als regulars de Larache, en aquell moment posicionats al front de Madrid, que ja coneixia.

Fet i fet, si eres al ball era preferible ballar, i el front de l'Ebre no només semblava encara més temible, sinó que jo volia evitar una eventual entrada a Catalunya, que m'obligués a tornar-hi atacant. Els regulars sempre anàvem a algun lloc de *fuerza de choque* i per això cobràvem una quantitat suplementària, que se sumava al sou d'oficial.

De retorn al meu tabor, el coronel Eduardo Llosas es va assabentar que jo escrivia, a través del meu germà, i em va fer cridar: «*¡Pero, hombre, por Dios, me han dicho que usted es periodista! ¿Sabe que redactamos informes sobre los soldados que se pasan a nuestro lado? Pero lo estamos haciendo muy mal, no se pueden leer ni se entienden... Es una cosa que no tenemos resuelta, no hay ningún oficial que lo haga bien.*» I vaig esdevenir redactor d'aquests informes. Calia plantejar les preguntes ordenadament, i saber el que era interessant i el que no, per fer un atestat a màquina: els demanava coses com, per exemple, on eren exactament les bateries enemigues, però també qüestions personals. Algunes d'aquestes històries les vaig utilitzar per a la meva secció a *Destino*. Un dels passats, un noi de dinou anys, em va explicar com va arribar a les nostres línies: «Projectava fer-ho de nit –em va dir–, però aquell matí es va posar un ocell entre les dues trinxeres. Vaig disparar cap a ell. Indemne, va aixecar el vol i es va passar als nacionals. Tan senzill com això. Em va hipnotitzar. Vaig llençar el corretjam, el fusell i la manta. Un salt i no vaig mirar més. Cara al cel, com l'ocell.» Va poder escapar de les bales dels seus propis companys, cosa que no li succeïa a tothom, com a un estudiant de Medicina salmantí, que va caure mort a la nostra trinxera. Entre els seus papers, vam trobar uns apunts amb frases de Sèneca en llatí. Tot allò m'impactava molt, com és natural. Més d'un cop, les cartes i els retrats que trobàvem a les butxaques dels cadàvers em feien saltar les llàgrimes. El desembre del 1938, publicava un extracte d'una carta:

> *«Sabrás Antonio que Berta –la vaca– ha parido. Sabrás que estuvimos a punto de que se nos muriese y que me pasé un día llorando. Tu padre, a pesar de sus setenta años, sale al campo y se sube a los árboles, con las tijeras. Dice que está más fuerte que un mozo, pero el día menos pensado se nos morirá. Escribe tú, pero no a lápiz, que aquí no hay quien te entienda. Te mandaremos un paquete. Pero ¿llega? No des nada a los compañeros, todo para ti. Cada palo que aguante su vela».*

Els treballs redaccionals no m'alliberaven d'altres tasques més feixugues, com ara fer guàrdies al servei de vigilància de la trinxera. Sota el foc de les bateries de Madrid i de les metralladores, estàvem realment en perill. Era una primera línia sense pal·liatius.

Encara que pugui semblar estrany, rebia algunes visites al front, perquè era una activitat que estava permesa. El meu germà Jaume, el metge, ens va venir a visitar un dia, al Lluís i a mi, amb tanta mala sort –o, segons com es miri, bona– que va rebre un tret i la bala li travessà la màniga del jersei.

Una altra visita, en plena guerra, va ser la del pintor Pere Pruna, que jo coneixia bé de París, on era molt reconegut en els cercles artístics. El meu germà Lluís aprofità una camioneta de subministraments per portar-lo; s'hi va quedar dos o tres dies. Emulant el Fortuny o el Delacroix, dibuixà algun croquis de soldats marroquins en posicions militars. Era un bohemi, propens a la beguda i li agradava portar la contrària. En una *boîte* parisenca, una nit, va replicar amb vehemència a uns joves que van dir alguna cosa a favor d'en Franco, amb tan mala fortuna que un d'aquests era un oficial franquista. Més tard, quan el pintor ja sojornava a l'Espanya nacional, l'oficial el va reconèixer a Burgos i el va fer detenir. En Lluís i jo vam haver de desplaçar-nos-hi per treure'l del calabós d'una caserna. El meu germà se'n va fer responsable, explicant que l'havia convidat personalment a veure el que era el front. Però, com que li havien trobat uns dibuixos de trinxeres, es pensaren que devia ser un espia, i cada vegada que aquell oficial se'l tornava a trobar, el feia engarjolar de nou. El va detenir dues o tres vegades, a diferents llocs. En Pruna era un home molt vistós, molt ostentós, gras... No passava gaire desapercebut.

Ja alferes, continuava passant els permisos a Sant Sebastià, on m'allotjava al distingit hotel Príncipe de Saboya. A la ciutat s'hi trobava en Manuel Aznar, que –ignoro si cada nit– anava a dormir a Biarritz, acompanyat d'en Josep Pla. Ambdós tenien por de ser detinguts. Esclatada la guerra a Madrid, en Manuel Aznar es va vestir amb una granota blava de tramviaire semblant a la dels milicians per escapar-se. Aquest fet, juntament amb els seus antecedents com a director del republicà *El Sol*, feren que fos detingut un dia a Valladolid, perillosa situació de la que el va treure José Félix de Lequerica, antic subsecretari d'Antonio Maura que molt després va ser ambaixador a Vichy. En Pla tampoc no les tenia totes, deia que el buscava el coronel Gazapo, de Saragossa (li havien sentit dir: «*A este Pla, si me lo encuentro delante, ¡no respondo de mí!*»), i preferia pecar de prudent acompanyant l'Aznar, corresponsal de *La Nación* de Buenos Aires, a dormir a França.

A Sant Sebastià em movia en un ambient de famílies catalanes. En contrast amb la vida duríssima del front, les estades en aquesta ciutat eren com un estiueig. Al hall de l'hotel Príncipe de Saboya, vaig entrar en conversa amb una atractiva noia, que anava vestida diferent de les altres, amb gran elegància, lluïa un somriure irònic i una pell molt blanca. Vàrem constatar les nostres respectives tendències aliadòfiles. Vam parlar de moltes coses, de la vida que portàvem, de literatura francesa, de l'ambient tan diferent que l'envoltava a Anglaterra –on vivia en aquell moment. Més tard, vam començar a escriure'ns i li vaig demanar si volia ser la meva madrina de guerra, un títol que l'obligava a mantenir un cert contacte. I vet aquí que la Maria Casablancas i Bertran és la meva muller i bona companya des de fa seixanta-tres anys. El seu pare, el sabadellenc Ferran Casablancas i Planell, era l'inventor del «Sistema Casablancas de grans estiratges» –un mecanisme que va revolucionar la indústria tèxtil i que s'annexionava als telers tradicionals per filar els flocs de cotó. Durant la guerra civil va residir a Manchester, on tenia un negoci. A l'ambaixada de Franco a Londres, comandada pel duc d'Alba, li van recomanar que fes acte de presència a la zona nacional, no fos cas que el consideressin un exiliat i el sotmetessin després a depuració. Per això, ell, amb la seva muller i la seva filla, es va traslladar unes setmanes a Sant Sebastià, lloc on la gent procedent de la zona roja, sobretot si vivien a l'estranger, es deixava veure i feia algun donatiu als nacionals, guardant els comprovants per al dia de demà. Cal tenir en compte, a més, que els fills Casablancas trepitjaven un terreny insegur: un per viure a Nord-Amèrica en edat militar i l'altre, més gran, per residir a Mèxic. Tots dos van passar llargs anys sense tornar al país. En qualsevol cas, el gran encert de la meva vida ha estat el meu casament, que és, fins a un cert punt, un producte de la guerra.

Durant molt de temps, vaig estar veient tot Madrid com damunt d'una safata, en una sola dimensió i sense relleus. Òpticament, teníem la sensació de ser-hi encara més a prop, com si poguéssim tocar el Palacio de Oriente amb la mà estesa. Era com un món irreal. Infinites hores de contemplació ens abocaven al més pur miratge, a una visió encantívola. Les bicicletes que circulaven per l'estació del Norte o per la Cuesta de San Vicente eren meres al·lucinacions. El sol del capvespre, a les nostres esquenes, ens feia veure el crepuscle lluent reflectit en la infinitat de vidres de les finestres que Madrid, en aquell sector, obre sobre el Manzanares.

Una de les meves missions va ser vigilar què feien els de la divisió del costat, perquè la qüestió era quina de les dues entraria primer a Madrid. Era la principal preocupació del nostre coronel, quan ja es veia que la cosa estava molt madura. Però tant el coronel Ríos Capapé, cap de la divisió veïna, com el nostre, Eduardo Llosas, van quedar una mica defraudats. Tots dos varen entrar alhora i en forma de passeig militar, després del pacte d'armistici del coronel Casado, cap dels republicans. En aquest pacte va intervenir d'alguna manera Gutiérrez Mellado, membre aleshores de l'exèrcit republicà però que ja subministrava informació als nacionals. Durant un temps breu, el coronel Llosas va comandar la «plaza de Madrid». Pel que fa a Ríos Capapé, es convertí en el general més jove d'Espanya i capità general de València.

Tinc una imatge gravada de cap al final de la guerra: les grues, grans ocells, formant en el seu vol un tascó com el dels avions militars, alienes als trets que els soldats hi llançaven des de les trinxeres.

10

TORNADA A CASA

Després de la batalla de l'Ebre, la guerra estava pràcticament decidida; els exèrcits dits franquistes van avançar amb molt poca resistència cap a Barcelona i la frontera francesa. Mentrestant, quedava en peu tot el front de Madrid i part de Castella i València. Quan faltava poc per entrar a Barcelona, vaig demanar permís per anar a veure la família. I aleshores, sumant-me al meu germà Josep Maria, motorista d'enllaç (és a dir, correu de l'exèrcit), ens integràrem en un improvisat equip que anava darrere les tropes. L'únic que hi tenia missió especial era el periodista Juan Ramón Masoliver, encarregat de muntar una oficina de premsa i propaganda a Barcelona. Portava cartells en català que, un cop arribat a destí, no van deixar-los-hi penjar. També va unir-se a nosaltres Dionisio Ridruejo, poeta i en aquells moments una gran personalitat política (alguns fins i tot havien pensat que seria el successor de José Antonio Primo de Rivera), que començava el seu declivi. Era un home políticament tan obert que va acabar essent perseguit pel règim i es va haver d'exiliar. A les seves memòries parla d'aquesta expedició i m'esmenta simpàticament, tot i que s'equivoca quan diu que jo anava pels volts de Tarragona amb una moto i uniformat de «moro» espantant la gent. En realitat, la moto era del meu germà –jo no la conduïa, anava en cotxe i només l'agafava de tant en tant per fer alguna volta– i, si ens apropàvem a algun mas, només era per oferir ajuda a parents o amics, en el cas que necessitessin alguna prestació.

Un altre dels expedicionaris era l'Edgar Neville, comte de Berlanga del Duero, diplomàtic –antic cònsol a Los Angeles– i comediògraf. També hi eren el professor Javier de Salas i el pintor Pere Pruna. A Sitges, hi férem dos dies d'estada a casa d'uns amics, al barri del Terramar, esperant que Barcelona fos transitable, una vegada entrades les tropes.

La decepció d'en Masoliver per la prohibició del català no va ser anecdòtica. Tan bon punt fou presa Barcelona, crec que el general Álvarez Arenas va donar l'ordre de suspendre les emissions de Ràdio Veritat, una emissora fundada el 1937 per l'entorn de Cambó a Roma, ciutat des d'on va començar a emetre. Tot i que alguns van dir que també ho feia des de Salamanca o clandestinament a la mateixa Barcelona. Aquesta última versió és més difícil de creure. El periodista italià Alfredo Giorgio era el principal locutor d'aquesta emissora; molt correcte, havia estat corresponsal a Barcelona de l'agència Ansa abans de la guerra i parlava molt bé el català. Hi treballaven altres noms afins a la Lliga, com ara, segons he llegit en un estudi, Eduard Segarra (director), Manel Ribé (locutor), Delfí Escolà, Joaquim Pellicena o els mateixos Costa i Deu i Solervicens. L'emissora insistia que el nou règim respectaria les característiques culturals pròpies de Catalunya, cosa que, en no ser així, va provocar sorpresa i disgust en molta gent de bona fe. Va ser un cop per a tots nosaltres, car aquesta línia política deixava tocada la nostra presa de posició durant la guerra. El mateix Dionisio Ridruejo ha explicat, al seu llibre *Escrito en España* (1962), que «las primeras medidas de ocupación –mezcla de hosquedad represiva y beatería empalagosa– me pusieron al borde de la náusea. Regresé a Burgos descorazonado y enfermo». Aquesta interdicció no prevista –per nosaltres– del català demostrava que, en temps de guerra, els generals que ocupaven un territori disposaven del comandament total, fins i tot en qüestions periodístiques o no militars, on mostraven sovint la seva intransigència. L'exèrcit ho dominà tot, el general *en plaza* tenia facultats plenes, en un avanç del que després seria el nou règim, en el qual el criteri dels militars estaria per sobre del que poguessin dir falangistes o els requetès. El cert és que, en aquell moment de la guerra, no vaig mai pensar que la repressió del català s'estendria en un temps tan llarg. Tot semblava aleshores provisional.

Masoliver i els seus es van instal·lar a les oficines de Premsa i Propaganda de la Generalitat, a la casa requisada de Pepe Valls i Taberner a la Diagonal amb passeig de Gràcia. Però es van trobar que no podien aplicar les previsions pensades a Burgos, que incloïen la propagació de doctrines falangistes en llengua catalana. Les octavetes i cartells eren arrencats i destruïts per la IV de Navarra. L'únic que comptava eren les ordres donades pel general Álvarez Arenas sobre el terreny. Els ocupants també s'havien incautat de l'Ateneu.

A Barcelona, el meu germà Josep Maria i jo només hi vam estar de pas. Ja reunits amb el nostre germà Lluís, vam pujar al seu camió antitancs per fer via cap al nostre objectiu: els pares i la germana, que jo no havia vist des de feia tres anys. S'estaven en una casa de camp a Santa

Eulàlia de Ronsana, al Vallès Oriental. Vam cometre la imprudència d'anar-hi massa aviat, quan el front d'avançada no estava consolidat i travessàrem un sector encara en mans dels republicans. No va passar res perquè ells, tot marxant cap al nord, o no ens van veure o van fer veure que no ens veien. En tot cas, a Santa Eulàlia vam tenir una entrada triomfal, car van creure que érem nosaltres els «alliberadors» i, per tant, no solament la família ens va acollir amb gran joia. Al camió hi havia menjar, que va ser molt ben rebut, en uns moments en què els aliments més primaris eren vistos com un regal exquisit. El meu pare havia perdut trenta quilos, però la mare estava força bé, durant tot aquell temps havia fet de pagesa. La meva germana, Maria Dolors, amb els seus viatges en bicicleta, mantingué el vincle amb Barcelona. Gràcies al fet de viure al camp, aconseguiren passar desapercebuts, cosa necessària tenint quatre fills a l'altre cantó.

A Barcelona, era molt generalitzada la satisfacció, sobretot en veure acabat l'horrible malson de la guerra. M'impressionà veure la meva parròquia, la de Sant Pere de les Puel·les, on em van batejar, calcinada: unes runes interiors mostraven que havia estat víctima d'una crema parcial que havia afectat l'altar i altres zones del temple. Vaig entrar també a les txeques –cel·les on es torturava els presoners– del carrer Sant Elies i a les que havien edificat de nova planta al carrer Vallmajor al convent dels Sanjoanistes, construïdes pel francès Laurens. En algunes cel·les no podies ni fer un pas, perquè havien erigit una mena de bases de columnes al terra per impedir el moviment dels detinguts. Em va colpir comprovar que les barbaritats no s'havien comès només al començament de la guerra –com jo pensava–, sinó també a les darreries. A la Rambla, l'altar major de l'església de Betlem, la millor mostra del barroc català, va ser reduït a socarrim.

De seguida vaig començar a col·laborar a *La Vanguardia*, per invitació del seu director, Manuel Aznar, a qui havia tractat a Sant Sebastià, a través d'en Josep Pla. El 17 de febrer de 1939, va sortir publicat el meu article «¿Finis Cataloniae?», amb interrogant, on concloïa que Catalunya no desapareix, si bé el lèxic és de temps de guerra. També ho és la referència a Lluís Companys, lluny encara del dia que va ser afusellat («*Un bel morire tutta una vita onora*»). En un article de José Martí Gómez i Josep Ramoneda, a la revista *Por Favor* (23 de gener de 1978) i sota el títol *Tres joyas de la literatura anticatalana*, reproduïen el meu article conjuntament amb un altre de Valls i Taberner i un d'Ernesto Giménez Caballero. En el meu cas, i sota l'epígraf «Carlos Sentís, el oportunista», aquests dos periodistes arreplegaven un insòlit cúmul d'inexactituds en un espai tan curt:

> *Carlos Sentís Ansfruns* (sic), *hoy diputado de Unión del Centro Democrático, campeón del oportunismo político. Secretario del conseller de la Generalitat, Martí Esteve, durante la guerra civil estuvo en Marsella haciendo de agente doble: por una parte ejercía un cargo de la Generalitat, por otra parte pasaba información al gobierno de Burgos sobre las salidas de barcos que llevaban suministros a la zona republicana. Fue descubierto y denunciado por la prensa francesa: 'L'Humanité' publicó una foto suya («espión de Franco»).*
>
> *En Burgos fue oficial del ejército y estuvo en las fuerzas regulares del bando franquista. Sirvió a Franco durante cuarenta años. Y en vigilias del 15 de Junio qui-*

so entrar con buen pie en la nueva situación histórica y redescubrió su voluntad democrática.

Devien basar-se en aquells pamflets que publicaven alguns republicans del sud de França a la postguerra, perquè allà és on es van inventar que *L'Humanité* havia publicat la meva foto (encara estic esperant que algú m'ensenyi aquesta aparició fantasma, que ni vaig detectar a l'època ni, anys després, he estat capaç de trobar a les hemeroteques). De seguida els vaig adreçar una carta on els explicava que no tenia cap càrrec a la Generalitat des de 1934, que les feines informatives que havia fet els primers temps de la guerra havien estat per a Francesc Cambó, i que la tesi del meu article no era que Catalunya s'acabava sinó que el país real revivia després del resultat de la guerra. És un text que vaig fer en aquell moment històric, que pot pecar d'ingenu però mai d'anticatalà, com qualsevol lector imparcial podrà jutjar. Tot seguit, es reprodueix íntegrament.

¿«FINIS CATALONIAE»?
El "fin" de una película de "gangsters", simplemente

Cabo de Creus, febrero

Entre la neblina que el sol de este domingo de febrero deshilvana, se ha abierto el eco del último cañonazo sobre la tierra catalana.

Ante la serenidad inmutable de un Canigó enteramente blanco y un Cabo de Creus extendido perezosamente sobre un mar espumoso, han cesado las últimas escenas guerreras que ha presenciado este Pirineo tan conocedor de Ejércitos y de batallas.

Esta vez el Pirineo se ha limitado a funciones de Portero Mayor. Quizá el pobre viejo está ya tan cansado de presenciar luchas, que ha preferido contemplar un mero desfile. Una sencilla distracción o pasatiempo para el que ha visto pasar todo el Ejército de Aníbal.

Sí; porque por los mismos sitios y pisando las mismas piedras ha pasado el ejército rojo con sus grandes camiones e incluso con sus tanques, que son la modalidad moderna de los elefantes que componían las fuerzas de asalto de los cartagineses.

Pero, que el lector me perdone, aquí acabo con las comparaciones. No queda ya otra. El paso de los dos Ejércitos es, de tan distinto, opuesto. Unos iban, los otros corrían. Los primeros atacaban, los segundos escapaban.

El paso del ejército rojo se puede explicar o comentar de muchas maneras. De todas, menos en forma de cantar de gesta. Verdaguer no podía jamás prever que un día tendría lugar esta parodia del "Paso de los Pirineos" que él cantó. ¿Recordáis los versos de epopeya?

"I avall, onades d'homes a onades succeeixen,
Ones de ferro a onades d'acer sense parar,
Com mai encara en surten al cim, i ja cobreixen
El pla, les del Massana seguint cap a la mar,
Mostrant al sol s'escata d'argent que lluenteja,
Apar serpent enorme que corre i anguileja
Des de Banyuls a Salces, de Salces fins Osseja,
Podent dues vegades el Rosselló faixar."

¡Dios mío! ¡Dios mío! ¡Y qué monótona es la Historia! Exacto, matemáticamente exacto, se podría hoy así describir esta serpiente de «material» y hombres que por

Port-Bou y El Perthus sale precisamente para Banyuls y Osseja, respectivamente. Dice Verdaguer que aquellas huestes podían fajar en doble vuelta al Rosellón. Esta nueva columna de hombres, de hierro y de acero –"oleadas de hombres a oleadas suceden; olas de hierro a oleadas de acero sin parar"– se extendía días pasados de Gerona a la frontera. Más de una compañía –concretamente el 32 batallón de Infantería– creyendo que por todas partes cuecen habas (lentejas en este caso), se negaba a desarmar y algunos puros pistoleros de las fuerzas del "Gouvernement" ya se habían escondido en los ejes de los vagones de la estación de Perpiñán, con sus bolsillos repletos de bombas de mano y sus pistolas ametralladoras bajo el brazo... ¡Pobrecillos!... Del primer puñetazo les han cerrado la boca del estómago... ¡infelices! Ellos desconocen el francés o, algunos, ni leer el periódico saben para enterarse que ya hoy en Francia son también los marxistas, los "marxistas presuntuosos", traducido literalmente de un periódico de izquierdas.

Los rojos, al volar los puentes, nos han causado un perjuicio real y tremendo. Real y tremendo a mí y a mi amigo, este audaz operador de la Cinematografía Nacional que parece arrancado de un film americano. Pero a las Divisiones Navarras o Marroquíes, al Ejército en general, estas voladuras han sido tan ridículas como echar gravilla para impedir el paso de una apisonadora.

Pero los últimos puentes no estaban volados ya; les hubiesen cortado la propia retirada, como ya ocurrió a muchos grandes camiones de la D.C.A., que se han quedado a dos kilómetros de la frontera, inmóviles como rollizas perdices sorprendidas por el perro.

Yo no sé si Aníbal por aquellos caminos, que hoy cubre el asfalto de la carretera, dejaba muchos huesos de elefantes. Ignoro qué dejaba en pos de sí el coloso de las anchas espaldas. Pero en cambio he visto lo que ha dejado tras su huella este otro "coloso" de Negrín. Sencillamente ha dejado la mayor cantidad de restos de automóvil que se puede ver hoy en Europa –los cementerios de automóviles de Detroit ya sabemos que son insuperables.

¡Cómo se ha parecido esta Revolución (en Cataluña) a una inmensa película de "gangsters"! ¡Qué copia tan siniestra de esta producción "standard", con la cual la judía Hollywood invade el mundo!... Todos recordamos que las primeras manifestaciones de la revolución en Barcelona fueron los grandes coches aristados de "Parabellums" y "Hammerless" derrapando por el asfalto de la calle Balmes con los neumáticos chirriantes y enloquecidos.

Y, ahora, las últimas manifestaciones: coches quemados, como cerillas, en el Fluviá; coches aplastados en Figueras y coches despeñados por la carretera de Port de la Selva, como el final espectacular de una película de George Raft. Desde el fondo de los barrancos de la Costa Brava los coches muestran sus ejes y sus diferenciales, panza arriba, en la última instantánea de su desplome que contemplaban, allá arriba, grupos huidizos de aficionados al espectáculo del celuloide. Les faltaba este detalle americano para completar dos años de esta vida de película de "gangsters", grandes trajes, pistolas en el bolsillo interior de la americana, negocios de exportación y chantaje, borracheras colectivas y desorden integral.

No puedo resistirme de intercalar ocho líneas de paréntesis: si el lector quiere vivir media hora de película del más puro sabor Metro Goldwin Mayer no tiene más que trasladarse a la Cheka instalada en casa de los Condes de San Gervasio: mezcla brutal de lujo y desorden; cigarrillos de marca U.E. of A.; revistas y periódicos americanos: el "New York Worker", el "Nash"; discos de Benny Carter, botellas vacías y material de tocador femenino.

Pero hacia las crestas –que uno tuvo que subir a pie por los puentes volados de la carretera– que sostienen y basan el Cabo de Creus, las huellas no son ni tan americanas ni modernas. Aquí y allí, desperdigados por el monte, quedan los restos de cabras y carneros que sacrificó el Ejército rojo al dios de la derrota antes de saltar ágilmente la linea fronteriza. El sol saca destellos relucientes del tejido triposo del ganado ya devorado; los cuervos y los buitres desde muchos centenares de metros se lanzan veloces... No tienen, a Dios gracias, otra comida. Estos parajes de poesía, estas mágicas tierras del Ampurdán se han ahorrado, por esta vez, la visión de cadáveres humanos.

Contando con la rapidez de sus ocho cilindros, ha habido "ministros y ministrables" rojos que han llegado a distancias irrisorias. El día de la entrada en Barcelona comimos el arroz preparado para Juan Comorera, y según me contó un periodista francés en la frontera, Negrín pasó a las 3,45 –junto con su escolta de siete coches de poderosa marca americana-, eso es, a muy poco de llegar el propio General Solchaga. Azaña, por el contrario, pasó el primero y no se quedó en Perpiñán. Los periódicos franceses que nos entrega nuestro amigo nos lo muestran en los alrededores de Chamonix, en casa de un compañero de su cuñado Rivas Cherif, la mujer del cual declara a los periodistas: "¡Ah!, si se hubiese escuchado a Azaña... Pero no se le escuchó y quisieron resistir!..."

Ya empiezan, pues, las peleas y el descargo del muerto. La desgracia no los hará más dignos.

El propio periodista francés me da el último ejemplar del "Candide", semanario amigo de la España Nacional. En su primera página se lee:

"LOS ÚLTIMOS DÍAS DE CATALUÑA." "Finis Cataloniae".

Pero, ¡por Dios!... Estos periodistas franceses no curarán nunca. Tras lo pintoresco, tras el afán de dramatizarlo todo, caen en el folletín más falso.

Señores, un poco de reflexión: Bueno, sí: "Los últimos días de Cataluña"... la de Durruti... "Las últimas horas de Cataluña"... la de Companys... la de Negrín... ¡Perfecto! Pero Cataluña es algo más y algo más eterno que eso.

Eso no ha sido más que "The End", el cartelito de "Fin" de esta gigantesca ampliación de "Scarface" o de "El Imperio del Crimen".

Aquella Cataluña acabó; pero la Cataluña real, que diría vuestro y nuestro caro Charles Maurras, hoy, precisamente, empieza a amanecer.

Aquest article fins i tot s'ha reproduït recentment al quart volum de la *Història de la guerra civil a Catalunya*, dirigida per l'historiador Josep Maria Solé i Sabaté. Potser al comentari adjunt no es deixa del tot clar que el vaig redactar en ambient de plena guerra i quan, a l'arribada a Barcelona per retrobar-me amb els meus, ja havia pogut constatar les desgràcies familiars sofertes. La mala fe ha fet que l'article, alguna vegada, es publiqués sense els interrogants del títol, cosa que en pot canviar la substància. La interrogació no es pot suprimir sense trair el que s'exposa a l'acabament de l'article: una crítica que jo feia, precisament, als periodistes francesos que sentenciaven el final de Catalunya. Als qui em retreuen haver escrit aquest tipus de text, sovint gent que no ha viscut la guerra i ara, dècades després, juga fàcilment a prendre partit segons les referències ideològiques actuals, caldria recordar-los dues coses: la comparació correcta seria amb el que escrivien altres a la mateixa època (així, valorarien millor el meu tarannà) i, segona, que vaig participar de seguida en la reconversió del *Destino* falangista en una revista definida pel mateix Ridruejo com de «fisonomía liberal, aliadófila y moderadamente catalanista», per no parlar de les difícils relacions que vaig tenir posteriorment amb en Luis de Galinsoga, director de *La Vanguardia*, pel contingut dels meus textos. Sembla, llegint alguns manuals d'història actuals, que tot Espanya fos republicana i quatre rebels fanàtics traïssin la voluntat del poble; la realitat –que no justifica cap atrocitat comesa, evidentment– és que hi havia gran quantitat de gent que donava suport al bàndol «nacional», a Catalunya i a fora de Catalunya. Des del començament fins al final de la contesa, la qüestió no era el catalanisme. La gent es preocupava, bàsicament, de la seva supervivència. La repressió del catalanisme va començar l'endemà de la guerra. Encara més: la immensa majoria del catalanisme democràtic de centredreta estava contra la revolució anarquista i s'hi va oposar, bé passant-se al bàndol «nacional» o bé en qualitat de soterrats. D'aquí ve la gran rebuda a les tropes de Franco, pel cansament per la guerra però també per les atrocitats comeses especialment pels *faieros*.

L'àvia Plàcida, al terrat de casa seva de Riudoms.

El meu pare, Josep Sentís Vilanova, riudomenc, va heretar la passió familiar per la caça, que va practicar fins passats els 80 anys.

A la porta de la casa de Riudoms, la meva mare amb els quatre germans; del més gran al més petit: Jaume, Josep Maria, Lluís i jo mateix. La meva germana Maria Dolors encara no havia nascut.

Foto familiar, al terrat de la casa de Riudoms. Drets, d'esquerra a dreta, l'oncle Pàcid, el meu pare (amb barba) i l'oncle Joan; asseguts, al mig, el germà del meu avi, Eusebi Sentís, farmacèutic; la seva muller, Ramona; l'àvia Plàcida, i la meva mare, que em té a la falda; asseguts, els meus germans, Jaume, Lluís (mogut) i Josep Maria.

El meu padrí, Marià Anfruns, cada any m'obsequiava per Pasqua amb un present; aquell any vaig rebre a Riudoms una panòplia de cartró de soldat.

Quan jo era petit, Riudoms tampoc no era gaire gran. La prova és que estic palplantat al mig del carrer dit Major.

A la riba del mar, els meus pares, Josep i Encarnació.

A Riudoms, de vegades feia d'escolanet, i no solament per als meus oncles. Sóc el que porta la creu.

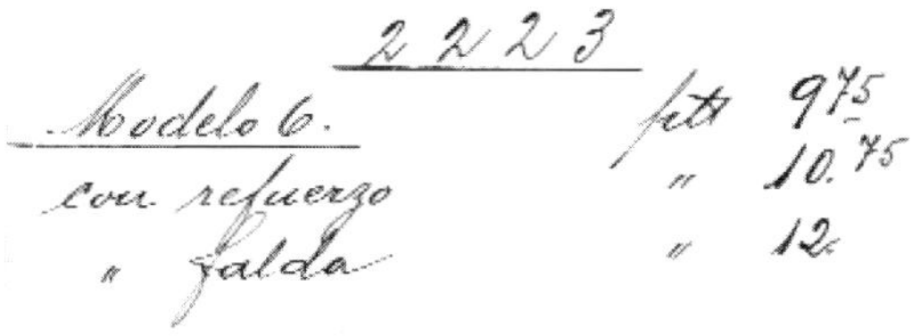

2223

Modelo 6. ptas 9.75
con refuerzo " 10.75
" falda " 12

Posant com a model per a un catàleg de roba de bany de la marca Jantzen, on treballava el meu germà Josep Maria. A dalt, l'escandall amb els preus del vestit.

L'estiu del 1932. Una anada des del Port de la Selva a les festes de Banyuls. Drets, d'esquerra a dreta, Francesc Ferrer Aymar, Consuelo Garcia, Josep Maria Planas, jo mateix, Vives, Mercè Devesa (futura muller de Josep M. de Sagarra), Sagarra, Lluís Vidal i Ernest Guasp. Asseguts, Josep R. Manyé (el «Jorge Marín» de la BBC), Cabré Llistosella, Joaquim Ventalló, l'actriu Emma Alonso (futura muller d'en Dalmau Costa), i el mateix Dalmau Costa.

La redacció de *La Publicitat* a la Gran Via, l'any 1933. D'esquerra a dreta, el segon és Joan Tomàs (amb corbata de llacet i ulleres), després Àngel Ferran (dret al seu costat), Josep M. Xicota (traient el cap), jo mateix, Foyé (el cap darrere meu amb bigotet), Avel·lí Artís (amb ulleres i cabells blancs, pare d'en Tísner), J. V. Foix (amb corbata i sense ulleres), i diversos diputats gallecs i bascos que ens van fer una visita. L'únic assegut és el palafrugellenc Fermí Vergés.

Professors i algun periodista al voltant del rector de la universitat, Serra Húnter, que és el que està just assegut davant meu presidint la foto. Era l'època en què jo portava la secció universitària de *La Publicitat.*

Al pati de l'Institut d'Estudis Catalans, amb ocasió d'una visita del president de la Generalitat amb alguns consellers. D'esquerra a dreta, el conseller Pere Mestres, Jordi Rubió, l'arquitecte Adolf Florensa, el conseller Ventura Gassol, Pompeu Fabra, Josep Puig i Cadafalch (expresident de la Mancomunitat), Joan Alavedra (secretari del president), Lluís Companys, una persona que no identifico, el conseller Martí Esteve, una altra persona que no reconec, el periodista Joaquim Vilà, Antoni de Falguera, un policia escolta, Joaquim Vilaseca (amb bigoti), una altra persona no identificada, Ramon d'Alós Moner i jo mateix. La foto és del febrer del 1934.

Al peu de l'exprés de Madrid, amb Martí Esteve i la seva família, l'any 1934.

Al despatx del conseller Martí Esteve a la Generalitat, amb les seves secretàries.

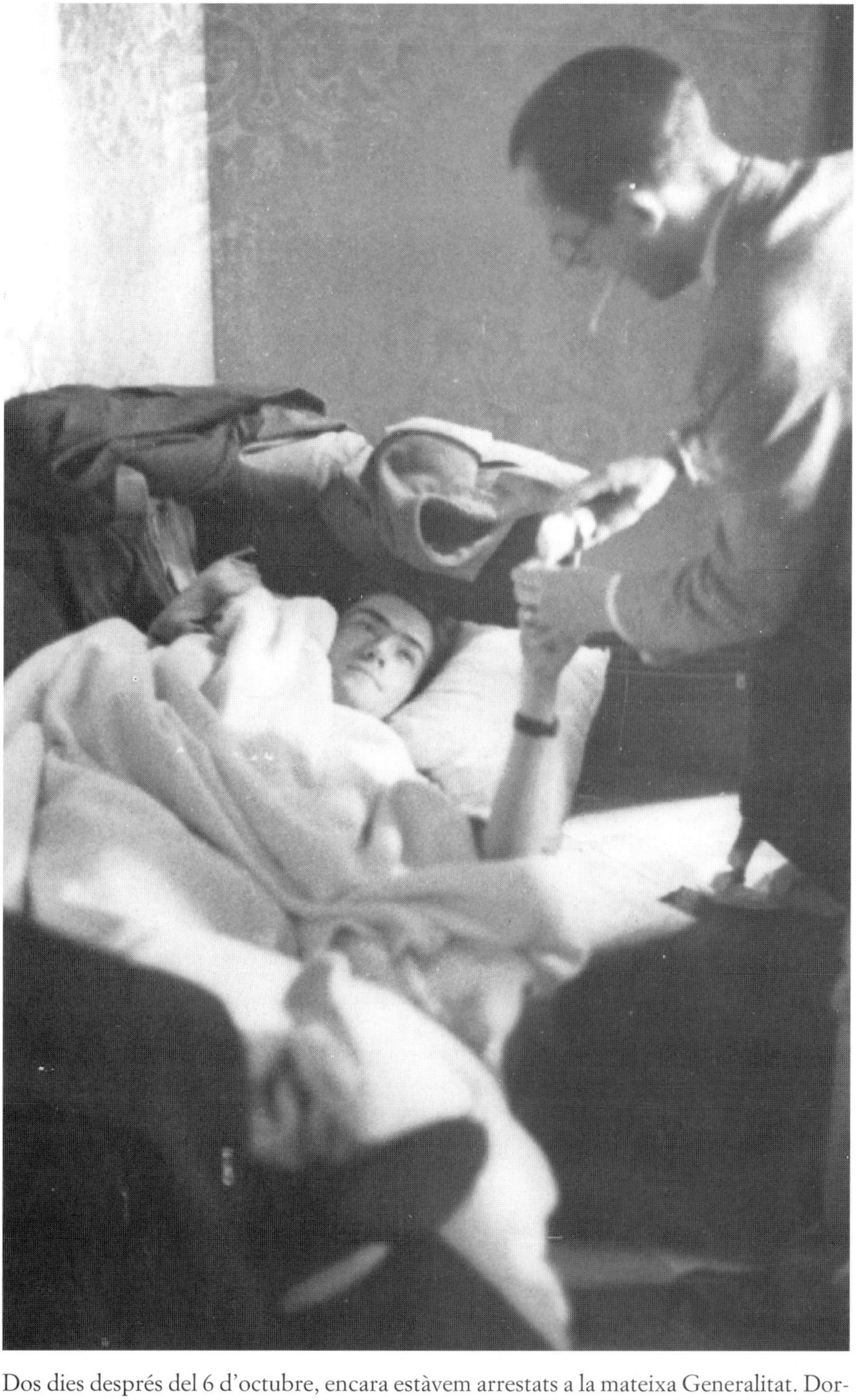

Dos dies després del 6 d'octubre, encara estàvem arrestats a la mateixa Generalitat. Dormíem en matalassos al terra del Saló de Sant Jordi. Jo patia una lleugera grip.

Amb pantalons de golf (moda de l'època), passant per la plaça Catalunya a finals dels anys vint.

Un moment transcendental de la meva vida: marxant de Barcelona el 20 d'agost de 1936, a bord del vaixell alemany Leverkusen. D'esquerra a dreta, Joan-Baptista Solervicens, secretari d'en Cambó, Joan Costa i Déu, cap de Política de *La Veu de Catalunya*, jo mateix, assegut a la barana, i tres refugiats més.

En una trinxera al front de Madrid.

No surto a la foto, però vaig veure combatents àrabs al front de Madrid.

Sobre la moto del meu germà Josep Maria, amb un altre motorista d'enllaç de l'Estat Major anomenat Arquer.

El pintor Pere Pruna ens visità al front de Madrid.

La guerra s'ha acabat. Amb en Martí de Riquer, travessant la plaça Catalunya.

30 de juny del 1943: el dia en què la Maria i jo ens vam casar.

Aquell mateix dia. Tots els germans Sentís, per ordre invertit d'edat: Maria Dolors, jo, Lluís, Josep Maria i Jaume.

Una imatge del camp de concentració de Dachau, tal com el vaig veure, encara amb els presoners a dintre, el 1945.

Als carrers de Nuremberg, mig enrunats, durant el procés contra els jerarques nazis. Era obligat portar el braçal de corresponsal de guerra per evitar tota confusió.

A Brazzaville, capital del Congo francès, poc després de la meva arribada –començaments del 1944–, al barri de Poto-poto, a l'hora del mercat.

Amb la meva muller, a Alger, durant la Segona Guerra Mundial.

En una platja de l'Algarve, durant la meva estada a Estoril. D'esquerra a dreta: Rocamora (de la secretaria del rei), Don Joan, el marquès de Foronda i jo mateix.

A Madrid a començaments de la dècada dels quaranta.

Al cim del Rockefeller Center, amb la Maria, el juliol del 1946.

Amb uns amics, al Copacabana de Nova York, el maig del 1946.

Durant la meva estada a la República Dominicana. L'ambaixador, Manuel Aznar (al mig), em va presentar el temible dictador Rafael Trujillo (esquerra).

En una recepció a casa d'uns amics de París, vam coincidir amb Linda Christian (actriu i muller de Tyrone Power), Gary Cooper i Lola Flores.

Els primers dies d'utilitzar el fusell de pesca submarina, novetat que el meu germà Lluís va portar de Niça.

L'agost del 1948, amb germans i familiars, a la platja del Canadell de Calella de Palafrugell.

Al mig dels dos germans Pla, en Pere (esquerra) i en Josep, al Cap de Creus, l'any 1947.

Amb el meu fill Carlos i el pintor Josep Maria Prim, a Calella de Palafrugell.

Corrent, el 1949, amb el meu fill Carlos i una amiga seva pel far de Sant Sebastià.

Després del permís i de l'estada amb la família, vaig dirigir-me de retorn cap a Madrid. Calia esperar el final de la guerra, que es produiria pocs mesos després. Va ser un període on l'únic que havíem de matar era el temps. Acabat el conflicte, el coronel Llosas, cap de la plaça de Madrid, no sabia què fer amb tants presoners i, de cop i volta, un dia de Pasqua, en va deixar marxar molts milers. «Ya los recogerá la policía si han delinquido», justificà. Recordo haver visitat les antigues trinxeres republicanes de Dehesa de la Villa, on antics soldats pelegrinaven, posseïts per una malenconia més física que política, que jo comprenia bastant.

Els primers dies a Madrid em vaig allotjar en una casa absurda, on el pati era ple de famílies de comissaris i capitans que ja eren a l'exili, i on les denúncies i contradenúncies es creuaven de pis a pis. Jo voltava per la ciutat de punta a punta, des del terrat de la Telefónica, on passava llargues estones contemplant Madrid, fins a les barres dels bars, on em repenjava com un canari. Un amic m'advertí: «Tu no tens còrpora per beure tant!», i li vaig fer cas. La irrealitat continuava: la gent vivia com si flotés. Locals com Chicote i Bakanik eren un caos sideral. En alguns solars, presoners provisionalment acampats oferien una mena d'imatges bíbliques, només comparables al poble d'Israel esperant el mannà.

M'agradava anar també al hall de l'hotel Palace, que abans de la guerra estava considerat com una avantsala del congrés dels diputats i que es convertí en hospital durant el conflicte. Un cop esvaïda la fortor de cloroform, va ser revifat pel seu propietari belga, i hi tornaren les cares somrients, els cavallers elegants i els vestits de colors alegres. Al començament, hi vivien famílies senceres, tot esperant que acondicionessin les seves cases i, per tant, les catifes eren trepitjades per una concentració inèdita de l'alta societat. S'hi veia l'estampa d'en Joan March, el banquer, rere el seu cigar fumejant, com la xemeneia d'un dels seus vapors. Sovint hi era també un distingit general, que feia tintellar els seus esperons sobre la catifa; hi anava tant, per allà, que li treieren el mot de «general De-Hall». Hi havia gent molt ben informada, i corrien notícies d'un petit cercle a l'altre.

De tant en tant viatjava a Barcelona, on vaig tornar a veure la Maria Casablancas, que amb els seus pares havia tornat a la casa familiar. Els anarquistes havien buidat totalment el seu pis, i van haver d'allotjar-se a Sabadell. Jo l'anava a buscar en un gran camió dels antitancs, l'únic vehicle de què podia disposar, i ens hi enfilàvem per anar a ballar a llocs elegants de la Diagonal.

Val a dir que la gent que veníem del front no ens preocupàvem de qüestions polítiques. Estàvem absolutament allunyats del que podien fer els grups de Falange, que eren, amb d'altres, els que establien les directrius. Jo vaig fer la guerra lleialment al bàndol d'en Franco, però no vaig fer carrera política amb ell. Als que m'acusen de col·laboració amb el règim, diré que vaig tenir-hi la necessària –sense trair mai cap principi– per poder desenvolupar les meves tasques professionals: vaig tractar amb les autoritats de premsa, les de la meva especialitat i, més tard, centrat en els temes internacionals, amb les d'afers estrangers. Tothom sap quines han estat les meves opcions polítiques –no precisament nostàlgiques– en els prolegòmens de la transició, per no parlar del meu compromís monàrquic a Estoril.

Ara bé, no cal donar-hi més voltes: vaig formar part de l'exèrcit dit *franquista* durant la guerra civil. No me n'he amagat mai i no hi ha cap ambigüitat respecte a aquesta qüestió. I, de la mateixa manera, no vaig participar en cap activitat repressiva. Més aviat, com veurem, vaig aprofitar les poques esquerdes que el règim oferia –la censura era tancadíssima– per manifestar, quan va ser possible, la meva aliadofília i el meu compromís monàrquic. Però no avancem esdeveniments.

L'estiu de després de la guerra, i encara pendent de llicenciar-me, un dia a Sant Sebastià, Ridruejo em va dir: «I ara, què faràs?» «Segurament tornaré a París, vull seguir un curs de dret internacional, per fer oposicions», li vaig respondre. «No, home, no, ja has estat massa a l'estranger... Justament t'ho preguntava perquè ahir se'm va acudir que tu series el secretari ideal per a Rafael Sánchez Mazas, nou ministre sense cartera. No té aquest lloc cobert, i m'ha demanat que li trobés algú. Vine demà a l'Hotel Londres.» L'endemà vaig trobar-me, en una cambra, l'Agustín de Foxá, fill del comte de Foxà, de l'Empordà, l'Eugenio Montes i el mateix Sánchez Mazas. Vam estar una estona de tertúlia, com si jo no hi hagués pas anat per a cap altra cosa. Tot d'un cop, va sonar el telèfon de paret, i Sánchez Mazas el va despenjar. Després d'escoltar un moment, va dir: «*Sí. Se llama Carlos Sentís*», i, girant-se, em va demanar: «*¿Cómo te llamas de segundo apellido?*» «*Anfruns.*» «*¿Cómo?*» «*A, N, F, R, U, N, S.*» M'estaven fent el contracte! Quan va penjar, va continuar la conversa general sense més. Així em vaig convertir en secretari de Sánchez Mazas, una feina que duraria onze mesos.

Tot i que, per tant, sabia que viuria a Madrid, vaig acceptar ser membre de la junta de l'Ateneu perquè hi havia el perill que passés a ser una dependència del Servicio de Educación y Descanso de la Falange. Vàrem improvisar una junta d'una certa continuïtat, formada per vells ateneistes, sota la protecció, això sí, del falangista Luys Santamarina, amb noms com ara Ignasi Agustí, Carles Fages de Climent o August Matons.

Aviat em vaig instal·lar a Madrid, en un ministeri sense cartera, on només teníem dos despatxos i una secretària –que es deia Àfrica–. Es va establir una situació molt curiosa, perquè el que en Sánchez Mazas agraïa tenir, més que un secretari en sentit estricte, era una persona que l'acompanyés, fins i tot als seus perllongats sopars i copes de matinada, on al principi li agradava que jo encara portés l'uniforme de regulars posat. Em va tractar des del primer moment com un amic. D'una banda, això era un avantatge perquè no tenia horaris ni deures administratius, tret d'una vaga correspondència. Però, de l'altra, li dedicava moltes hores i part de la matinada. Era un home que volia, sobretot, viure. Havia reviscut després de totes les penalitats sofertes a la guerra, com el seu afusellament frustrat, explicat per l'escriptor Javier Cercas a la novel·la *Soldados de Salamina*. L'entusiasmava anar a sopars i dinars amb gent agradable i intel·ligent, que no li parlessin de política i que l'escoltessin dissertar sobre Fra Angelico o el Dant. Estava casat amb la Liliana, una italiana simpàtica i culta. Havia estat corresponsal de l'*ABC* a Roma molt temps, i era un home sense rival en coneixements de l'art i la literatura d'Itàlia. Una vegada, el vaig presentar a en Josep Maria de Sagarra, traductor de la *Divina Comèdia*, i vàrem tenir una conversa molt estimulant, una nit d'estiu, tot sopant al jardí de l'hotel Ritz de Madrid.

En Sánchez Mazas era d'humor i idees canviants. Em

deixava una mica parat quan, de vegades, pel sol gust de portar la contrària al seu interlocutor, era capaç d'argumentar coses totalment oposades a les que havia defensat en un altre moment. Era un home que mantenia moltes converses amb gent no addicta al règim.

Van ser uns dies eufòrics..., fins que va caure en desgràcia. A partir d'aleshores, els policies que tenia a la porta de casa seva, la guàrdia del ministre, es van convertir en controladors que vigilaven qui entrava i qui sortia, anotant els noms en un quadern. La seva marginació es va produir d'una manera que semblaria increïble en un altre tipus de règim, però que podia ser normal en aquell sistema totalitari: cap explicació, causes difuses i una mena de destitució no oficial.

Algunes coses d'ell van desagradar molt a Franco, no sé ben bé què devia ser. Imagino que algú de l'entorn del *caudillo* li devia explicar que el ministre sense cartera feia uns sopars on parlava massa lliurement o que no treballava en cap qüestió política. Potser va ser un error nomenar-lo ministre, perquè Franco i ell eren netament incompatibles, un antiintel·lectual enfront d'un pur intel·lectual. Sánchez Mazas era un home bohemi, sense horaris i que parlava pels descosits. El cervell li funcionava a gran velocitat i de sobte deia coses imprevistes, encadenant una frase i l'altra en extensos monòlegs. Només calia treure algun comentari de context perquè el dictador el desconsiderés.

Hi va haver ministres que reberen la baixa de mans d'un motorista, però Sánchez Mazas no va entrar en aquesta categoria. Senzillament algú el va avisar que li havien retirat la cadira del consell de ministres. L'home, esmaperdut, es va quedar enclaustrat a la seva casa d'El

Viso. Quin paper havia de fer? Sabia que ja no era ministre, però, d'altra banda, no constava el seu cessament.

Vaig continuar durant un parell de mesos al seu costat; tenia en compte que sempre m'havia tractat com un amic, i obrava en conseqüència. Alguna vegada anava a cercar amics seus per tal que li fessin companyia. Ell tenia diners per poder viure un temps. La seva muller va marxar a Itàlia, amb els nens (un d'ells, Rafael, esdevindria molts anys després premi Cervantes). Finalment, esgotades les reserves, també va decidir anar-se'n a l'ombra de la família de la seva dona, cosa que no li agradava gens. Però no hi veia alternativa. Així que el vaig acompanyar a Barcelona, camí d'Itàlia.

El nostre comiat coincidia amb Sant Esteve o Nadal. Vàrem anar a dinar a casa dels meus pares, que l'acolliren en una taula familiar com un més. Ho va agrair molt. Tot dinant, va sonar el telèfon. Era un amic seu, Manolo Valdés. Li comunicà que havia mort sobtadament la seva tia milionària de Coria, a Extremadura, de la qual era l'únic hereu. Jo havia conegut aquesta senyora. Li va negar ajuda econòmica quan ell travessava la dificultat del seu cessament. Es deia Julia Sánchez i, uns mesos abans, jo mateix la vaig acompanyar a dos bancs de Madrid, perquè en Rafael va defugir fer-ho. Desconfiada de mena, volia comprovar personalment si era cert que les dues respectives caixes que tenia als bancs foren buidades –com tantes altres– pels republicans, per al sosteniment de la guerra. Va venir a Madrid amb el seu administrador, que era també el *guarnicionero* del poble. Ella, grossa, i ell amb boina, formaven una estampa digna d'una pel·lícula d'en Pajares. La senyora Julia era la la neboda-néta del doctor Camisón, el metge d'Alfons XII. Deien que, coneixedor de l'estat de salut del rei, havia fet unes jugades de borsa molt profitoses, administrant la informació privilegiada de què disposava, i que d'aquí venia la seva fortuna.

Immediatament després de la trucada anunciant la seva mort, en Sánchez Mazas va decidir anul·lar el viatge a Itàlia i retornar a Madrid. «*No me vas a dejar solo en esta nueva situación...*», em va dir. I, efectivament, sortírem junts, primer cap a Madrid i des d'allà a Coria. Organitzant l'enterrament, el guarnicioner i jo procedírem al pagament de les *lloronas*, que mai havia vist en acció. M'estranyava que ploressin de veritat, per aquella senyora que tothom al poble trobava tan gasiva: fins i tot quan li demanaven llimones del seu jardí, en comptes de regalar-les, les venia. L'entrellat d'aquelles llàgrimes tan sentides el vaig treure en comprovar que les *lloronas*, arribades al cementiri, desapareixien per anar a les tombes dels seus propis parents... O sigui, anaven al cementiri contractades, però ploraven a compte dels seus morts.

Amb un maletí de bitllets, part dels quals havíem trobat entaforats a la carbonera, vam tornar cap a Madrid on –ja Sánchez Mazas amb plenes possibilitats– ens allotjàrem a l'hotel Ritz. Al Palace només hi anàvem de tertúlia. Allà, l'Agustín de Foxá un dia li va dir: «*Rafael, desengáñate: ahora no eres más que un millonario.*» I vàrem reprendre la vida que fèiem abans: dinars, sopars, copes...

Aviat, però, vaig considerar que Don Rafael no necessitava cap secretari per viure al Ritz, i ens vam separar. A més, tornava la seva família d'Itàlia, per reprendre la vida a la seva casa d'El Viso. Vam quedar com a bons amics. Anys després, quan jo vivia a París, vaig escriure el pròleg de la traducció al francès de la seva novel·la *La nueva vida de*

Pedrito Andía, que ell m'havia llegit i rellegit en els seus dies de «residència domiciliària».

Més tard, als anys cinquanta i seixanta, Sánchez Mazas va continuar escrivint a l'*ABC*, i va viure a l'hotel Velázquez, molt a prop de la redacció, on anava sovint a les nits i on s'hi feien animades penyes. Si jo passava per Madrid, alguna vegada menjàvem plegats. S'abstenia de parlar de política perquè Ridruejo i altres l'acusaven de mesell per no reaccionar davant la seva destitució. Li etzibaven: «*Rafael, eres un cobarde.*»

Quan morí, vaig anar a l'enterrament. El seu amic Castiella, ministre d'Afers Estrangers, va arranjar que al seu fill Miguel, resident a París i proper als comunistes, se li autoritzés l'entrada a Espanya unes hores per assistir a les exèquies.

11

PRIMERS CONTACTES A MADRID

El 1940, els grans hotels de Madrid es convertiren en estacions de trànsit per a molta gent que fugia de la segona guerra mundial, via Lisboa, cap a Amèrica. Els efectes d'aquests singulars refugiats eren Rolls-Royces, maletins de joies, vestits de Schiaparelli i gossos de luxe. Se'ls hauria pogut dir els Ritz-fugiats: exhibien per Madrid els últims models de la temporada, com si el Retiro fos Longchamps. Hi havia també alguns nord-americans, com Kurt Haus-nig-Ribendhal, un exmarit de Barbara Hutton, l'hereva més rica del planeta, amb un aspecte de professor d'esquí suís que provocava molts sospirs. Una acalorada senyora anglesa em va demanar un dia: «Digui'm, deixaran embarcar els meus dos gossets a l'avió de Lisboa? Pobrets! Han vingut per carretera des d'Ostende i, la veritat, no vull que facin més viatges per terra. Són tan incòmodes en aquests temps!» També va sojornar a Madrid el milionari Calouste Gulbenkian, anomenat el *sixpence* (sis penics), perquè aquesta era la comissió que cobrava per cada barril de petroli. L'empaitaven els alemanys, i el règim espanyol, per pressions des de Berlín, li va fer abandonar el país. Un error, car es va dirigir cap a Lisboa, on va instituir la important fundació que porta el seu nom; una extraordinària inversió i focus cultural que Espanya es va deixar perdre. Al Ritz, hi vaig veure també Eduard VIII, exrei d'Anglaterra, amb la seva muller, l'americana Wallys Simpson, de camí cap a les Bermudes, on l'havien fet governador.

A Madrid, entre d'altres introductors, en vaig tenir uns d'excepcionals: la família Marañón. Per començar, tot just acabada la guerra civil, el meu amic Gregorio Marañón Moya, fill del doctor, em portà a les oficines d'Espasa-Calpe, on en un despatxet treballava José María de Cossío. Durant tota la guerra, havia redactat l'enciclopèdia *Los toros*, que encara no tenia ultimada. La seva taula, en forma de buró, estava plena de fitxes i, girant el seient, ens acollí amb un gran somriure. Mantenia el mateix gest quan sovint coincidíem als dinars a casa dels Marañón. El doctor, que treballava gratuïtament a l'hospital als matins, a la tarda rebia visites a casa seva, després de la sobretaula. No es parlava mai de política, sinó principalment de literatura, art i tauromàquia. Els contertulians eren crítics o artistes com Sánchez Almagro, director del museu del Prado, l'escultor Sebastián Miranda, l'escriptor Pérez de Ayala; el torero Juan Belmonte o el mateix Cossío. Aquest no era solament un entusiasta del món dels toros, sinó també, a més, un gran seguidor del FC Barcelona, segurament per l'amistat que tenia amb Pepe –com ell li deia– Samitier, qui el feia riure amb el seu llenguatge, fet només d'expressions futbolístiques, aplicades a tota mena de matèries: «Aquest sempre està en off-side», «aquell altre no n'agafa cap de volea»... En Cossío barrejava toreros i futbolistes i, com que era solter i molt lliure, viatjava per arreu per veure *corridas* i partits de futbol, sempre que jugués el Barça. A la vegada era, i volia ser, un «*español*» incontaminat. Feia enfadar a l'encantadora donya Lola, la muller –a més de secretària i ordenadora familiar– del doctor Marañón, dient que per a ell els estrangers no eren ben bé persones. Afegia que es volia morir sense haver posat un peu a l'estranger, perquè la vida era massa curta per malbaratar el temps. Penso que ho va aconseguir. Alguna vegada, anàvem als toros plegats, a una llotja on, de tant en tant, arrencant d'alguna actuació al *ruedo*, feia un apart tan brillant que tots giràvem l'esquena a la *corrida* per escoltar-lo embadalits. L'enciclopèdia *Los toros* ha quedat com un gran document, irrepetible. D'aleshores ençà ha baixat l'afició i sobretot la que hi havia entre la gent de ploma o de pinzells. Ortega y Gasset era amic de Domingo Ortega, com Juan Belmonte ho era de Marañón; Ordóñez, de Hemingway i Dominguín de Picasso. Avui, o s'ha acabat aquell gran nivell dels toreros al·ludits, o han desaparegut aficionats tan qualificats. Una de les filles del doctor Marañón, la Mabel, em va portar a veure a Sant Sebastià un *novillero* debutant que, segons ella, prometia molt. Era Manolete.

Gregorio Marañón Moya, el meu amic, era secretari del ministre Pedro Gamero del Castillo, un sevillà molt intel·ligent, que després va ser membre del consell de Don Joan. Com tants d'altres, era un «falangista momentani», fruit de la foguerada de la guerra, com també n'hi va haver d'altres que es van fer comunistes. Fenòmens comprensibles en situacions tan polaritzades.

El doctor em tenia especial afecte i veia en mi, com un dia va escriure, un «*mozo catalán*». Coneguda era la seva afició pels temes de Catalunya, des que havia assistit al president de la Mancomunitat, Enric Prat de la Riba, ja molt malalt. Fou gran amic d'en Francesc Cambó, amb qui, en els últims temps, mantenia contacte epistolar. Per això entraven sovint a casa seva l'Helena, la filla del polític, i el seu marit, en Ramon Guardans. De les sobretaules del doctor Marañón, en guardo el millor record; també de les converses mantingudes durant agradables caminades a Toledo pels voltants del seu «cigarral», és a dir, la seva finca. Durant els dinars, era el que menys parlava, però, després, les poques coses que havia dit era el que més impacte m'havia causat.

El seu fill tenia un amic, Enrique Meneses, que vivia entre París i Sud-amèrica, i va muntar una agència d'articles d'opinió, Prensa Mundial, que operava en diferents països llatinoamericans. A París aconseguia col·laboracions d'importants autors francesos i va voler expandir-se a Espanya. Marañón Moya i jo ens hi vam associar, ell com a president de la secció espanyola i jo com a vicepresident, i el meu pis es convertí en la seu madrilenya d'aquesta agència, entre les firmes habituals de la qual hi havia escriptors de la categoria de l'Azorín i del mateix doctor Marañón. Només hi treballava una secretària, aquella Àfrica que havia conegut fent les mateixes funcions amb Sánchez Mazas. Vaig afegir a la llista de col·laboradors en Manuel Brunet –que passava problemes econòmics– i l'Ignasi Agustí, entre d'altres. Els nostres articles s'enviaven a diaris com *El Mercurio* de Lima, *El Nacional* de Caracas, *La Nación* de Buenos Aires... També vam aconseguir fer un servei d'informació radiofònica, a través de Radio Nacional, per a països llatinoamericans, el *Diario Hablado de Europa.* Però Prensa Mundial no va durar gaire perquè l'agència de París va ser infiltrada per elements dels serveis secrets alemanys i, quan en Marañón i jo –ambdós aliadòfils– ens n'assabentàrem, decidírem dimitir. La següent carta reflecteix els dubtes que, pel que fa a aquesta germanofília, ja ens va manifestar el corresponsal de *La Vanguardia* a Londres, a qui vaig oferir de col·laborar-hi.

La Vanguardia
London Correspondent

Querido Sentís:

Recibí tu carta del día 12 de mayo endosando la de Prensa Mundial. Antes de contestar directamente a la oferta que me hacen yo quisiera que tú me dieras un informe detallado sobre sus actividades así como sobre el origen de sus recursos. Todo, naturalmente, con la mayor confidencia. Tú ya me comprendes. Primero, estando como estoy, en un país beligerante tengo que tener mucho cuidado con lo que hago. Segundo, como tú sabes, mi prestigio y mi fuerza está en la claridad de mi conducta y si esa agencia tiene o ha tenido algo que ver con Alemania –según alguien aquí me ha indicado– yo no puedo servirla.

Augusto Assía

Vaig respondre-li, en aquell moment, que qui manava a Prensa Mundial a Espanya érem en Marañón i jo:

Madrid, 20 de Junio de 1943

Señor Don Felipe F. Armesto
30, Bouverie Street
Londres E.C. 4

Mi querido Felipe:

Ante todo debo agradecerte la confianza que me manifiestas al dirigirte a mí con preguntas que podríamos estimar confidenciales. Todo lo que hace referen-

cia a la cuestión general y que tú ya diriges a Meneses, te será contestado por Gregorio Marañón Moya junto con el cual desde hace unos meses llevamos la dirección de Prensa Mundial y de la que de una manera oficial dejó de dirigir ya en el mes pasado D. Enrique Meneses. Diciéndote ésto contesto ya gran parte de los escrúpulos que me manifiestas en la tuya. Tanto Marañón como yo abrigábamos este propósito desde que entramos hace un año en el equipo de Prensa Mundial y hace dos o tres semanas, al amparo de las Emisiones radiofónicas diarias que para América del Sur se dan todas las noches de una a dos de la madrugada, lo hemos realizado.

Prensa Mundial no obedece más que a la estructura del Estado español, a cuya censura, eso sí, se somete. Toda nuestra actitud ante la guerra por consiguiente se puede resumir diciendo que es la del Gobierno español.

Sus ingresos han quedado precisados por subvenciones que percibe del Estado español, de la Radio Nacional, REDERA, *y algunas empresas industriales que tienen relaciones con el mercado americano (Aznar, Sainz de Carlos, etc., etc.) Últimamente Prensa Mundial ha arreglado con ellas lo que ya hace un año convine con la* CHADE *de Buenos Aires.* (...)*

C. Sentís

*. Empresa lligada a Francesc Cambó.

Vaig mirar de facilitar col·laboracions periodístiques a alguns amics i coneguts, no solament a Prensa Mundial. A una vehement carta adreçada a en Brunet, el 1942, li detallava les gestions (finalment infructuoses) que feia perquè ell publiqués a la revista *Vértice*, dirigida per en Martí de Riquer. No solament en Brunet passava penúries econòmiques. La dècada dels quaranta va ser dura per a molts, com reflecteix aquesta lletra que vaig rebre d'en Josep Pla:

Mas Pla – Palafrugell 27/3/46

Carles Sentís
Madrid

Amic Sentís:

Aquí, ens anem defensant de la fam i de l'immens desastre. No queda més que un recurs: entrar en el sistema de l'estraperlo a tot taco. És un dret de l'home com un altre. Ara veig que han suavitzat la censura. Deu ésser per lograr que la premsa defensi l'Estat contra l'estraperlista. És una mica tard. El procés serà llarg perquè hi ha una força més forta que el granit –és l'incompetència barrejada amb l'immoralitat. (...)

Josep Pla

El final de la carta deixa traslluir el seu mal humor, que no era permanent, sinó que es manifestava seguint alts i baixos. També contra mi mateix, com reflecteix aquesta altra carta anterior, escrita en castellà perquè va ser dictada a la meva secretària de Madrid, després que uns comentaris de Pla perjudiquessin la meva imatge als cenacles madrilenys.

Madrid, 16 de Julio 1941

Señor Don José Pla

...estuviste diciendo en Barcelona a todo el que quería oirte, cosas que, en estos momentos y para una persona que estaba en lo que podríamos llamar pasillos de la política, eran y me son extraordinariamente nocivos. La calificación de «ximple» y otras por el estilo no son nada al lado de lo que parece un comentario benévolo al juzgarme de ligero e indiscreto. Como uno ya no es un niño y además estaba metido en un mundo fabuloso de chismes y de casi anormalidad mental, semejantes «certificados» son, si no definitivos, dificilísimos de ser superados en mucho tiempo y siempre con muchísimo esfuerzo y sacrificio. Durante dos meses me venían estas referencias por todas partes. Claro está, siempre dentro del reducido ámbito político-literario que, sin embargo, nadie mejor que tú sabe lo extenso que es dentro de su breve densidad. Un día era Bertrán y Musitu con la noticia captada en Lisboa de que tú habías estado en la cárcel por culpa mía; otro día eran referencias de Barcelona de que yo tuve toda la culpa y sin siquiera hacer constar –caso de que eso hubiera sido cierto– mi esfuerzo, desinteresado y resuelto, para apagar el fuego.

Semanas y semanas después de todo aquello todavía me llegaban ondas con este retraso que hoy tienen ciertas noticias o las repercusiones de ellas, con el sonsonete de tus acusaciones y mi fama de ligereza e indiscreción.

En este último período, querido Pla, se han acumulado sobre mí una serie de sinsabores e incluso verdaderas amarguras. He tenido que remontar a pecho desnudo una corriente a la que un ambiente y una serie de malos contactos me habían echado.

¡Pero realmente, Pla, éramos nosotros demasiado amigos para que sucediera ésto! Reconócelo tu. Estaría dispuesto a la aceptación de la hipótesis de toda culpabilidad solo para hacerte ver que ni aún así tenías que encarnizarte conmigo en un momento tan delicado para mí.

He convivido contigo después de haberte leído y admirado tanto desde pequeño. Cuando llegaste a Marsella me volqué desde que te ví en la cubierta del «Anfa» para que fueses uno de los nuestros... Y aquí en Madrid... Si bien nunca has necesitado hacerte ambiente porque lo tienes inmejorable, solo te diré que tus libros que yo tenía (los magníficos de «Cartes de Lluny», «Llanterna Màgica», etc.) me han desaparecido entre las manos de amigos a los que he ido dejando porque no cesaba de hablar de tí; el último se lo ha quedado Eugenio Montes. (...)

C. Sentís

Aquesta carta, que sembla una mica singular i estrambòtica, respon més aviat a una qüestió de fons: en Pla era l'exemple d'una definició que va fer l'escriptor francès Jules Renard: «L'amistat no existeix, el que en realitat hi ha són moments d'amistat.» Com altres, vaig viure moments i tongades de molt bona convivència amb en Pla. En altres moments, però, semblava que em coneixia de lluny. El seu tarannà canviant es manifestava en forma de cruels queixalades de sobretaula contra gent diversa. De vegades, el perjudicat era un amic que se n'havia anat massa aviat de la tertúlia. Els seus judicis sobre les persones eren tan desiguals com les opinions polítiques que de vegades interpretava en funció d'una polèmica contra l'oponent de torn. Vaig ser testimoni mantes vegades d'alguns comentaris tan exagerats com quan va dir d'una senyora que li havien passat pel damunt tots els tinents de la guarnició de Girona. Una vegada se li va escapar un d'aquests judicis en presència del fill de la interessada, en una concorreguda taula d'un àpat de noces. Quan escrivia, era primmirat i sensible, no solament en judicis sinó que no utilitzava –amb l'excepció del «torracollons»– el vocabulari que abans en dèiem de carreter, que sí feia servir de manera natural en converses al bar de Palafrugell. Realment, jo no hauria hagut d'escriure aquesta carta, potser no vaig tenir prou en compte les capricioses definicions que ell podia emprar i que, en el fons, els seus habituals contertulians feien poc cas de les seves exageracions.

Era un home bo, encara que un pèl envejós, com tanta gent del nostre país. El doctor Marañón em va dir una vegada que havia tractat nens que emmalaltien en cedir el protagonisme familiar a favor d'un germà nouvingut; em deia que si el defecte nacional dels francesos era l'avarícia, el dels espanyols era l'enveja. En altres països o idiomes, no existeix el terme «sana enveja». Pla patia aquest defecte, que li provocaven no només altres escriptors –com Sagarra o Brunet– sinó també els qui tenien diners, una bona situació o fins i tot una muller maca. Però això no és res al costat de la seva enorme qualitat com a escriptor. Els grans artistes ho són independentment de la seva personalitat. Sempre he lamentat, també, que no se'l consideri com l'irrenunciable catalanista que era i que això hagi provocat que no el nomenessin mai Premi d'Honor de les Lletres Catalanes. Que un home miraculosament salvat de ser assassinat, algú perseguit i exiliat com ell, prengués el partit que va prendre durant la guerra no té res a veure amb la catalanitat. Durant anys, no se l'aprecià prou, àdhuc al seu poble. Després, va ser ben diferent. Ara té un monument a Palafrugell i la fundació que porta el seu nom promou una sèrie d'activitats culturals extraordinàries. Finalment, hem acceptat tots que aquest homenot va honorar com pocs les lletres catalanes.

Josep Pla es queixava sempre que no tenia diners, cosa exagerada almenys a la darrera recta de la seva vida, quan jo diria que era un home ric. Josep Vergés, el seu editor, va començar pagant-li «poc però puntualment», com deia el mateix Pla, i va publicar-li molts llibres que tingueren unes bones vendes. La queixa venia de més lluny, car a *La Veu de Catalunya* no li pagaren mai prou bé. Tot i els seus mitjans econòmics, la Lliga no va invertir per fer un diari important, comercial, i es va conformar amb un òrgan purament de partit, amb els altibaixos econòmics que això comporta. En Pla es queixava que no el consideraven prou, però tampoc ell es feia valer. Alguna vegada, a Madrid, quan era corresponsal de *La Veu*, en determinades sobretaules amb diputats i algun altre prohom, deia: «Ara que estem tots reunits, podríem fer una derrama» (és a dir, una subscripció personal de la qual ell era el beneficiari). O bé un altre dia demanava a en Ventosa i Calvell que li cedís un vestit, ja que tenien més o menys la mateixa talla. «No et queixis», li vaig dir un dia, a Palafrugell, «has viscut i has viatjat on has volgut, no has tingut un amo ni un superior que et controlés, i la llibertat té el seu preu...»

En tota època, gaudia quan es trobava en una bona taula i amb un bon auditori. Aleshores, i després del cafè i copa, és quan es llançava a fer improvisacions, que podien anar contra qui fos. Alguna temporada va tenir un amic mecenes, l'Albert Puig Palau, editor de *La Revista*, amb el qual va viatjar i va ser-ne contertulià. L'Albert podia convidar els amics dient: «Veniu demà a sopar, que vindrà el Pla i riurem.» Aquest «riurem» acabà per molestar en Pla, a qui, amb tota la raó, li agradava divertir però no volia ser pas un bufó. Era fàcil riure quan eren els altres els qui carregaven amb les fantasies d'en Pla, però l'Albert Puig Palau no les va admetre quan va ser-ne ell el subjecte passiu. La ruptura es va produir el dia que l'Albert li mostrà el retrat que en Pere Pruna acabava de pintar de la seva muller, la gentil Margarida Gabarró. En Pruna, en aquella època, potser influenciat pel Greco, esprimatxava les seves figures, i la Margarida estava mig ajaguda en un sofà.

–Què li sembla, Pla?

Després de pensar-s'ho una mica va dir:

–Doncs amb aquesta senyora jo no hi aniria al llit.

Per què es va enfadar tant l'Albert, si hauria estat pitjor si hagués dit que sí que hi aniria? El fet és que es va ofendre i van acabar una amistat que tan sovint els havia emparellat.

Un altre cas anecdòtic va ser, per exemple, la virulenta topada que va tenir amb Miquel Utrillo, fill del pintor del mateix nom, per una qüestió de poca importància, com era que l'escriptor empordanès havia reproduït un text de l'artista sense citar-ne l'autoria, ja fos per lleugeresa, oblit o càlcul d'interès. El fill va acusar de plagi l'escriptor, acusació que, sense entrar en el seu fons, provoca un somriure vista des d'avui, quan el temps ha consagrat en Pla com la gran ploma de la prosa catalana del segle XX. Utrillo em deia en diverses cartes el 1945 que «*hay que desenmascarar al canalla*», «*Pla viene de pla-gio*» i jo el comminava endebades a calmar els seus ànims i oblidar l'afer.

Una vegada, la meva muller i jo vàrem visitar en Pla al seu mas de Llofriu, i ens vàrem creuar a l'entrada amb la seva mare. Quan arribàrem a dalt, a la sala, ens parlà que hi feia fred i de la seva soledat. Va dir textualment: «Aquí estic amb la meva mare, amb la qual res m'hi lliga.» Tenia, malgrat tot, certa raó: la seva mare, a les sis o les set del matí, s'aixecava sovint per anar a missa, i algun cop es creuava amb en Josep, de tornada, una mica begut, de les seves tertúlies. I si ell s'havia passat la nit llegint o escrivint, aleshores no s'aixecava fins a l'hora de dinar, i ja no es veia amb la mare més que casualment. La dona, com abans el seu pare en vida, no creia en la feina d'en Josep, a diferència dels seus germà i germanes, que tenien una adoració per ell. Els pares no el llegien ni el valoraven, ans al contrari, el van deixar com a «hereu gravat», és a dir, va tenir l'usdefruit del mas però no podia vendre'l ni alienar-lo, car a la seva mort automàticament l'herència havia d'anar al fill gran de la seva germana gran, la Maria, vídua d'un alemany. Per cert, que, arribat el mas a les seves mans, aquest seu nebot, Frank Kehl, el va restaurar, cosa que no havia fet en Josep, per estalvi, deixant-lo magníficament bé. La restauració fou feta amb tot el respecte pel lloc de treball que havia ocupat en Josep, i per l'estança on dormia, i on el vaig veure de cos present.

Un altre assaig professional que vàrem fer amb el Marañón –també amb seu al meu apartament– fou una advocacia de gestió, pensant, per exemple, en empreses catalanes. Fins i tot ens vàrem fer unes targetes que deien «advocats», però aquest bufet també va durar poc, car cada vegada m'anava dedicant més plenament al periodisme, convertint la meva vocació en professió.

Tot i això, algunes gestions que férem tenien la seva importància i, si haguessin tingut continuïtat, s'haurien convertit en una font d'ingressos important. Per exemple, vàrem intentar formar part, d'una manera o d'una altra, de la penetració de l'empresa Coca-Cola a Espanya. En una carta adreçada a l'impressor de Barcelona Salvador Valls, li demanava pressupost per fer targetes i material de papereria amb el logotip de Coca-Cola i li explicava els contactes que Marañón i jo havíem mantingut.

Tot i que ja havíem començat a encarregar les targetes i la papereria, finalment l'afer s'orientà diferent de com ho havíem previst: en Marañón hi va quedar en certa manera vinculat, mentre que jo me'n vaig allunyar a causa dels meus compromisos periodístics. Una imatge anecdòtica ha quedat enregistrada a la meva memòria: un viatge a Toledo en cotxe que vàrem fer en Jim Farley, president de la Coca-Cola, en Marañón i jo. Farley anava mirant per la finestra i, de sobte, un gran rètol a la carretera anuncià: «GRANJA AVICOLA.» L'americà es va quedar astorat i, després d'uns segons de silenci, ens cridà: «*What is Avi Cola?*» L'home es pensava que havia vist un anunci d'un competidor... Més tard, a la catedral de Toledo, li vam ensenyar el pendó que portava la nau capitana de la batalla de Lepanto, i ell ens va preguntar: «I Lepanto era un home o una dona?».

Principalment, en Marañón i jo ens dedicàvem a fer de mitjancers davant els diferents despatxos de l'administració per a l'obtenció de permisos i llicències per als més diversos negocis, des dels cinematogràfics fins els tèxtils passant pels embotits i les editorials. També vaig fer, conjuntament amb en César Zavattini i l'exdiputat de la Lliga Salvio Valentí, un guió de cinema que em sembla que no va anar gaire més lluny d'aquest estadi, tot i que *La Vanguardia* del 15 de maig de 1943 donava la notícia del començament del seu rodatge.

Uns mesos abans de marxar cap a Àfrica, amb el general De Gaulle, vaig tenir l'estranya oportunitat d'assistir a la final de la Copa entre el FC Barcelona i el Real Madrid, a l'estadi d'aquest darrer, una de les majors desfetes de la història blaugrana. Havien jugat anteriorment a Barcelona i el matx s'havia anul·lat per raons polítiques, no recordo amb quin pretext, car a Les Corts havia guanyat el Barça per 3 a 1. Sigui com sigui, l'encontre de Madrid venia precedit d'un ambient molt carregat. Jo era a l'hotel Palace, quan uns amics, em sembla que un d'ells es deia Murtra, em varen convidar a acompanyar-los a l'estadi amb altres membres de la junta del club. Em presentaren el president d'aleshores, que es deia Mesa de Asta, col·locat governativament, però que es va sentir sincerament del Barça. Havent dinat, anàrem cap al camp en un autocar, amb els jugadors, abans d'asseure'ns a la llotja, des d'on havia de veure massa bé com aquell partit es convertia en una hecatombe per al Barça. El públic estava desmuntat i, des del nostre lloc, mirant enrere, podia veure persones ben distingides que es deixaven endur per gesticulacions esbojarrades. Comptaven els gols a grans crits, i en demanaven encara més. Al camp, no hi va haver cap brutalitat, però els jugadors van quedar petrificats, víctimes del que se'n diu «por escènica». Altrament, no es pot comprendre un resultat tan advers com és el de perdre per 11 a 1. Curiosament aquesta victòria enarborava més i més el públic. Quan al final tornàrem a l'autocar que ens esperava dintre el recinte de l'estadi, alguns joves que sortien ens escarniren i uns hooligans van abonyegar els parafangs del vehicle. Aquell dia vaig veure quin pot ser el resultat d'un escalfament mediàtic i histriònic sobre la massa. Un resultat no sempre volgut que sembla que no han tingut en compte els autors de la campanya anticatalana que ha precedit el debat de l'Estatut del 2006. En qualsevol cas, des d'aquell dia, els meus sentiments cap al Barça han estat més punyents.

Més enllà de les gestions professionals, entre la meva correspondència de l'època hi ha gran quantitat de recomanacions al director general de Presons perquè alliberés o millorés les condicions dels presoners republicans i d'altres persones sotmeses a depuracions. Haig de dir que moltes d'aquestes peticions van ser ateses, car la persona que ocupava aquest càrrec era el cosí del meu pare, el comandant Josep Maria Sentís Simeon. També vaig estendre diverses notes de bona conducta, com la que tot seguit reprodueixo:

CARLOS SENTIS ANFRUNS, ALFEREZ PROVISIONAL DE INFANTERIA, COLABORADOR NACIONAL, CON CARNET Nº 1263 DEL SERVICIO NACIONAL DE PRENSA, DOMICILIADO EN MADRID, CALLE DE LA PRINCESA NÚMERO 14, CERTIFICO:

Que desde antes del Movimiento conozco a D. Juan VIDAL JOVE, *de Barcelona, domiciliado actualmente en Madrid, Avenida de José Antonio, 31, conceptuándole como hombre de profundas ideas religiosas, intachable conducta moral y persona de orden, habiendo simpatizado en todo momento con la Causa Nacional.*

Lo que hago constar a los efectos que al interesado parezcan oportunos, en Madrid a 18 de Noviembre de 1942.

El meu pis-despatx a Madrid tenia la seva petita història. Pertanyia a un edifici propietat de la casa del duc d'Alba. La seva residència madrilenya era el Palau de Liria, construït per en Ventura Rodríguez, el mateix arquitecte del Palacio de Oriente. Però, als començaments de la guerra, des d'un avió llançaren una bomba contra les veïnes casernes del Conde Duque, amb tan mala punteria que va caure sobre el palau. Per sort, els quadres de la família ja s'havien portat al Prado, i d'allà a Ginebra. L'edifici va quedar-se només amb les robustes parets exteriors, i les finestres semblaven uns ulls buits. Aleshores, el duc d'Alba va encarregar a l'arquitecte Farreras que li construís tres cases a la zona de les antigues cavallerisses. En una d'elles, la germana del duc, donya Sol, es va reservar un àtic per anar a jugar a cartes, però finalment no es va moure del seu lloc, i en Farreras (familiar dels Marañón) me'l va oferir perquè, com que a sota hi vivia el mateix duc d'Alba mentre no refeien el palau de Liria, volien un veí tranquil.

El pis del duc tenia una grandiositat que el diferenciava dels altres de l'escala, amb una alçada enorme del sostre, unes llars de foc molt grans, unes sales i miralls de to aristocràtic... L'ascensor, setinat de seda, i l'escut de la casa d'Alba arreu, eren comuns a tot l'edifici. Al mateix replà meu hi vivia el secretari del duc, don Fernando. El nostre petit pis tenia unes vistes precioses sobre el jardí del palau. Quan va néixer el nostre primer fill, necessitàvem una habitació més; i el duc ens va permetre construir-ne una sobre la nostra gran terrassa. Quan, després, en vaig parlar amb l'administrador, em digué que la Casa havia tingut un any difícil i que jo hauria de pagar la construcció de l'annex. Així vaig esdevenir «copropietari» de la Casa d'Alba.

No oblido, entre els empleats del duc, un reusenc anomenat Ortiz, poc després molt conegut a Madrid perquè es va dedicar a fer jardins per a l'Ajuntament. Considerat una mena de mag, s'encarregava del manteniment de les diferents residències de la Casa d'Alba. Des de Sevilla, el duc el va fer cridar, un dia, perquè estava sense aigua calenta. L'Ortiz hi va anar, des de Madrid... i ho va solucionar a l'instant. Quan li vaig preguntar com s'ho havia fet, em digué: «Molt senzill, vaig tallar l'aigua que l'administrador havia desviat cap a ell.»

En aquesta etapa madrilenya, entre el final de la guerra d'Espanya i la meva marxa cap a Àfrica, vaig fer periodisme de manera intermitent, col·laborant en diferents diaris. Em dedicava a tot tipus de temes com, per exemple, el pas de Josephine Baker per Madrid, a qui vaig entrevistar un dia primaveral del 1941. Portava un vestit que semblava una cortina i, quan li vaig fer referència a la seva arxiconeguda faldilla de plàtans, em va respondre: «Me'ls he hagut de menjar, per això estic tan grossa.» En realitat, ja havia iniciat la seva retirada. Quan acabava cada comentari, reia, d'una manera esclatant, que evitava haver de trobar una rèplica enginyosa. Tot dinant a Casa Mariano, es va acostar la vedete espanyola Celia Gámez, que li va donar la mà amb un cert complex d'inferioritat.

Instal·lar-me a Madrid no va ser una decisió conscient, sinó que va sorgir sobre la marxa. A Barcelona no tenia cap lligam professional clar, mentre que a Madrid escrivia per a alguns mitjans (*Gaceta Ilustrada*, *Ya*, *ABC...*), i hi havia també Prensa Mundial i el meu amic Marañón... M'anava creant una nova executòria, ara en castellà, perquè la meva feina anterior en català no em podia valdre. La meva presència a la capital suposava una projecció més gran, sobretot perquè de seguida els meus escrits van tenir una bona acollida. Aleshores no ho sabia, però estava determinant el meu futur professional de les properes dècades. Exercia també de corresponsal a la capital per a *Destino* i, evidentment, per a Francesc Cambó, qui rebia periòdicament els meus informes per conducte confidencial.

Amb la Maria vam festejar des del final del 1939 fins al 30 de juny de 1943, quan ens vam casar; de solters, jo era a

Madrid i ella a Barcelona. Per tant, va ser una relació sobretot per carta, i una mica per telèfon, que aleshores no s'estilava per a llargues converses. No cal dir que m'escapava a Barcelona sempre que podia. Un dia, sortint del California, un restaurant de la Diagonal, ens va sortir al pas un atracador que anomenaven El Solitario. Era un cambrer de la zona que amagava la seva arma en un matoll, d'on la recollia quan sortia de treballar i començava el seu segon *ofici* com a delinqüent. Nosaltres acabàvem d'entrar al nostre cotxe, quan de sobte em van posar la pistola al cap, tot demanant-nos els diners. Amb una sang freda que encara avui em sorprèn, ella li va respondre: «*Los días que voy al trabajo no llevo bolso, solamente los domingos*», mentre amb els peus mirava d'amagar la bossa que duia, amb un xec al portador ple de zeros que jo li acabava de donar per ultimar els detalls del nostre futur pis a Madrid. Per sort, el lladre no va veure res. Reconec que em vaig espantar una mica, perquè a mi no m'havien posat mai una arma de foc al cap. Avui aquesta escena, al mig de la Diagonal, seria impossible, però aleshores hi havia molt pocs vehicles, i tota aquella part de l'avinguda eren camps no edificats. Al costat, s'estenien diversos restaurants, com El Caserío, i també els balls. Al California dirigia l'orquestra en Bernard Hilda, un jueu francès, que també cantava. D'aquella època han quedat gravades al meu cervell cançons com la que diu: «*J'attenderai / toujours ton retour...*». Eren caps de setmana intensos, amb excursions a Calella i La Bisbal incloses.

L'oficiant del nostre matrimoni va ser el meu oncle, el canonge Plàcid, a la capella de l'Esperança, prop de la barcelonina església de Sant Just i Pastor, on s'havien casat els pares de la Maria. Abans d'instal·lar-nos a Madrid, al pis de la casa d'Alba, vàrem passar unes setmanes a Mallorca. Difícilment hauríem trobat un lloc tan atractiu com aleshores era l'hotel Formentor, on vam retrobar amics de Barcelona que hi tenien el seu iot. A bord de l'*Orion* –aleshores el número 1 d'Espanya–, de l'industrial tèxtil Eusebi Bertrand i Serra, molt amic del meu sogre, vàrem navegar per les aigües mallorquines. La Maria era molt independent, avançada a la seva època, parlava idiomes i fins i tot conduïa. Aquesta darrera aptitud meravellava en Manuel Brunet, que exclamava: «Aquesta noia agafa el cotxe amb la mateixa determinació amb què les pageses prenen el carro!».

12

LA II GUERRA MUNDIAL JA HA COMENÇAT

Des de Madrid, vaig viatjar força, i així de passada esquivava parlar de política espanyola als meus articles. Per a la revista *Destino*, vaig emprendre un recorregut per la França no ocupada. A Marsella em van robar, mentre estava assegut al tamboret d'un bar, la bitlletera que portava a la butxaca dita *revolvera*. Sense ni cinc, vaig haver de recórrer a un conegut del consolat per tornar abans d'hora. D'antuvi havia renunciat a anar a la França ocupada, perquè pressuposava obtenir un permís explícit dels alemanys. Va ser una sort no haver trepitjat territori sota control dels nazis, perquè, un temps després, això em va permetre poder acompanyar en De Gaulle a la seva seu a l'Àfrica. A diferència de la primera guerra mundial, a la segona hi havia restriccions informatives molt severes: no era possible que un mateix periodista informés alternativament des dels dos bàndols de la guerra. Si t'acreditaves a un bàndol, ja no podies trepitjar l'altre. Aleshores els corresponsals de guerra eren incrustrats en els seus respectius exèrcits.

El port de Marsella sempre ha estat una cruïlla dels cinc continents. Tot i que la guerra havia limitat enormement el moviment de mercaderies, la ciutat continuava sent cosmopolita, amb emigrants de molts països: hi havia *trattorie* on només es parlava napolità, menjadors turcs amarats d'espècies, extenses sales on els xinesos menjaven arròs, i fins i tot vaig anar a uns restaurants catalans i mallorquins on servien botifarra i *llomillo*. En aquells dies, però, la ciutat oferia l'aspecte d'una gran ratera, amb milers de persones de tots colors esperant vaixells per marxar del país. No endebades quan els nazis van envair París, els passavolants que van poder van agafar un tren cap a Marsella. Així, vagant pels carrers es veien africans luxosos al costat d'altres molt pobres; vietnamites desmobilitzats, tristament asseguts a les voreres dels llocs cèntrics, contemplant amb ulls oblicus la tortuositat de la vida. Maoris i canacs es passejaven segurs d'ells mateixos, pensant que s'allunyarien molt de la guerra; mentre que els magribins no ho veien tan clar, tot passejant-se de dos en dos, agafats pels dits de la mà. Tot aquest personal exòtic pul·lulava per La Cannabière entre les desplaçades figures parisenques del món de l'espectacle: Raimu, amb abrics de color clar; el galà ja envellit Jules Berry mirant la gent amb suficiència; Tino Rossi somrient als núvols...

Marsella ja no la dominaven ni els grecs, ni els italians ni els corsos. Els que més abundaven eren els perseguits jueus, tant els més rossos, provinents d'Alemanya, com els més pàl·lids, que procedien de Polònia. Els més rics eren els que venien dels Països Baixos. I els més bruns, els sefardites, procedents de diversos punts del Mediterrani, que volien retornar a Grècia o a Turquia. Sobre tots ells planava una gran tristor.

El mateix 1941, vaig anar a Lisboa, on també hi havia multitud de refugiats –molts d'ells, jueus– que maldaven per embarcar-se. Convivien amb els espies que treballaven en totes direccions, sense excessiva discreció: anglesos infiltrats entre els alemanys, alemanys a sou dels britànics... També es podia donar el cas d'un alemany i un britànic que treballessin per als seus respectius països, però als cafès això no divertia ningú i no es comentava. Vaig trobar un català, anomenat Llobet, que organitzava passatges en vaixells per 400 dòlars el matalàs, i, en cada viatge, s'embutxacava almenys 40.000 dòlars. Se m'apropà una noia i em digué: «Si em troba un vaixell per noliejar pot guanyar 50.000 dòlars.» Quina activa presència de dones! Algunes deien ser periodistes, però no feien altra cosa que beure whisky amb grans reporters nord-americans. Les que escrivien eren més aviat aficionades a la transcendència. Les úniques sinceres i naturals eren les que gargotejaven l'últim adéu als seus amics abans que anessin a parar als camps de concentració. Les americanes, mentre esperaven el vaixell, ballaven el seu últim swing europeu, i les de més edat eren les més afectades per haver d'abandonar el continent. Les portugueses miraven tot aquest món que passava pel seu costat sense ni tan sols fixar-se en elles. Era la barreja de refugiats més rica que es podia trobar a Europa. Per tot arreu floria l'inesperat i el contrast, amb un gran flux de població flotant que es conservava en alcohol, en locals com el Chic, de clientela més aviat local, o el Palladium, el lloc de trobada dels jueus.

Venint d'Espanya, a la frontera em van lliurar un imprès amb el qual m'havia de presentar l'endemà per a un reconeixement mèdic, on et buscaven uns inexistents polls, a causa d'una epidèmia pretèrita, dita *del piojo verde*.

A la gerència del luxós hotel Avis sabien millor que ningú a quina hora sortia el Clipper cap a Nova York.

Aquesta aeronau semblava un cetaci amb ales. Per embarcar-hi, al cap Ruibo, formaven cua acabalats viatgers en posicions una mica abatudes. Un xiulet del supervisor els posava en moviment. Recordo una parella vestida de nit; ell amb frac, mentre que els tres quarts de *petit-gris* d'ella la camuflaven entre la boira fluvial del Teijo. Quan aquella mola s'enlairava, els de terra anàvem seguint la seva desaparició entre els núvols, carregant-nos d'un sentiment que miràvem d'esvair a la nit al Wonder's, el bar del Casino d'Estoril. Allà, els fills dels empleats podien permetre's el luxe de ballar amb milionàries; poquíssims homes quedaven de la categoria d'un nebot de Rothschild, que amb la seva cabellera llanuda i rossa semblava un Sant Joan Baptista. L'animació, però, era a les taules de joc, per on el novel·lista gallec Wenceslao Fernández Flórez es passejava sense jugar-se mai un sol escut.

Nina era una *boîte* que pertanyia a un espanyol, tot i que l'amo visible era un rus «blanc», com russa n'era la decoració, amb àligues imperials sostenint les bombetes, que es quedaven a mitja llum quan tocaven tangos. Els cambrers i cambreres anaven amb bruses de seda cenyides al coll, fent-los patir una calor gens moscovita.

Lisboa era la melangia en estat pur. Pels seus carrers només circulava l'optimisme quan arribava un vaixell americà. Per unes hores, les rues d'Abaixo es convertien en diminutes resurreccions de la Cinquena Avinguda. Els quioscos s'omplien de la variada policromia dels magazins nord-americans, i els marines s'escampaven pels carrers. Vestien uns uniformes molt arrapats per evitar que portessin ampolles amagades a les butxaques. Això els obligava a anar amb el pot rodó de cigarretes de Virginia a la mà, com un inseparable biberó.

Aquell mateix any 1941 vaig visitar Londres. El meu llibre *La Europa que he visto morir* recollia les meves impressions de diferents viatges, i va rebre un bon nombre de felicitacions, entre elles la d'Azorín.

En un article publicat aleshores feia un repàs de les novel·les de Somerset Maugham, que deixaven el lector meravellosament informat sobre temes polítics, socials, geogràfics i fins i tot estratègics de diferents països, o de qüestions essencials dels seus organismes governamentals. L'explicació era que havia estat agent volant durant uns quants anys de la Intelligence Service i, com tothom que ha fet aquests treballs, havia quedat marcat per sempre. Informava quan escrivia, tenia la deformació professional del relator d'ambients, el toc de l'informador confidencial. De fet, els serveis britànics, en aquella època, encarregaven força feines d'aquest tipus a escriptors. Somerset Maugham, amb les millors americanes de Harris Tweed, passejava la seva figura a bord dels transatlàntics, on alguna vegada se l'havia trobat el meu amic Manolo Bosch. D'altres escriptors-agents jugaven al tennis a la Riviera o es banyaven a la piscina del Club Natació Barcelona, com en Robert Donald Darling, també ateneista, que als anys trenta escrigué en català a *Mirador* i seguí la política catalana amb gran interès, treballant per al Servei Britànic des de la cobertura d'una feina relacionada amb el turisme, a l'agència de viatges Deeble Service. Jo mateix li havia gestionat permisos l'any 1934, quan treballava a la Generalitat. A la guerra civil, col·laborà amb els quàquers als camps de refugiats republicans del sud de França, d'on va treure força gent. Durant la segona guerra mundial, treballà des de Gibraltar i, finalment, va establir-se al Brasil, entre São Paulo i Rio de Janeiro. Durant un meu viatge a Londres, poc després d'acabada la guerra mundial, el vaig anar a veure. Vivia en un altell d'un pub molt a prop de Trafalgar Square, ubicació poc recomanable per a una persona, com ell, una mica alcoholitzada i que potser va contribuir a la seva mort prematura.

Aquests escriptors es feien amb gent culta i elevada, amb la qual cosa la qualitat informativa dels seus reports no excel·lia perquè, per exemple, a l'avantguerra d'Espanya, no van teixir relacions d'amistat amb militars ni amb sindicalistes, que devien trobar una mica pallussos. I així els va sorprendre el 18 de juliol de 1936. Tampoc els agents del Komintern que hi havia per Barcelona es van olorar els esdeveniments i, de fet, se'ls podia veure llegint les notícies dels diaris, asseguts a les cadires de la Rambla, per després redactar els seus informes a partir d'aquestes fonts tan poc confidencials.

Precisament, conservo una carta que en Darling m'envià des de Gibraltar el 15 de juliol de 1943, de la qual reprodueixo uns fragments que mostren la seva personalitat extravertida, el seguiment que feia de l'actualitat literària i, sobretot, la confiança que ens teníem:

> *(...)*
>
> *Me acaba de decir el pajarito de costumbre que en un momento de abandono y desequilibrio casi anti-social una linda señorita te ha llevado al Altar. ¡Voces de espanto sonaron, cerca del Guadalquivir! Paréceme imposible tal acto y si la fuente de donde procede esta horrenda noticia no fuera buena diría que se trataba de un canard, mal encadenado.*

(...)

Por Dios, ¿qué le ha pasado a Sebastian Juan Arbó? Su última obra me ha extrañado mucho. Volvemos otra vez a los atardeceres tortosinos de invierno, los suspiros, dolores, lágrimas, la pubertad, los primeros amores, la ciudad, hasta la cárcel y... ¡«él»! La idea, si se me permite criticar, es buena, ¡¡pero qué tristeza!! Se me acude (sic) en este sentido una frase churchilliana – "Nunca sufrieron tantos, en tantas páginas, para tan poca cosa". No se lo digas porque es un buen chico y le aprecio mucho, pero la verdad no me ha gustado. Estoy harto de los rigores del clima de Tortosa y de Vich. Si alguien puede escribir una novela alegre sobre la alegría, si no de la huerta, por lo menos del Prat, le daré un abrazo.

R. D. Darling

13

DE L'ÀFRICA DE DE GAULLE AL CAMP DE CONCENTRACIÓ DE DACHAU

L'any 1943 va ser molt decisiu per a mi. Professionalment, perquè vaig començar els preparatius per anar amb De Gaulle a l'Àfrica. Però, per damunt d'això, hi ha l'aspecte familiar: em vaig casar a començaments de l'estiu, com ja he dit, i va morir la meva mare abans de fi d'any. La seva mort va ser molt punyent; va desaparèixer el cor i la intel·ligència de la família. Tot i que feia mesos que anava decandint, vaig patir un xoc emocional molt fort.

En aquell 1943 entro en contacte amb Jacques Truelle, un enviat especial del govern gaullista d'Alger, que estava molt lluny de tenir relacions diplomàtiques amb Espanya, però que va enviar una persona per contrapesar l'ambaixada francesa, del règim de Vichy. En Truelle era diplomàtic, i li faltava una cama. Es va instal·lar a Madrid a l'ombra de l'ambaixada anglesa. El que més li interessava era parlar amb periodistes i gent de ploma, perquè sabessin que el general De Gaulle no era cap «aventurer», com deien els diaris d'aquí i la mateixa agència EFE. Explicà que De Gaulle era un home seriós que estava organitzant l'exèrcit de les colònies, i que tenia domini sobre gran part de l'Àfrica occidental, començant per Brazzaville, la capital del Congo francès. Eren dades que no es trobaven als diaris espanyols, forçats pels seus directors a jugar la carta germanòfila. El principal introductor d'en Truelle fou el meu amic Tom Burns, agregat de premsa de l'ambaixada anglesa, que més tard es va casar amb una filla del doctor Marañón, la Mabel. Tom Burns tenia una autoritat molt gran a Madrid, i era el propietari d'un setmanari catòlic de Londres, *The Tablet*.

Va ser en Jacques Truelle qui, després d'examinar diferents possibilitats, em va convidar a anar prop de De Gaulle a l'Àfrica: «Si aconsegueix la corresponsalia d'un diari important o millor dos, rebrà una carta d'invitació per anar a Brazzaville.» Ho va dir també a l'Antonio Mira Izquierdo, del diari catòlic *Ya*. Truelle veia en mi una persona aliadòfila que, a la vegada, comptava ja amb uns lectors consolidats. Com que jo temia que els directors dels diaris, nomenats pel règim, ho deixessin en via morta, vaig parlar directament amb els propietaris o editors: en Juan Ignacio Luca de Tena, de l'*ABC*, a qui ja coneixia dels sopars amb en Sánchez Mazas, i en Carlos Godó Valls, de *La Vanguardia*, amb el qual la meva muller i jo ens tractàvem bastant, al club de tennis i altres indrets de Barcelona. El comte de Godó, a més d'amic, també era aliadòfil, no endebades la seva primera muller va ser una anglesa.

Els francesos m'han agraït sempre molt que, en aquells moments difícils per a ells, prengués partit i anés a Brazzaville –en De Gaulle em donà la Legió d'Honor l'any 1960–, però sóc jo qui he d'estar agraït, car això em lligava amb les democràcies, ben diferents del color polític que podia atribuir-se a qui havia fet la guerra amb Franco. Vaig anar-hi sense cap cobertura, ni tan sols assegurança. Com a corresponsal, a Madrid, en aquell moment, no era prou cotitzat. Però, a més, l'administrador de l'*ABC*, amb qui vaig entrevistar-me després de fer-ho amb el marquès de Luca de Tena, em va dir que no creia que funcionés la meva missió perquè la censura es menjaria les cròniques i que, per tant, només em pagarien les publicades. L'acord amb *La Vanguardia*, més raonable, m'assegurava la remuneració de totes les cròniques rebudes, fossin publicades o no.

El gerent de l'*ABC* no es va equivocar. Durant quasi dos mesos no aparegué cap crònica, tot i que jo no me'n vaig assabentar atesa la total incomunicació entre Brazzaville i l'Àfrica central amb Espanya. Es veu que Juan Aparicio, director general de premsa, va dir: «*De Gaulle no existe.*» Jo lliurava a l'exèrcit francès els meus textos, que, després de rebre el vistiplau d'un tinent, els militars col·locaven al peu de la companyia telegràfica de Tànger, que els emetia cap a Espanya. El tracte amb aquest oficial era molt cordial. Més que de censura ideològica, es tractava d'evitar que, dels textos, se'n pogués deduir alguna dada de situació o de preparació que fos útil als enemics. De les cròniques, en fèiem una revisió conjunta al seu despatx.

Així doncs, va ser a començaments del 1944, quan vaig emprendre el viatge cap a Brazzaville, via Tànger i Casablanca, on vaig agafar el primer avió militar que, fent salts per la costa occidental, va arribar fins al Congo. Setmanes després, vaig anar a Alger, amb l'exèrcit francès, a través del centre d'Àfrica, i a aquesta ciutat em vaig trobar amb un nou cònsol espanyol, Juan Antonio Sangroniz, un diplomàtic de primera fila que després seria ambaixador a París, i que representava un canvi en el tracte que el govern espanyol dispensava al general De Gaulle, coincidint amb la nova orientació de la guerra. Va ser ell qui em va dir: «*No se ha publicado ninguna de tus crónicas, pero a partir de ahora, debido a mis gestiones y a las de Jacques Truelle, se empezarán a publicar todas.*» Així va ser, però van quedar una pila d'escrits inèdits, que em van permetre fer el llibre *África en blanco y negro* amb les còpies que havia conservat, tan aviat com vaig tornar a Espanya, el 1945. Cal dir que vaig queixar-me al director de l'*ABC* perquè, superat el tràngol de la censura, *La Vanguardia* em publicà més cròniques que ells, i les meves butxaques en patien les conseqüències. De vegades, però, també m'havia de queixar al director de *La Vanguardia*, qui, inexplicablement, deixava de publicar alguns temes i, sobretot, em tallava certes parts de les cròniques. Aquí reprodueixo una carta que ho exemplifica, datada a Tànger, on havia anat a buscar la Maria.

Tánger 8-IV-1944

Señor Don Luis de Galinsoga
Director de «La Vanguardia»
Barcelona

Querido Luis:

Habrás visto que he mandado con una regularidad de cronómetro. No obstante, algunas crónicas no han salido y en cambio lo han hecho en A.B.C, lo que me demuestra que por lo menos éstas no ha sido por culpa de la censura. Precisamente son las tres que quizás me han quedado mejor de las que he mandado en el mes de Marzo. En una de ellas hablaba de las chicas militares, tema que ha tocado veinte días después el Ya. *En otra de un cura español de Argel y la otra era nada menos que todo el ambiente de la Asamblea y De Gaulle ante ella, cosa que en embrión ya daba toda la situación que después se ha puesto de manifiesto con la salida de Giraud. Es, desde luego, la crónica de mejor intención política de todas las que he hecho desde Argel. Ayer hice otra cosa desde aquí que, a pesar de que no hay nada que la censura pueda quitar, me temo naufragará. Sin embargo habrá sido el mejor documento que habré mandado hasta la fecha. Estas cosas te hacen cisco la moral y si uno no os tuviese a vosotros detrás haría rato que ya hubiese tirado la esponja del abandono.*

Y aún después de este maremagnum ha habido otras cosas de tipo constante y también profesional. No sé hasta qué punto calcularás tu la dificultad de la censura argelina que debe cubrir, aparte del francés, varios flancos más. Después de algunos comentarios de Radio y Prensa Vichista sobre algunas de nuestras crónicas, la cosa todavía se ha hecho más hermética. Algunas crónicas me cuestan conversaciones y debates mano a mano con el censor, de más de media hora. Y aún menos mal que se presta al diálogo. En algunos originales hay que mercadear las palabras como si se tratase de una venta en una tienda. El cambio de un sustantivo o de un adjetivo se lleva con una minuciosidad de orfebres, pues además creen siempre y algunos con razón, que cargo yo palabras con todo un juego de dobles sentidos. Finalmente, ten en cuenta que los telegramas deben ir forzosamente, sin remedio, vía Londres, lo que habrás visto desde el primer día por el hecho de llegar al día siguiente (y tarde) de haber sido impuestos.

Esto, dentro de algo más de un mes lo habré terminado. Para este objetivo es importante no me cortéis de-

masiado porque yo además escribo corto. Solo cuando hay que dar un reportaje visual y completo, me extiendo algo. No cortéis en esos pocos casos pues –visto lo que digo antes– lo más importante en mis crónicas quizá esté más en los detalles fáciles de sacar, que en el mismo esqueleto esencial de la crónica. (...)

C. Sentís

Durant mesos, a Alger vaig veure setmanalment en De Gaulle. Però la meva retina conserva sobretot l'impacte de la primera vegada: assegut entre el bisbe i el governador general de l'Àfrica Equatorial francesa en un estadi del barri Poto-Poto, contigu a Brazzaville. Les altes palmeres fuetejaven rabiosament el buit i, entre el vent calent, enormes gotes de pluja se li fonien al rostre amb les perles de la suor. Dos equips jugaven a futbol descalços amb més voluntat que traça, sota la mirada trista d'en De Gaulle. *Une gauloise bleue* li defallia a la comissura esquerra dels llavis, sota l'ull tancat a causa de l'estantissa columneta de fum. L'esquena corbada lleument, com si el seu *salakof* fos de plom i no de suro. Fou a la mitja part quan, prèviament advertits pel ministre René Pleven, ens atansàrem a en De Gaulle perquè ell ens pogués presentar. El general ens allargà una decandida mà, tot pronunciant unes frases de benvinguda.

Sempre amb la mateixa malenconia greu, el general assistia a l'ofici religiós del matí, a la conferència de la tarda o al sopar i ball de la nit, on les noies blanques –dones o filles de funcionaris colonials– ens rebien amb vestits de nit a la darrera moda de quan havien sortit de París, és a dir, vuit o deu anys abans.

Quina modèstia envoltava De Gaulle a Brazzaville! Les mateixes cadires –no n'hi havia més– que servien a la catedral es col·locaven rectangularment per als discursos del migdia, i en forma de «T» per al banquet nocturn. Al casino, entre billars, taules de bridge i un bar decorat amb pells de cocodril, el general va fer el seu discurs a la Conferència Africana, on s'havien reunit els capitostos de les colònies per parlar de la seva aportació a l'esforç militar. Mentre parlava, un gall s'apropà a una gran finestra i cantà tan a prop del micròfon que va malmetre la gravació en curs. Un gos es passejava per davant i per sota de la seva taula i tots nosaltres, en mànigues de camisa, ens ventàvem amb l'ordre del dia. Jo no recordo què va dir exactament, però sí l'impacte del seu parlar lent, la seva pausa monorrítmica, el seu gest d'estendre les mans i recollir-les sobre el pit. Amb tota aquella austeritat, i la seva tremenda voluntat d'obsés, vaig pensar: «Aquest és el que arriba a París.» A les rodes de premsa responia força preguntes, però cal dir que totes les qüestions eren sempre de to favorable.

Després de la seva primera etapa al Congo, el vaig tractar a Alger. Ni una tarda passada a la seva residència de la Villa des Oliviers, ni a cap conferència de premsa ni a cap discurs, el vaig veure tan expressiu com a l'estrada de l'Assemblea Consultiva. Semblava més alt que mai –a l'escola ja li deien «el gran espàrrec»–, i amb aire de cansament, fent sobrevolar els seus dos braços inacabables, pregava als diputats que el deixessin fer la guerra tranquil, l'única cosa que a França l'interessava. Lluitava contra l'esquerra (que s'excedia), contra la dreta (que no el seguia), contra els interessos dels seus aliats russos, americans i anglesos... Per això en Churchill va dir un dia: «He hagut de carregar moltes creus en aquesta vida, però cap com la de Lorena», fent referència a la insígnia dels francesos «lliures» o gaullistes. El *premier* britànic –a diferència de Stalin i Roosevelt– el va sostenir clarament.

Les tropes d'Alger estaven preparades per a un eventual desembarcament a Europa. L'espera, però, es prolongava tant que vaig decidir –atès que gaudia d'un allotjament suficient– demanar a la Maria, amb qui només feia uns mesos que m'havia casat, que se sumés a la meva estada. Lluny de la zona de combat, només hi havia risc d'algun bombardeig, però disposàvem de refugis. Li va semblar bona idea. Prèvia intervenció de Jacques Truelle des de Madrid, ens vam citar a la ciutat internacional de Tànger. Un cop retrobats, vam dirigir-nos a Casablanca, on vàrem prendre un altre tren cap a Alger. A la frontera entre el Marroc i Algèria, van escorcollar la meva dona i li van trobar una carta que portava per a un oficial de l'exèrcit francès, tramesa pel seu pare, que vivia a Madrid. Però no era permès passar cap mena d'escrit i vam rebre la corresponent recriminació.

Al cap de pocs dies, un diputat comunista del parlament de la França lliure –anomenat Tillon– es va aixecar de l'escó i va interpel·lar el govern, assenyalant la badada que suposava haver deixat entrar dos periodistes de l'Espanya de Franco a Alger. El ministre d'Informació, René Pleven, li va respondre secament: «Aquestes dues persones han estat convidades per mi.»

En aquest sentit, vaig ser objecte d'alguns atacs, com mostra aquesta carta, aquí traduïda, que vaig adreçar a les autoritats franceses de la zona.

Monsieur le Ministre,

No us escric pas per preguntar-vos ni per demanar-vos res, però si no he volgut respondre a una nota insultant per a mi i per al meu col·lega, publicada el 26 a «Alger Républicain» (basada en falsedats demostrades) perquè, entre d'altres raons, l'autor no és francès, no vull de tota manera presentar cap querella. Només vull posar-vos de relleu l'acusació gratuïta –que atempta contra la meva honorabilitat– amb motiu de la importació de 23 rellotges suïssos a les meves maletes, segons un informe que ha passat pel vostre comissariat. No cal que us digui que això és mentida, perquè la seva total falsedat serà tan comprovada com el que es diu a «Alger Républicain». Però com que és inadmissible que l'odi polític arribi a la calúmnia personal, crec que ha arribat el moment que us recordi els punts següents:

(...)

Com que jo he vingut aquí i tinc unes idees polítiques determinades –exactament les contràries de les que se m'acusa de tenir en l'informe que us ha arribat– les meves cròniques, com les del meu col·lega, van ser prohibides en bloc per a la seva publicació per la censura espanyola, fins que les gestions d'altes personalitats, entre les quals les del Ministre d'Espanya prop del Comitè, van aconseguir que s'aixequés la suspensió.

C. Sentís

A Alger, vivíem a una habitació decomissada per l'exèrcit, en un pis molt ben situat, a la Rue Michelet. La senyora de la casa em va rebre amb una visible decepció. S'esperava un oficial francès i es trobava amb un civil, i a sobre espanyol. Malgrat que el seu marit, també *pied noir*, era alacantí, mostrava un orgull nacional francès agressiu contra qualsevol altra nacionalitat, sobretot les àrabs. Hi havia força *pieds noirs* espanyols –valencians o menorquins–, descendents dels que després del 1860, quan els francesos ocuparen Algèria, van anar a cercar la terra de conreu. De fet, després de la guerra d'Alger, molts *pied noirs* no tornaren a la metròpoli francesa sinó que s'instal·laren a Alacant, la província espanyola amb més índex de francesos del moment. Era divertit, a Oran, sentir de tant en tant parlar català amb accent valencià.

La nostra patrona i el seu home s'emborratxaven conjuntament a la terrassa i se sentia com ella li deia «*espèce d'abruti*» quan ell abocava el got de vi, ja avançat el procés de libació. Des d'aquell lloc es veien els terrats d'Alger, amb soldats americans prenent el sol, pit enlaire i pantalons una mica abaixats, cosa que l'escandalitzava. Sigui com sigui, vam establir relacions prou fluides perquè trobés bé la vinguda de la meva dona. El clima fins i tot va millorar a causa dels presents que li feia la Maria, en forma de xocolata o *biscuits* que ens donava l'inoblidable Helen Rodgers, antiga secretària de l'ambaixada nord-americana a Madrid, on jo l'havia conegut. Allistada ara a l'exèrcit, tenia un grau important als destacaments concentrats a Algèria. Els americans eren els que tenien millor menjar, però no els agradava gaire compartir-lo.

Tot d'un cop, la conducta de la nostra allotjadora es va transmutar, perquè una seva germana que vivia a l'interior del país volia traslladar-se a Alger i, per tant, ocupar la nostra habitació. Per desempallegar-se de nosaltres, ens va denunciar dient que li venguérem els productes que en realitat li havíem regalat. Vàrem ser cridats a la seu militar, per respondre de les acusacions de practicar el *marché noir.* La Maria va dir a un capità: «Vostè és un home de món. Jutgi vostè mateix.» L'oficial respongué: «Tornin tranquils a casa. Jo me n'ocupo, de la resta.» La *pied noir* es va venjar limitant el nostre moviment dins del pis estrictament a l'habitació i el servei, sense accés a la banyera, amb l'argument que l'exèrcit només li havia requisat la cambra amb lavabo que teníem. A la incomoditat que això suposava, s'hi va afegir que, de tant alimentar-nos de xocolata i pa tou americà, la Maria va tenir un atac de fetge, però ni tan sols trobàrem bicarbonat en tot Alger. Tal era la concentració d'exèrcits a la ciutat i la manca total d'arribada dels productes de França. Sort que, almenys, la senyora Sangroniz, del consolat, li preparava sopes de verdura.

Les passàrem de tots colors. Un dia, per exemple, fórem envaïts per una plaga de llagostes, i les anàvem trepitjant pel carrer de manera que a cada passa sentíem els crecs. Però, malgrat totes les penalitats, vivíem molt bones estones.

Una de les activitats de la Maria era fer cua per obtenir entrades per als cinemes de l'exèrcit nord-americà, on projectaven grans estrenes de Hollywood, que arribaven abans al front que al públic dels Estats Units. Cada sessió era precedida d'un curtmetratge titulat «Per què combatem?», car als pobres *boys* se'ls havien de trobar explicacions que justifiquessin el risc que prenien en un conflicte tan llunyà del seu país i dels seus interessos immediats.

Per Alger voltava el fill del pintor Zuloaga, que feia d'enllaç entre el règim gaullista d'Alger i Madrid. Després de l'alliberament de París, va jugar un paper diplomàtic semblant, és a dir, de vincle entre les diplomàcies francesa i espanyola del moment.

Vam conèixer bastants oficials americans, entre ells el Douglas Fairbanks fill, que ens digué que preferia moure's entre l'elit teatral londinenca que no pas treballar a Hollywood. Fèiem més vida, però, amb els oficials francesos. Un d'ells era l'escriptor Antoine de Saint-Exupéry, que havia de caure amb el seu avió poc temps després. Menjàvem a la «mess» d'oficials de l'hotel Aletti, com altres corresponsals. Anàvem de tant en tant a algun dels restaurants clandestins del port: havies de trucar a una porta un nombre determinat de cops, que feien de contrasenya. Eren llocs cars, mig tolerats per l'autoritat. Un dia, vam seure a la taula del costat de la Marlene Dietrich i el Jean Gabin. En una altra ocasió, mentre sopàvem amb un diplomàtic francès anomenat Claude Lebel i la seva mare, ella va exclamar: «Quin gos més pesat!», apartant-lo amb el peu. Quan va descobrir que, en realitat, era una rata de grans dimensions, es va enfilar a la cadira fent uns crits d'espant.

A Alger, alguns nord-americans desconsideraven una mica els francesos i fins i tot n'hi havia que semblaven decantar-se més pels italians, encara que aquests fossin presoners de guerra.

Vàrem estar-nos a Alger fins després del desembarcament de Normandia. Els aliats havien mantingut el suspens de si l'atac seria per la costa atlàntica o mediterrània. Així, davant del dubte, s'obligava els alemanys a cobrir els dos flancs. Un cop efectuada l'ofensiva, quan els nord-americans i anglesos prenien un poble de Normandia, substituïen la «komandatur» per un comandament militar americà, en lloc de recórrer a autoritats franceses.

Això responia al criteri de Roosevelt, que volia un alliberament de França exclusivament anglosaxó. De Gaulle, furiós, va aconseguir finalment que les seves limitades forces protagonitzessin l'autoalliberament de París. Sembla que fou Eisenhower qui autoritzà l'estratègia que permetia a la divisió Leclerc obrir-s'hi camí des del sud de França. Jo crec que bona part de la rancúnia actual de França cap als Estats Units ve de les friccions d'aquest període. Pensem que De Gaulle va arribar a incloure dos ministres comunistes al seu govern d'Alger, cosa molt convenient per a França (i que a Catalunya també va fer Tarradellas durant la transició), però que va irritar els Estats Units. Encara més: per a De Gaulle, era millor que tornés a exercir el seu càrrec un prefecte francès excol·laborador de Pétain que un militar americà.

Bastant després del desembarcament a Normandia, vàrem tornar a Espanya. El viatge d'Alger a Melilla el férem en un cotxe tronat, enmig d'una gran sequera. Quan descobríem un bassal d'aigua, ens hi precipitàvem sense miraments. De Melilla prenguérem el vaixell fins a Màlaga, i d'allà el tren cap a Barcelona. Després, continuàrem fins a Calella de Palafrugell, on vaig ultimar el ja esmentat llibre sobre De Gaulle, dedicat al nostre primer fill, en Carles, acabat de néixer –juliol del 1945–, desitjant-li que no hagués de viure cap guerra.

Quan, l'any següent, en De Gaulle va dimitir com a cap de govern, vaig publicar a l'*ABC* l'article «Au revoir, mon Général», que va resultar premonitori, perquè hi vaticinava la seva futura tornada. Quan aquesta es va produir, el 1958, dotze anys després, l'*ABC* el va tornar a publicar. També van fer-ho altres diaris com el *Clarín* de Buenos Aires. Vet-lo aquí:

No hubiera querido ocuparme de la situación francesa en esta serie de artículos que he comenzado a publicar bajo un mismo y bastante pesimista título general, hasta dejar atrás la cuestión rusa y ruso-alemana, por donde pasará, durante todo este invierno, el meridiano de la geografía política europea.

Sin embargo, las últimas noticias de París hacen adelantar mi pluma de unos días y entrar de nuevo en el tema que durante este final de otoño y principios de invierno constituyó allí mi única preocupación. Casi ni por una sola vez quise ocuparme, en París, de otro tema que el de la situación política francesa, que entró, hace ya tiempo, en un proceso –por ahora– pacífico, legislativo y hasta ordenado pero, innegablemente, revolucionario.

Hoy me toca registrar la dimisión del primer plano de la vida pública de un hombre que, desde hace más de dos años, está ligado estrechamente a mi trabajo profesional. Una «dimisión irrevocable», según dicen las noticias que nos llegan desde Francia...

Yo creo que la situación de Europa es gris –grisísima–, pero no negra, y, por ahora, tampoco roja. Y porque lo creo así, he puesto en la cabecera de estas lineas, simplemente impresionistas, el título de «AU REVOIR MON GÉNÉRAL».

Este último noviembre me contó en París su secretaria que Carlos De Gaulle le dijo un dia que su mayor aspiración hubiese sido ser bibliotecario en una vieja ciudad francesa de provincias. Quien haya seguido un poco la vida de De Gaulle en éstos últimos años de rapidísima ascensión a la cumbre de su país, no puede permitirse dudar de la sinceridad de esas palabras. Pero el Poder es muy caprichoso, y el tenerlo o no tenerlo, no depende, casi nunca, de la voluntad de un hombre. A De Gaulle podría gustarle escribir libros, podría encantarle encerrarse en su despacho... ¿Se lo permitirán los millones de franceses que con este reciente gesto del general, acabarán de considerarle como el jefe indiscutible del anticomunismo en Francia?

Hoy podría repetir lo mismo que les mandé a ustedes desde París el día 17 de noviembre pasado. Fué cuando De Gaulle, en una carta dirigida a la Asamblea, bastante más explícita que esa última, mandó su dimisión, también «irrevocable». La situación hoy se retrotrae tan exactamente a aquel día, que quiero reproducir textualmente dos párrafos con que empezaba la crónica que se publicó el dia 18 de noviembre en este mismo periódico:

«Acabo de atravesar los Campos Elíseos. Un sol anémico, invernal, retiene a algunos americanos en sus terrazas, requisadas, de los grandes cafés. Para ser iguales a cowboys, sólo les falta el sombrero. Porque su caballo es su jeep, que tienen sobre la acera, junto a su silla y a su velador. En las bocas del Metro, en la actualidad único transporte parísino, la gente se agolpa como arenques en barril. Todo el mundo preocupado va a sus quehaceres. Pero, al pasar junto a los vendedores de periódicos, se detienen, impresionados por unas grandes letras: "¿Thorez, al Eliseo?"

»En este momento se acuerdan de que, por encima de su drama particular y doméstico, se está jugando un drama político de alcance inconmensurable. Su frente se arruga un poco más. Per los empujones de otros les

arrastran como autómatas –a esto equivalen los habitantes de las grandes ciudades– y continúan arrastrados por la corriente hacia el duro camino de su vida.»

Entonces, en ese noviembre, el mundo político, ante la perspectiva que se cernía sobre Francia, se deshizo, y, después de un forcejeo de una semana, los tres grandes partidos que componen la Cámara Francesa, volvieron a elegir a De Gaulle, condicionando su tarea. Que aquello fue una chapuza, no era necesario esperar hasta hoy para verlo. Después de que los comunistas habían insultado a De Gaulle, después de que habían roto, por primera vez, el frente de la Resistencia, no podía haber fuerza humana capaz de soldar tan profundas grietas. El campo tenía que deslindarse. Nunca en la historia de la política moderna ha funcionado un Gobierno, de tres pies, andando en direcciones opuestas. De este tres piés a un ciempiés, no había más que un paso.

Este paso se ha dado hacia la izquierda. Hubiese, igualmente, podido darse hacia el otro lado si las derechas francesas no se hubiesen manchado con la colaboración o hubiesen tenido más arrestos para maniobrar, por lo menos, con la habilidad que lo han hecho los comunistas.

Al siguiente día de conocerse los resultados de las elecciones de octubre, yo les dije a ustedes: «De Gaulle intentará para Francia una República presidencialista, al estilo nortemericano.» Tan cierto era, que al ver que no prospera su propósito, decide hoy marcharse del Poder el hombre que, a Francia, le ha dado todo lo que hoy por hoy tiene.

El actual procedimiento electoral francés fue pésimamente concebido. A un país tan castigado por la guerra someterle a dos elecciones generales en el espacio no mucho mayor de medio año, significa casi una locura. Si a esto se añade que de las elecciones de octubre no salió ni una mayoría, ni una minoría, sino tres partidos colocados casi a la misma altura, se deduce claramente que gobernantes y gobernados no podían hacer en Francia, este invierno, otra cosa que esperar el final de esta Cámara Constituyente mientras preparaban las elecciones más definitivas y estables (de Cámara ordinaria), señaladas para este verano. Preocupados los partidos en aumentar sus votos y en ganar posiciones, no podían, ni siquiera, acordarse de los auténticos y reales problemas de Francia.

De cara a los efectismos electorales, embarcados en la demagogia de masas, los tres partidos políticos franceses, con cinco ministros cada uno, tenían que empantanarse en una situación insostenible: retraimiento del capital y de los empresarios; derrumbamiento del crédito; importación del exterior reducida al mínimo; exportaciones imposibles... Falta de carbón; falta de energía eléctrica... aunque rica, Francia no podía esperar las próximas cosechas sin perder en esa miseria su estabilidad política.

Mitad en el Gobierno, mitad en la calle, los comunistas habían logrado una situación favorabilísima. Sin que el ejercicio del Poder les desgastara, podían manipular una propaganda de pura oposición. Para muchos, el altísimo De Gaulle era una percha, a la cual se habían colgado para poder clavarle mejor el puñal. Comunistas y socialistas pasaban un invierno confortablemente instalados sobre un De Gaulle que se desgastaba en el viaje como un témpano de hielo navegando a la deriva hacia los mares calientes.

Desde su punto de vista –mirado desde otros prismas puede ser distinto–, De Gaulle ha obrado magníficamente marchándose. Si, como es posible, podemos ver en Francia un Gobierno social-comunista, asistiremos al ensayo, por lo menos durante unos meses, de un comunismo, más teórico que real, instalado sobre el país históricamente más burgués del globo.

Y como el comunismo sólo se puede instalar por el terror –palabras de Stalin–, y hoy en el mundo nadie se aterroriza por nada, y como, además, las cosas de Francia no pueden arreglarse prometiendo fórmulas de felicidad colectiva a las infelicidades individuales, dentro del plazo de unos meses, Francia puede quedar vacunada de comunismo para un siglo, por lo menos.

Yo no sé si me equivoco, pero, creo poder deducir una ley que pronto tendrá carácter histórico: el comunismo no puede volver donde antes se ensayó. ¿Ejemplos? España, para empezar, Hungría, para seguir... En Viena ganan en las elecciones los católicos. En Alemania, en presencia del Ejército soviético, los comunistas alemanes –tan numerosos– han desaparecido como por encanto, se funden como la cera. En cuanto se aproxima la segunda fase del comunismo internacional, que es el imperialismo ruso y militar, los «aficionados» al comunismo vuelven en sí.

En Francia, el partido comunista tiene tres millones de adheridos, entre hombres y mujeres. Sin embargo tuvo, en estas últimas elecciones, cinco millones de votos.

Hay ahí, por lo menos, dos millones de señores que ahora podrán, por fin, enterarse.

Esos dos millones de «yo no me intereso en política» ponen a Francia en una prueba tan difícil como la ocupación por los alemanes.

Que De Gaulle, mientras tanto y por lo que pueda ser, no se vaya demasiado lejos... Yo he escrito sobre y con el general. De Gaulle, el único que fuera de Francia y en torno de sus hazañas africanas ha salido en el mundo. Por eso, hoy quiero decirle, como en una mañana ecuatorial, allá en el aeródromo del Congo, mientras se disponía a tomar el avión para Argel: «Au revoir, mon général».

Porque, no lo olvidemos: en el mar, como en la política, bajo el temporal funciona siempre la marea...

Carlos Sentís

A la meva tornada d'Àfrica, vaig experimentar potser la rebuda i les expressions més exitoses que he tingut mai. En Juan Ignacio Luca de Tena em va dir: «*Ya no escribirás nada mejor en tu vida*» (un elogi una mica ambigu). Tant el duc d'Alba com el comte de Romanones em convidaven quan tornava d'alguna expedició periodística perquè expliqués les meves impressions. El duc organitzava algun sopar amb amics, i jo no m'havia de desplaçar gaire, perquè el seu pis estava a sota del meu. En canvi, el comte de Romanones em rebia sol.

S'ha de tenir en compte que aleshores la informació al nostre país era molt incompleta, sense televisió i amb una ràdio que donava més comunicats oficials que notícies. La gent no tenia un coneixement viu i directe de les coses importants que passaven al món.

Uns dies abans d'acabar-se la guerra, el maig del 1945, convocat pels serveis d'informació anglesos, que em van introduir a l'exèrcit americà, vaig visitar el camp de concentració de Dachau al cap de pocs dies d'haver estat alliberat i quan encara tot romania intacte, amb els presoners encara a dintre. Aquest és l'article que vaig publicar a *La Vanguardia* i a l'*ABC* el 15 de maig de 1945.

VISITA AL CAMPO DE CONCENTRACIÓN
DE PRISIONEROS DE DACHAU

Londres 12, 3 tarde. (Crónica de nuestro enviado especial, recibida con retraso). En el vasto mundo anglosajón hay una cosa que impresiona más que el final de la guerra en sí: los campos de concentración alemanes.

Yo sólo he visitado uno. El de Dachau, en las afueras de Munich. Casi el último caído en manos del Ejército americano. Visitándolo, pasé un rato horroroso. Ahora, sobre el limpio papel donde escribo, no lo paso mucho mejor. Lamento no ser notario para escribir con el formulario y léxico impersonal de los protocolos. Pero creo que puedo, de todas maneras, escribir en primera persona, porque ni un solo lector que me haya seguido en la prensa de España habrá podido dudar jamás de mi ecuanimidad. A cuenta de mi historial, cargo el «doy fe». Se me dirá que más en Oriente que en la propia Europa puede haber otros campos aterradores. Desgraciadamente se puede creer en ellos. Pero no los he visto. Si los viese, movería exactamente mi pluma con la serenidad que lo hago ahora.

La entrada en Dachau –sector amplio, rodeado de alto muro y edificios cuarteleros– es muy trabajosa y minuciosa. Con nosotros –once periodistas– entra también míster Jefferson Goffrey, embajador de los Estados Unidos en Francia. Soldados americanos nos colocan a todos en hilera y con un aparato parecido a los insecticidas nos meten por las mangas, debajo de las ropas, grandes cantidades de estos polvos desinfectantes «D.D.T.», que, con la penicilina, es el moderno «cúralotodo». Quedamos todos como buñuelos, para la sartén. Luego, una inyección del mismo producto, cuyo pinchazo todavía me duele. El oficial americano nos reúne, dándonos las últimas instrucciones: en el campo, donde casi todos son detenidos políticos, hay tifus, disentería y otras enfermedades, con docenas de moribundos y centenares de cadáveres insepultos, de los dos mil que encontraron los americanos al llegar. No debemos separarnos de los oficiales americanos ni dar la mano a nadie aquí por razones sanitarias. Ante semejante programa, me entran ganas de volverme atrás, pero fumando cigarrillos y comiendo pastillas, con las manos protegidas en los bolsillos, penetro en un mundo fantasmagórico.

Avanzamos por la amplia avenida hasta el recinto rodeado de espino de alambre. Hay banderas aliadas en todos los lados porque celebran los días de la Victoria, que para ellos no han significado la ansiada libertad. Conforme avanzamos, parece que vamos a entrar en una Exposición o Feria de Muestras. Ya es eso, en parte. Las muestras que hay cerca de la entrada veré después que son las mejores, porque, por lo menos, pueden andar sin arrastrarse y no son contagiosos como otros que se hallan en pabellones cerrados, de los cuales, a pesar de morirse día a día y después de una semana de la entrada de los americanos, no pueden salir todavía.

Los paseantes, o los que tienen libertad de movimientos dentro del campo, van casi todos con traje rayado de presidiarios, pelados, con idénticos ojos inmensos en el fondo de su órbita, pero su nacionalidad se distingue fácilmente porque llevan toda clase de banderas y los yugoslavos y rusos visten su uniforme militar casi completo. En sus barracones hay tambien banderas y distintivos. En los polacos, los dibujos improvisados de imágenes religiosas contrastan con la bandera roja de los rusos, próximos a aquellos. De los 32.000 detenidos que hay en Dachau, la mayoría son polacos. Son los más serios y reservados. También entre los polacos se encuentran 780 curas católicos. Los curas de otras nacionalidades, hasta hace unos días en que todavía no había salido ninguno (sólo lo han hecho unos poquísimos), se distribuían así: 121 franceses, 69 checos, 31 italianos, 30 belgas, 30 holandeses y el resto entre alemanes y de otras nacionalidades. Seminaristas había 108. En total representaban 40 órdenes religiosas distintas.

Para darme estos y otros datos, conforme avanzamos por una especie de lazaretos –donde huesos vivientes, recubiertos de piel, toman el suave sol primaveral, que evidencia todavía más sus llagas, se me acercan toda clase de tipos. Todos me quieren contar su caso. Con grandes ademanes de afectuosidad me quieren presentar «casos especiales», con lo cual yo tengo que desobedecer las órdenes militares dándoles la mano o salir huyendo cobardemente a mitad de la conversación. A pesar de que los americanos han hecho una limpieza minuciosa, huele todo espantosamente. Basuras y toda clase de porquerías quemándose en rincones apartados del campo no hacen más que enrarecer todavía más el ambiente. Judíos y rusos principalmente, se levantan más o menos trabajosamente al paso de los oficiales americanos quitándose con respeto la gorra. Cuando nos paramos en un sitio, docenas de seres archisucios y que comen constantemente pan con mantequilla (de los americanos) por los rincones, se precipitan sobre nosotros. Entonces se establece en mi interior una tremenda lucha: la caridad contra la repugnancia. Yo me pego a los oficiales americanos como de niño al regazo de mi abuela. Pero los americanos nos dicen: «Todo eso no es lo importante. Ahora entraremos en el pabellón de los incomunicados.»

Uno de estos pabellones es exclusivamente de judíos. Aquí el olor a miseria es inaguantable. Hay muchos muchachos. Algunos están tomando el sol por las calles, esqueléticos y con la barriga hinchada como una pelota. Otros, agrupados sobre camastros de tres pisos, juegan a los naipes. En lo alto de la litera, un chico, con cara de pillete, me sonríe y, muy divertido, me señala algo que se halla en el suelo entre dos literas. Voy allí para mirarlo. Es un cadáver reciente. El niño pillete se ríe a carcajadas al ver mi impresión. Casi en el mismo momento, el moribundo que gime en una litera al ras del suelo me tira de los pantalones. Quiere un cigarrillo. Voy fumando como una locomotora, sin quitarme el cigarrillo de los labios, y salgo fuera tan pronto como puedo, pero en la calle tampoco puede respirarse.

Después, todo lo demás ya no me interesa. Datos, datos; nombres, nombres...; que si estuvo Schuschnigg con su mujer aquí mismo, en Dachau, hasta que le trasladaron; que si estuvo el obispo Piget, y los príncipes Leopoldo de Prusia, y Borbón y Parma. Todo eso a mí no me dice nada, ya. Gente medio loca me dice al oído palabras de odio o rencor, que prefiero no recordar.

En distintos barracones, nos invitan a entrar. Todo es tan trágico, que roza siempre lo grotesco. Unos portugueses y yo somos tomados aparte por unos franceses, siempre tan académicos, a pesar de todo. Uno de ellos suelta un discurso: «Nous sommes très hereux de vous avoir parmi nous; je suis aussi, mes chers amis, écrivain; je prépare un text sur Dachau», etcétera.

¡La locura!

Pero los americanos, mètódicos, siguen infatigables. Ahora nos llevan al crematorio, donde, por falta de combustible, en las trágicas últimas horas de Dachau, y por ignorar que estaban tan cerca las tropas de Patch, los guardianes no pudieron quemar dos mil cadaveres entresacados de la cámara de gas (ejecuciones) o extraídos de los trenes en el colapso que en los últimos días dejó a los presos en la vecina estación, encerrados en vagones, muriéndose como moscas, mientras cundía el caos por todas partes. Los de allí afirman que Himmler envió la orden original en la que se ordenaba quemar a todos los detenidos de los campos antes de que entraran las tropas aliadas.

De una especie de garaje o hangar –crematorio– van sacando cadáveres totalmente desnudos para echarlos en treinta y dos carros bávaros, conducidos y cargados por alemanes, a los que se obliga a pasearlos después, plenamente descubiertos, por algunos barrios antes de enterrarlos. A mi vista hay unos trescientos cadáveres, que son colocados en carros con parihuelas desde una especie de ventanas. Son los que sacan aquella mañana. Sus cuerpos están medio descompuestos. Una especie de vendimia macabra.

Ni ustedes ni yo creo que debamos entrar en esta perspectiva, que todavía me daña las retinas.

Carlos Sentís

Va ser un article amb molta repercussió, car descobria al lector espanyol la realitat dels camps de concentració.

Algú m'ha recriminat, molts anys després, que no entrevistés algun dels espanyols que hi havia. Val a dir que, abans d'entrar al camp, l'oficial americà que ens guiava ens va prohibir apartar-nos ni un pèl d'ell, així com tenir converses aïllades amb ningú. L'atapeïment humà del camp era inenarrable i, en aquell moment de la descoberta, no existia ni la mínima notícia que poguessin haver-hi espanyols. Aquesta experiència, així com el vol en un bombarder americà des de la base de Frankfurt (on vaig pernoctar després de veure Dachau) fins a Londres el dia de l'armistici –derrota al matí a Alemanya, victòria a Anglaterra a la tarda– és el tema del llibre *La paz vista desde Londres*. El viatge va ser possible perquè vam convèncer un comandant. M'hi va acompanyar en Cirici, un periodista del *Ya*, així com diplomàtics i periodistes portuguesos, de Tel Aviv i americans. En J. R. Masoliver, a *La Vanguardia* del 29 de novembre de 1945, recordava la meva aproximació a una qüestió tan esfereïdora com la dels camps:

> *El autor pudiera haber cargado la mano en la descripción de miserias, en el recuento de atrocidades. Nada de ello sucede. Prefiere, por lo contrario, dejar la evocación en cuatro rasgos rápidos, inmediatos, que sugieran los extremos inconcebibles a que pueda llegar la miseria humana. Y le importa más tomar las cosas desde un ángulo más alto y trascendente. Así, a la presencia de esos campos de prisioneros, le importa concretar cuatro aspectos relacionados con ellos, cuatro cuestiones que valen por la vera faz de la Alemania de estos tiempos últimos. Tales son, en primera, que los concentrados no eran prisioneros de guerra (...); que el trato más despiadado se reservaba a los individuos pertenecientes a las razas y nacionalidades –judíos,*

polacos, etc.– que los alemanes consideraban como inferiores al "Herrenvolk" (...); que la desorganización de los transportes introducida por los bombardeos en masa, si empeoró las condiciones de vida en los campos, no fue la causa de la dureza de las mismas; y que no se puede fundar en dificultades alimenticias de la población alemana el régimen de hambre imperante en tales campos, pues la posesión del área europea permitía a los germanos un régimen más nutritivo que el de la mayoría de los países de Europa.

En aquell any 1945 de frenètica activitat, també vaig anar el mes de novembre a Nuremberg, per seguir la primera etapa del famós procés contra els jerarques nazis. Aquesta experiència l'he explicat a bastament al llibre *El procés de Nuremberg*, publicat per La Campana. Va ser una de les fites més importants de la meva carrera professional. L'*ABC* va tractar el tema amb la importància que li corresponia. Jo era l'únic periodista espanyol present durant les primeres setmanes del judici –més tard, arribà en Navarro, enviat de l'agència Efe–, i oferia unes cròniques on individualitzava els retrats de cada processat. Mentre altres analistes, des de llocs tan remots com Buenos Aires o Washington, teoritzaven sobre la legitimitat o no del procés, els que érem allà miràvem d'oferir al lector el cantó humà i l'atmosfera del judici, amb unes descripcions de detalls i gestos que ara serien sobreres, però que aleshores –no existia la televisió– s'agraïen moltíssim. La sèrie constituïa un fortíssim contrast amb la llarga tongada de periodisme favorable a l'Eix. Aquests articles també apareixien al *Diari de Barcelona.*

El procés de Nuremberg es va suspendre unes setmanes per Nadal i Cap d'Any, i em vaig fer el propòsit de no tornar-hi perquè s'anava convertint en monòton i es veia clar que s'allargaria molt de temps. En efecte, va acabar al cap d'onze mesos i van ser executats la meitat dels processats. A Madrid, vaig argumentar a l'editor de l'*ABC* que el procés reviuria una altra vegada, amb morts inclosos, els fantasmes de la guerra que la gent volia oblidar. «En canvi –vaig comentar– han de començar els debats de l'ONU a Nova York i això ofereix l'oportunitat de parlar de pau dintre d'un ambient de victòria i optimisme.» Van acceptar enviar-m'hi.

Mentre preparava la nova expedició cap a Nova York, a Madrid durant aquelles setmanes redoblaren els ecos recollits a la tornada d'Àfrica. Alguns amics, entre ells Gregorio Marañón Moya, organitzaren un sopar d'homenatge molt concorregut. Al final de l'àpat va voler fer amb mi un petit apart l'aleshores advocat de l'ambaixada dels Estats Units, Antonio Garrigues y Díaz Cañabate, casat amb una nord-americana. Em sorprengué que em fes com una mena d'encàrrec, consistent a explicar als americans que s'havien d'oblidar de l'existència de Franco per pensar que hi havia tot un poble, l'espanyol, que no podia ser menystingut. Aquesta és la filosofia que va mantenir ell mateix uns quinze anys després, quan va ser nomenat ambaixador a Washington. No podíem pensar en aquell sopar que seria ell, i no jo, qui tindria oportunitat de fer aquells raonaments a americans de tan relleu com el president Kennedy, amb qui esdevingueren molt amics, fins al punt d'anar a passejar plegats alguns diumenges. Només cal recordar el desconsol de la vídua Kennedy, la Jacqueline, recolzant el seu cap sobre l'espatlla de Garrigues al final de l'enterrament del seu marit, a Washington, al qual vaig assistir com a director de l'agència Efe.

Els dies previs a la meva marxa, el fill petit del comte de Romanones, el marquès de Santofloro, em va dir que el seu pare m'agrairia molt que anés a veure'l per parlar de Nuremberg. Era un matí bastant fred del mes de gener. Per poder gaudir del sol, don Álvaro s'havia fet treure una cadira del saló, que no lligava amb l'herba del jardinet que envoltava el seu *palacete* de La Castellana. Aleshores encara hi havia, a banda i banda de l'avinguda, bastants palauets i jardins. S'abrigava amb una bata gruixuda i molt gastada, amb les solapes destenyides, cosa que sorprenia en una persona de qui s'havia dit que era la més rica d'Espanya. Sota la gorra de visera s'aguantaven sobre el nas unes ulleres, amb un dels òvals esmerilat. Hi veia només d'un ull. Duia mitenes a les mans, i recolzava el cos en un bastó que mantenia entre les cames; amb una manta es cobria els genolls. Però aquest aire de senectut es canviava sobtadament en viva frisança en escoltar, a través del seu aparell per a la sordesa, les meves explicacions. Em preguntava sobretot per Goering: com es defensava i què havia dit. Anava fent preguntes encuriosit, com si debutés a la vida. En un moment determinat va cridar: «*¡José, José!*» Va comparèixer el criat uniformat i li va dir peremptòriament: «*¡Trae el orinal!*» Un cop el va tenir, es va aixecar de la cadira, tot girant-se per fer la seva evacuació sense apartar-se de la conversa. Una estona després, li vaig preguntar quina opinió tenia de Francesc Cambó. Va dir-me que era el polític espanyol més important del segle XX. Quan Cambó morí, a l'*ABC* vaig publicar un article on, entre cometes, reproduïa les paraules que m'havia dit Romanones. Constituïren la cita al peu de la primera pàgina del llibre *Cambó* que va publicar, no gaire temps després, l'historiador Jesús Pabón.

Alguna altra vegada, en lloc de fer-ho al jardí, el comte de Romanones em rebé al silenciós vestíbul, abans ple d'alcaldes, ministres i personalitats, que evocava remors d'altres èpoques. M'agradava entretenir-me mirant a les parets els retrats d'una vida de passió política: Sagasta, Poincaré, Alfons XIII, Pétain... Mentre atenia les meves explicacions, ell anava colpejant amb el bastó, de manera compassada, com si assentís amb senyals de morse. Un dia, em va comentar que li havia fet mal la publicació del llibre de Berenguer *De la Dictadura a la República*, que l'al·ludia molt directament, i al qual va replicar escrivint l'opuscle *...Y sucedió así*, on li etzibà: «*Sin vocación espontánea y sin actitud adquirida, la etapa de gobierno del general Berenguer (...) fue lo que forzosamente tenía que ser: no una etapa ascensional para consolidar lo que había empezado a derrumbarse, sino un declive fatal de lo ya insostenible.*»

Un altre personatge amb el qual vaig veure'm fou el cardenal Enric Pla i Daniel. El dinar amb ell va tenir lloc al menjador de la parròquia del Buen Suceso, la que corresponia al familiar o secretari que em va telefonar –el pare Bulart–, i sense el qual la conversa no hauria passat d'un monòleg. El cardenal a penes va dir res. Això sí: parava molta atenció, entre cullerada i cullerada de sopa. No sé si sempre havia estat tan callat, perquè, en els seus debuts eclesiàstics, havia destacat com a propagandista de l'obra social de l'Església a Barcelona. Potser va esdevenir silenciós quan es va trobar que, essent bisbe de Salamanca, s'hi instal·laren el general Franco i la seva junta, per la qual cosa fou l'eclesiàstic personal del cap d'Estat. Era l'oncle de Miquel Mateu i Pla –qui seria alcalde de Barcelona– i això explica que aquest, encara durant la guerra civil, fos un enviat especial a França. Miquel Mateu era l'accionista més important de la Hispano

Suiza, on hi treballava un enginyer fill de Léon Blum, cap del govern francès. Aquesta circumstància facilità l'entrevista oficiosa que Mateu va tenir amb el president Blum, com a delegat d'en Franco. El cardenal Pla i Daniel era molt petit d'estatura i per això alguns li deien, en lloc de «Su Eminencia», «Su Menudencia». Em vaig quedar sense saber què pensava sobre els resultats de la segona guerra mundial.

Tot i l'impecable currículum aliadòfil que acabo de resumir, alguns exiliats republicans a França van fer córrer la brama de la meva suposada germanofília. El 7 d'octubre de 1945, adreçava una lletra a en Tom Burns, de l'ambaixada britànica, adjuntant-li uns retalls de *L'Instant:*

> *Es providencial para mí (...) que justamente estos recortes sean un canto a Inglaterra y a su Monarquía en fecha que tan elocuentemente habla de desinterés: 1935. Yo soy bastante pudoroso y digno para no haberte hablado nunca de mi tempranísima anglofilia que coincide con mi salida al mundo o, para mejor precisar, al mundo periodístico. Pero ya que en el M. Of I. han dado oídos a una ofensiva contra mí, me veo en la obligación de hacerlo.*
>
> *C. Sentís*

Aquests atacs són els mateixos que, molts anys més tard, són reproduïts per boca de pretesos historiadors que no fan més que copiar coses publicades sense escatirne la versemblança.

14

CORRESPONSAL A NOVA YORK

Els recursos econòmics, que van ser tan limitats a l'hora de preparar el viatge al quarter general de De Gaulle, es van convertir, gràcies als resultats professionals obtinguts, en grans facilitats inicials per anar a Nova York. De totes maneres, hi havia una qüestió clau a resoldre: poder rebre els emoluments mensuals a través de l'Instituto de Moneda Extranjera, que proporcionava un canvi de moneda equiparat al dels diplomàtics, per a afers considerats d'interès públic.

Un dia de la primavera del 1946, vaig arribar en un vaixell de la Transatlántica a Nova York, en companyia de la meva dona. Havíem embarcat a bord del *Marqués de Comillas* a Cadis. El passatge era molt variat: asturians amb boina que fabricaven puros a Cuba o a Tampa (Florida); bascos amb camises a quadres que cantaven a la proa; i catalans que, un cop a bord, desaven el barret de financer i es posaven una gorra de punt de la millor qualitat. També hi havia representants eclesiàstics, com ara un grup de monges les còfies de les quals voleiaven empeses per un vent que també inflava les seves faldilles. Cada cinc hores, el majordom tocava la campana sobre coberta, per anunciar alguna activitat. A les bodegues hi anaven caixes de monedes de duro i de dues pessetes, «pessetots»; era la plata dels pagaments complementaris que el Govern espanyol feia als EUA com a compensació per haver nacionalitzat la Telefónica, que fins aleshores pertanyia a la nord-americana Tel & Tel. Potser al Pardo temien que les converses fossin escoltades per orelles estrangeres. A Curaçao, van pujar a bord uns funcionaris americans per controlar exhaustivament els passatgers. Volien evitar, sobretot, que s'escapolissin cap al seu país nazis i feixistes. A meitat del viatge, vaig rebre un telegrama comunicant-me que m'havien atorgat el premi Mariano de Cavia de periodisme, per un article publicat a *Destino*. A bord, la gent jugava al set i mig, mentre l'orquestra interpretava peces com *La corte de Faraón* i *Doña Francisquita*. Amb aquest *piccolo mondo antico* vàrem remuntar el riu Hudson mentre els músics, sota el retrat del marquès de Comillas, interpretaven la *Marcha Real*. Un dels asturians, que durant tot el viatge feia la impressió d'haver-se esmunyit a primera classe, de sobte es va metamorfosejar: es posà unes ulleres de sol, un barret d'ales amples i una gavardina lleugera, va encendre un cigar i es va posar a parlar fluidament en anglès amb els duaners i policies que acabaven de pujar a bord. Un cop passada la inspecció sanitària de rigor, l'estàtua de la Llibertat ens va indicar el pas cap als gratacels de Manhattan. El vaixell va atracar a l'antic moll conegut com a Spanish Pier. La gent que ens esperava mostrava, d'entrada, la varietat i l'extravagància en el vestir de molts nord-americans.

Després del desembarcament, ens veiérem obligats a canviar d'hotel cada quatre o cinc dies. Havien de tenir habitacions lliures per als oficials que arribaven de la guerra. Finalment, mitjançant una propina, vàrem poder-nos establir d'una manera més permanent a l'hotel Kimberley, al costat de la part alta de Broadway.

Poc després d'arribar al país de l'abundància, els grans hotels i restaurants van suprimir el pa i els cereals tres dies a la setmana, per a l'ajuda immediata a Europa. Interrogat un maître d'hotel sobre la mesura, va respondre: «A nosaltres rai! En un sopar com cal, ni l'aigua ni el pa no hi fan res!» Aquells dies de descoberta anàvem d'un cantó a l'altre. Per exemple, assistírem a una cerimònia de nacionalització de 50.000 persones al Central Park. Aquest gran pulmó de la ciutat, l'Empire State Building i altres indrets em resultaven familiars gràcies a les imatges que m'havien proporcionat la fotografia i el cinema. Entre moltes altres coses, vaig escriure sobre els efectes de l'accident d'un avió de transport militar, que va esclafar-se contra el pis 58 del Banc de Manhattan, extraordinària premonició de l'11-S del 2001, malgrat que curiosament aquell fet aleshores va despertar poc interès. També sobre les vagues ferroviàries que van pertorbar la vida del país; o sobre el famós combat de boxa de Joe Louis, l'ídol de la comunitat negra, contra l'irlandès Billy Conn, al ring del Yankee Stadium. A la sortida de l'estadi, el meu cunyat Joan Casablancas –instal·lat a la ciutat des de feia anys– i jo preguntàrem a un policia si podíem anar a Harlem a veure com celebraven la victòria. «Justament, avui és el dia de no anar-hi», ens va respondre.

Vaig cobrir també l'enterrament del popular alcalde Fiorello La Guardia, ídol dels italoamericans, la vaga dels operadors telefònics a Wall Street, les reaccions a la mort de Gandhi, les eleccions presidencials... Vaig fer retrats de grans polítics i personalitats del país: Eisenhower, Frank Sinatra, Tennessee Williams, estrelles de Hollywood...

Fins i tot vaig poder assistir a una conferència de premsa del president Truman, a la Casa Blanca, gràcies a una gestió del ministre plenipotenciari espanyol (figura que, a manca d'ambaixador, representava el govern de Madrid), Germán Baraibar. Aleshores es feien a la mateixa sala oval i encara no hi entraven fotògrafs ni hi havia televisió. Tot era molt pròxim: només calia travessar un control amb un policia que mastegava xiclet i ja eres a dins de la Casa Blanca. El grup d'informadors acreditats s'esperaven en una sala propera. Un cop arribat Truman, que era molt cordial, la cosa anava ràpida, semblava que ho haguessin assajat abans. Els periodistes anaven llançant preguntes («*Mister President...*»), i el president les responia directament tot i que algunes les despatxava amb un concís «*no comment*». Un cop acabada la roda de premsa, tot eren corredisses cap als telèfons, per dictar les cròniques. Uns altres vuit col·legues i jo vàrem esperar una mica per poder donar-li la mà; un d'ells fins i tot li va presentar els seus fills, que l'havien acompanyat. Tot badant una mica per passadissos i avantcambres, em vaig retrobar al jardí, esquivant uns esquirols que s'acostaven esperant que els donés menjar. Estar al saló oval era un gran privilegi. Sorprenien les reduïdes mesures de seguretat. De fet, la cosa ja va començar a canviar amb el mateix Truman, que patiria un intent d'atemptat per part d'uns independentistes porto-riquenys dirigits per Óscar Collazo el 1950. Aquest fet va contribuir a un allunyament –si més no, físic– entre el president i la gent. Va ser un atemptat doblement injust, perquè Truman havia fet molt per Puerto Rico, a diferència dels seus predecessors. Va aconseguir millores materials i va intentar que se celebrés un referèndum d'autodeterminació. L'intent de magnicidi, a més, va resultar molt matusser: van pujar les escales exteriors de Blair House –residència d'hostes contígua, on s'allotjava el president perquè la White House estava en obres– pistola en mà en comptes d'esperar-lo a la via pública. Perquè, encara que sembli mentida, aleshores Truman sortia de tant en tant a caminar per l'avinguda Pennsilvania. L'Óscar Collazo va ser condemnat a la cadira elèctrica.

Pels volts d'aquells fets, vaig visitar breument Puerto Rico. Sorprenia que els temes d'aquesta excolònia espanyola no interessessin gaire a la nostra península, quan aquest territori havia pertangut a Espanya fins al 1898, i constituïa, com després s'ha confirmat, una important punta de llança de l'expansió de l'espanyol als Estats Units. No es perdé en lluita militar, sinó com a torna del tractat de París que confirmava l'abandonament espanyol de Cuba. Superpoblat en extrem, Puerto Rico –malgrat el seu nom– vivia en la pobresa tot i que feia cinquanta anys que era sota el paraigua nord-americà. Nens malalts i desnodrits campaven pels carrers, i només el 44% anava a escola. Hi havia pobles on el 100% de la població tenia malària. A Manhattan jo coneixia bastants porto-riquenys: molts d'ells eren professionals respectables. El més conegut, l'actor de Hollywood José Ferrer.

A Washington també vaig veure desfilar una manifestació de negres en protesta per l'assassinat de quatre com ells a Georgia. El Ku-Klux-Klan tenia encara molts simpatitzants.

Per descomptat, la feina més destacada que vaig fer a Nova York va ser el seguiment de les sessions inicials de l'ONU, objectiu principal de la meva corresponsalia vinculada a l'*ABC* i a alguns altres diaris als quals se'ls cedia el servei. Les reunions tenien lloc al gimnàs del Hunter College, un institut de secundària a la localitat de Lake Success (Long Island). Al costat del Hunter, hi havia el Walton College, dedicat de ple a l'activitat docent, com palesaven davant la porta els grups d'adolescents amb bicicletes, raquetes i camises ratllades de mil colors. Tot tenia un toc molt familiar, de reduïdes proporcions, amb poques nacions inscrites i un local que no era l'idoni. Anàvem a dinar al mateix restaurant que els delegats. Els periodistes érem ben bé quatre gats. Per anar-hi, calia sortir de Manhattan agafant un tren a l'estació Grand Central.

En un determinat moment, l'ONU va entrar a debatre la possible imposició de sancions a l'Espanya de Franco, tema molt seguit, car el règim espanyol explotava el sentiment nacionalista contra les «ingerències externes», amb aquell famós eslogan de «*si ellos tienen UNO, nosotros tenemos dos*». La delegació republicana a l'ONU jugava les seves cartes i els ambaixadors dels diferents països anaven desgranant els seus arguments. L'URSS i els països comunitzants reclamaven ruptures i sancions econòmiques contra Espanya. En el decurs d'aquest debat es va anar perfilant la nova situació europea i la futura «guerra freda»: l'URSS i els que serien els seus satèl·lits, per una banda, i els països democràtics per l'altra. Es va palesar que l'Exèrcit Roig, que a diferència de l'americà no s'havia desmobilitzat, anava avançant i recolzant els comunistes dels diferents països per establir règims afins, com va succeir especialment amb Polònia i Txecoslovàquia. Mentrestant, els Estats Units i Anglaterra es desplaçaven cap a posicions defensives.

Finalment, en relació a Espanya, no es va anar més enllà d'unes sancions diplomàtiques, no pas econòmiques, perquè les potències occidentals van anar veient Franco com un contrapès en l'expansió i pressió comunista sobre Europa. La retirada d'ambaixadors (no secundada per països com Argentina, Cuba o Portugal) va ser la posició adoptada, tot un favor per a en Franco perquè li permetia presentar-se com una víctima sense patir cap bloqueig.

L'ambaixador rus, Andrei Gromyko, era molt seriós, de celles juntes, amb ulleres rodones, i jugava sempre amb el llapis, en una calor ambiental que feia suar tots els que escoltaven la seva veu enèrgica. S'oposava a totes les propostes nord-americanes, i per això li deien «Mr. Niet» (que vol dir «no», en rus). Quan va anar a acomiadar-se de Stalin per ocupar el seu lloc a l'ONU, aquest li va preguntar com anava el seu anglès, i li va recomanar: «Vagi a missa. Els predicadors parlen molt clar.» A Lake Success, però, parlava en rus, i les seves paraules eren traduïdes cada cinc minuts, primer al francès i després a l'anglès. Encara no havia arribat la traducció simultània, que justament va fer aparició a l'ONU, unes poques sessions després. Per curiositat davant aquells aparells, jo anava canviant d'un idioma a l'altre: en les declinacions del rus, de vegades es referien a «Francoa». Mastegant xiclet i amb els cascos posats, jo devia fer tota la pinta de ser un rumiant marcià.

Fent costat a la delegació republicana, hi havia un grup de bascos, sota el comandament d'un engreixat lehendakari. Del grup del president Giral, emergia la barba de Fernando de los Ríos. Vaig saber que Giral va rebre una carta de Josep Tarradellas i altres membres de la Generalitat on li venien a dir, molt amablement, que la seva etapa ja havia acabat. Però ell insistia a lluitar per aconseguir que diversos països reconeguessin la República. Entre el seu equip destacaven, fent una excel·lent tasca, l'exministre d'Afers Estrangers Álvarez del Vayo i el periodista Jaume Miravitlles (també hi era l'Eugeni Xammar). El canvi d'actitud els arribaria més tard, l'octubre del 1947, quan Álvaro de Albornoz, el president republicà a l'exili, va renunciar a demanar més sancions.

Els diplomàtics de l'Espanya oficial no tenien entrada a l'ONU i, com a conseqüència, s'havien de refiar del que els explicàvem els periodistes, espanyols o no, sovint esperats per ells en algun bar proper. Un dels que seguia molt bé els debats, però a través dels informadors, era el Manuel Aznar Zubigaray, ambaixador especial a Washington, a qui jo havia tractat quan, immediatament després de la guerra, el van nomenar director de *La Vanguardia*. Enviàvem les cròniques per telègraf, mètode arriscat perquè qui picava els textos no entenia el castellà i després a Madrid no sempre ho corregien bé. La majoria dels països llatinoamericans feien costat al règim espanyol, amb excepcions importants com ara Mèxic. Un cop d'efecte va ser un editorial de *The New York Times*, l'octubre del 1946, on es deia que «el règim de Franco no constitueix cap perill immediat». L'article era, doncs, contrari a la tesi dels delegats partidaris de sancions.

Els protagonistes dels debats sobre les sancions espanyoles foren, entre d'altres, sir Alexander Cadogan, que seia al costat d'en Gromyko. Era fi, prim, amb els cabells platejats, i un accent d'Oxford que accentuava els seus aires distingits. A la seva delegació l'acompanyava, en gran contrast, el laborista Bevin, de gran esquena i aire popular.

L'americà, Johnston, era alt i fort, d'uns quaranta-cinc anys, ros i amb els cabells ondulats. El polonès Oscar Lange ranquejava i estava ple de tics nerviosos. L'holandès Nicolás Van Kleffens era prim i nerviós, amb un coll molt alt i estret que sostenia una simpàtica calba. Vichinsky, el viceministre soviètic d'Exteriors, que havia estat fiscal als processos de Moscou –les terribles purgues dels anys trenta–, va tenir un paper destacat. Era expressiu, curiós, mediterrani, i tenia una ironia molt fina. Una vegada, en un sopar, preguntat pel resultat de les eleccions romaneses, va respondre: «El govern obtindrà el 40% dels vots, però amb una lleugera pressió per la nostra part pot arribar al 90%.» El cap de la delegació cubana, Guillermo Belt, era un gran orador, més aviat prim i de poc pèl a la cara. El de l'Argentina, el doctor Arce, es caracteritzava pel seu bigoti blanc i un cos poderós. La meva postura era clarament contrària a la imposició de sancions a Espanya, que només perjudicarien la ciutadania. Escrivia –dintre de les limitacions del moment– des d'una independència de criteri que, ja als anys quaranta, em va fer criticar la paranoica recerca de comunistes entre la gent del món de l'art, un precedent del mccarthisme.

En una carta adreçada als monàrquics Eugenio Vegas i Ramón Padilla, secretaris de Don Joan a Estoril, jo els informava –el 9 de novembre de 1946– de com l'ambaixador argentí Arce podia ser afí als nostres interessos:

Es una lástima que Arce no tenga más libertad de acción, ni sea más audaz, ni más brillante –desde luego, como cirujano sí lo es– porque en él tendríamos nosotros una excelente ocasión. Arce es monárquico. Está convencido que la única solución posible para las cosas de Espa-

ña está en la Monarquía. Pero esto, claro, lo dice sólo privadamente. Él está, como cualquier otra persona, extrañadísimo de que Franco no ceda el paso, ahorrando a España la hostilidad que él sabe atrae en un 90% su apellido. Arce conoció al Rey Don Alfonso XIII y recibió de él una cruz –creo de Carlos III– en ocasión de un congreso médico internacional, celebrado en España. Arce sería un hombre que deberíamos tocar. (...)

El delegado cubano, Belt, al que vio Ruiseñada, es muy hispanófilo, empero no siente ni cree en una Restauración. Él está por el plebiscito y la retirada de Franco, para seguirle una República de orden con Indalecio Prieto de factótum.

La monarquia –cal assenyalar aquest error– no va tenir com a aliat cap estadista que intervingués amb veu pròpia a les sessions de l'ONU a Nova York. Jo els feia només d'informador, enviant-los reports confidencials, com també feia amb Cambó. Però si un home joanista de pes hagués defensat a la vegada la no-imposició de sancions a Espanya i la caiguda de Franco, les coses haurien pogut anar de manera ben diferent, pel que fa al suport internacional al dictador. El 24 d'octubre de 1946, una mica decebut, escrivia això al comte de Fontanar, l'home de confiança de Don Joan a Madrid:

Yo propuse hasta tres tipos de organización, de menor a mayor. Ninguna de ellas debía ser necesariamente de choque violento con el mundo franquista. Me hubiese sobrado tacto y ecuanimidad para ello. (...) ¿Es posible que nosotros no tengamos ni esos cuatro cuartos que hubiesen hecho falta para eso? Divisas las hay, según lo que por ellas se pague en pesetas. Podemos aceptar que nos falte apoyo popular, que nos falte comprensión en el Ejército, y hasta en la Iglesia. Jamás que nos falte dinero. Aceptar esto como un hecho es hacernos el hara-kiri.

I, parlant de la manca d'informació que tenien els països estrangers sobre l'alternativa monàrquica, reblava:

Si creen ellos o les informan que la única alternativa a Franco son los republicanos, ya podemos considerar nosotros a la República muerta y enterrada, que ellos serán, en definitiva, la alternativa. Resucitarán... (...)

Nosotros caemos (en la trampa) sin movernos, sencillamente por omisión. Estamos como enganchados al carro de Franco y, de hecho, aunque creamos lo contrario, estamos tirando de él.

Es hacerse excesivas ilusiones creer que pasamos en el extranjero por disidentes, por apartados u otra cosa. Pasamos por todo esto –y bien nos lo hacen sentir– ante los franquistas, empero de ahí no salimos.

(...) Aquí hubiese podido ser fácil plantearles después del fracaso republicano de esta primavera: "¿Ustedes lo que quieren es que se vaya Franco? Pues bien, ya han visto que la estrategia de Giral no sirve. Sólo hay un camino: sostenernos a nosotros en todo y para todo". Muchos en el Department of State hubiesen entendido este lenguaje.

D'altres vegades, m'adreçava directament al rei, Don Joan, a qui afectuosament anomenàvem «el Boss» entre nosaltres. Vet aquí una lletra que li vaig adreçar el 6 d'octubre de 1947.

Nueva York

A S.M. el Rey
Estoril

Poco después de regresar a España desde Estoril, salí para el noroeste de Europa y recalé en París después de haber visitado ligeramente –salvo Holanda donde estuve un mes– cinco países. En todos ellos, particularmente en Bélgica, pude percibir los ecos de las manifestaciones de V.M. que desgraciadamente, fueron mejor captadas en el extranjero que en nuestra Patria. Pero enterado al día V.M. de todo ello desistí de mandarle una información como primero había pensado.

Después de pasar gran parte del verano en Cataluña, donde mi mujer tuvo una niña, vine volando –en los dos sentidos de la palabra– hacia aquí para llegar a tiempo a la apertura de la Asamblea General de la U. N. He venido esta vez como enviado especial del ABC *como el año pasado y del* Diario de Barcelona *en lugar de* La Vanguardia.

De que ni Inglaterra ni América desean ninguna ruptura, ni económica ni diplomática, ha dado la más clara prueba el propio Álvaro de Albornoz en sus declaraciones diciendo que para evitar roces etc. desistían de pedir la aplicación de los Art. 39 y 41 que tratan, respectivamente, de la ruptura diplomática y económica en los casos que la paz mundial sea amenazada.

También los republicanos –y eso me consta muy especialmente– han llegado a la conclusión de que no les interesa «trainer» por más tiempo la cuestión española en la ONU (...). Además también se han dado cuenta –siempre tarde– que planteada la cuestión en la ONU dan pié para que entren a fondo con el tema hasta hacer-

lo suyo los rusos o sus satélites lo cual provoca una reacción exactamente contraria a la que pretenden. Por consiguiente y a pesar de que Albornoz no está del todo convencido, el deseo de los más capacitados de entre ellos es arrancar el tema de manos comunistas y buscar la fórmula de que sean sólo los países democráticos y occidentales los que entiendan en la cuestión.

(...)

De momento es evidente que la posición republicana, por rara paradoja, coincide con los anhelos del Gobierno de Franco y de sus representantes aquí. A nadie les interesa, esta es la realidad presente, ver empantanado el tema enmedio de la borrascosa plaza internacional. Y a nosotros, menos aún que a los republicanos. Colocado en esta actual posición, para nosotros, el tema era poco menos que intocable. Creo que V. M. esto lo ha visto perfectamente.

Si de una manera u otra, el tema queda en efecto, de lado, la política española entrará en una etapa, por primera vez, dinámica en casi dos años. Hay campo para los republicanos. Y hay, especialmente, campo para nosotros. Y hasta hay campo para los de Madrid cuyos fabulosos retrasos siempre encuentran alguna compensación en la creciente fricción ruso-anglosajona.

Lo cierto es que si llegado el momento la Monarquía no actúa o no está presente en la encrucijada puede quedar arrastrada tras de la maniobra Prieto. Si lo que ocurre es que se adelanta en su actuación entonces será Prieto quien tarde o temprano tendría que plegarse a la corriente. Si las cosas ocurriesen más o menos así dentro de unos meses a la posición que hoy la Monarquía tiene ya en el extranjero y la que ella misma se puede labrar mientras tanto en este mismo terreno, se unirá un hecho inconmensurable que puede permitir a la Monarquía una maniobra paralela de suavización con las fuerzas hoy imperantes en España. Porque Franco en esos momentos puede hallarse no tan seguro. Se le puede parar entonces la bicicleta:

a) no tendrá ya el espantajo de la intervención extranjera que en determinados momentos le ha permitido llenar la Plaza de Oriente.

b) Ni la excitación que cosecha al agitar la amenaza rojo-española porque el grupo republicano no actuará a la vista y apenas se sabrá de ellos. No habrá ninguna amenaza en la frontera. Los propios franceses probablemente habrán abierto la suya.

(...) Mientras esté carente de argumentos, Franco se encontrará precisamente ante este panorama:

a) España está fuera del Plan Marshall (porque sobre eso que no se hagan ilusiones en Madrid). Por su causa personal, España, como Alemania, serán los dos únicos países de la Europa occidental que quedarán fuera de estos beneficios (...).

b) el proceso de inflación en periodo abiertamente creciente.

c) España se verá sometida de hecho a una especie de sanciones económicas. Si España es el único país no sólo al que no darán empréstito sino al que no se da crédito cuando aquí los reparten al voleo ¿qué otras sanciones se pueden aplicar que no sean el bloqueo o algo por el estilo?

d) Las personas de mayor percepción política –como ya hoy– iran cansándose de ver a España sin el menor juego entre los países suramericanos, único campo internacional que le quedaba expedito. El gran beneficiario de esta ausencia son los Estados Unidos. ¿Hasta qué punto no cabe pensar que manteniendo a España en esta situación no logran el mayor objetivo que les puede hacer considerar el retiro de Franco como un objetivo mucho menor?

e) Si en estas circunstancias una Junta Monárquica, republicana o lo que sea que se haga primero lograse de América unas promesas más o menos formal de préstitos y de recuperación internacional española veríamos desplazarse a las derechas españolas tan petrificadas hasta ahora.

No se me escapa lo impropio de mandar a V. M. una carta incluso tan mal presentada. Aparte de no ser el teclado español ni mía la máquina el carro se escapa a menudo por su propia cuenta y riesgo mío.

C. Sentís

A l'estiu, a Nova York, hi sol fer molta calor, i justament per això vam decidir amb la Maria anar de vacances al Canadà. Un viatge, doncs, no pròpiament periodístic. Així, l'agost del 1946, vaig descobrir aquell país d'horitzons que no s'acabaven mai. Aleshores es discutia com havia de ser la seva bandera. Es vivien rumors de guerra, per un possible atac rus, i se celebraven maniobres conjuntes amb els Estats Units a l'Àrtic. La gran incògnita era com s'adaptaria la maquinària de guerra moderna a la temperatura dels glaciars; des dels motors dels tancs fins a detalls com la cuina de campanya. Tot plegat, un tema que aleshores els russos dominaven millor.

Al Quebec, la ciutat més antiga del Canadà, i francòfona des de segles, vaig comprovar l'hegemonia del catolicisme i l'extraordinària convivència ètnica, extensible a tot el país. En un país tan allunyat de Nuremberg, físicament i moral, vaig rebre les informacions de les sentències del judici contra la jerarquia nazi. Al riu Sant Llorenç vaig veure baixar pausadament milions de troncs destinats a convertir-se en fulls de paper. A Montreal vaig assistir a l'Organització Internacional del Treball, que s'acabava de traslladar a aquesta ciutat. Em vaig entrevistar amb el primer ministre, Mackenzie King, i amb l'alcalde de Montreal, Camillien Houde. Aquesta és una de les poques entrevistes de la meva vida que ha quedat inèdita, perquè es va desfer en ditirambes desaforats cap a Franco i podia semblar que jo els havia provocat. Quan el Canadà va entrar a la segona guerra mundial, Houde, com a alcalde, va recomanar als joves quebequesos que no responguessin a la crida de la lleva, perquè aquella guerra no era la seva, la dels separatistes. Aleshores, les autoritats d'Ottawa no solament el van destituir sinó que el van internar en un camp de concentració. A les primeres eleccions després de la guerra va ser elegit novament alcalde de Montreal. El govern d'Ottawa va témer un greu conflicte. No va ser així. Al camp havia après l'anglès i a la seva represa política va ser més col·laborador que separatista. Com que era un personatge molt insòlit, anys després vaig publicar un article sobre ell a *Destino.*

En aquesta lletra, en to irònic, li faig cinc cèntims del Canadà arcaic al cosí germà del meu pare, un exseminarista i carlista:

Montreal 19 Septiembre 1946

Sr. D. José Mª Sentís Simeon
Madrid

Mi querido José Mª:

Llevamos algo más de una semana en el Canadá. Es muy bonito pero encontramos a faltar –Pepa– el Bota

Fuogo. Mañana salimos para Quebec que es una isla de la Francia de antes de la Revolución dentro de una América tan moderna y modernizante. A fines de mes estaremos de nuevo en Nueva York. No creas, ya nos gustaría, ya, recibir unas lineas vuestras.

María hoy esta un poco "ensopida" porque aquí en el Canadá entre el frío de unos días y un verano tardío que llaman "indio" todo el mundo está resfriado. Por ahí fuera de la ciudad hay algunos indios que tienen tiendecitas de venta de hachas. Son una especie de espletas. Queríamos comprar un cuero cabelludo pero esta temporada no se llevan. Aquí tú, José María, disfrutarías porque la autoridad civil y la eclesiástica es todo uno. El "clero" manda más que la policía. Para que un canadiense de Quebec pueda ir ahí a dos pasos, a los Estados Unidos, no necesita más que la partida de ... bautismo. La Iglesia aquí conserva los derechos que tenía en tiempos de Richelieu y se respetan a rajatabla porque esta fue la condición principal que se exigió a los ingleses cuando entraron aquí hace cerca de doscientos años. Navarra, al lado de esto, es un antro de perdición.

C. Sentís

En aquell viatge, també vaig polemitzar, en una carta oberta titulada «Toronterías» –reproduïda als diaris on escrivia–, amb el periodista Wilson Woodside, del *Saturday Night* de Toronto, que acabava de publicar uns reportatges des d'Espanya bastant inexactes, on pintava un país tropical, caòtic i amb perill de segrestos.

També vaig escriure a José María de Areilza, que em respongué:

Madrid-Castellana-59
2 Octubre-1946

Sr. Don Carlos Sentís
New York

Querido Carlos:

Tu larga carta sobre Canadá la he saboreado con delectación. Has logrado en ella dar esa sintética visión de los más complejos asuntos que es el secreto del periodismo moderno y del que te revelas cada día como más consumado maestro. La leí –por hallarse el día que llegó en mi casa– a Rafael Sánchez Mazas, Demetrio y otros amigos. Rafael exultó literalmente de júbilo al llegar al párrafo de los feudos territoriales de la Iglesia en el Canadá y se lanzó a una exuberante e interminable digresión que hubo de cortarse para poder seguir la lectura. Ambos amigos me encargaron sus mejores recuerdos.

De política, nada. La economía ha tenido una fase algo difícil que todavía ha de durar hasta Enero, cuando menos. Los periódicos han emprendido una terrible campaña pro abaratamiento de la vida en la que se emplean dicterios feroces contra la burocracia, las Comisarías, los intermediarios, los comerciantes y los especuladores. A mí esta campaña me parece un arma de muchos filos. También hay armada una fenomenal polémica sobre el examen de Estado. Los catedráticos de Instituto rompieron el fuego reclamando su supresión y la vuelta al sistema antiguo: examen anual en el Instituto. Contestó la Acción Católica (Ángel Herrera, Padres de Familia, Ordenes religiosas, etc.) en "ABC" en defensa del sistema actual. Violenta respuesta de "Arriba" contra el examen (Seu, SEPEM, Fet). Y numerosos espontáneos que tercian a diario en la bronca, opinando por su cuenta. En resumen, dos buenas válvulas de escape.

La presión exterior, pese a lo que se diga, cada día más endeble. En ésto sí que nunca tuve la menor duda, como sabes. Hay todavía cierta alergia contra algunos nombres, pero cuando la batalla está empeñada en la Venecia Julia, en Macedonia y en Persia, ¿cómo va a consentirse alegremente que broten Titos o Girales en España? Y el S.D (State Department) y el F.O (Foreign Office) saben en ésto a qué atenerse. Tal es al menos mi opinión.

José M. de Areilza

Una altra bona oportunitat que vaig deixar passar, per aquella època, va ser la possibilitat d'esdevenir editor en espanyol d'en Georges Simenon, de qui havia traduït alguns contes. Finalment, tot i haver mantingut un contacte epistolar amb ell, les nostres relacions no van arribar a ser professionals. Aquest intent el vaig fer en comandita amb en Melcior Font, també gran lector de la seva obra. La següent carta reflecteix els intents d'obtenir els seus drets d'autor.

Nueva York, 14 Noviembre 1946

Sr. D. José Biosca
Plaza Platería Martínez 1
Madrid

Querido Pepe:

Con Simenon estuvimos jugando casi al escondite en el Canadá, donde él estuvo sólo unas semanas antes que nosotros. Le mandé dos cartas y, cuando ya desesperaba de recibir contestación, me llegó hace seis días, la adjunta carta, respondiendo a la primera de las mías y que, pensando con razón, que ya no estaría en Quebec –en la 2ª, que no recibió, le daba ya mi dirección en New York– la mandó al Cónsul de la Argentina en Ottawa, que es quien me la ha remitido a mí, por ser amigo común.

Como verás por su carta, Simenon estaría muy dispuesto, pero la existencia de este Canyameres, con el cual se comprometió –no sé si te acuerdas que te lo expliqué al regresar de París– hace años, estropea la cosa. Si yo hubiese visto a Simenon (a lo mejor lo veo todavía antes de marcharme), conversando probablemente hubiese hallado de la forma del "dribling". Por carta se hace muy difícil después de lo que Simenon me dice en la suya. Yo, en la mía, ya le dije que en París, hace un año, me había puesto en contacto con Canyameres. Lo que ahora puedo hacer, de momento, es escribir a Canyameres. También encontrarás la copia de la carta que le he mandado. Sin embargo, nada sería tan conveniente como verme con Simenon. Le escribo para saber si viene a New York antes de mi salida, que ya tengo fijada para el 10 o 12 de Diciembre. (...)

C. Sentís

Dos anys després, encara continuàvem fent gestions sobre aquesta qüestió, com es veu en aquesta carta que en Font m'adreçà des de París, en la qual també m'anima, en referència als atacs que ja aleshores rebia d'en Xammar.

París, 12 de juliol del 1948

Estimat Carles:

No he pogut encara veure en Canyameres, que no és a París. A Barcelona vaig saber que havia venut uns Simenon –uns quants només– a l'editor Aymà, que tu deus conéixer. Això vol dir que te'n cediria uns altres. És clar, que hauria valgut més que poguessis fer el lancement *del Simenon a Espanya tu. Què vols fer-hi? És un afer mal començat per part del Simenon i ja farà prou si se'n surt. De moment, ja hi ha la pèrdua de tots aquests anys... Envia'm la llista dels que t'interessin. Estic gairebé segur que no hauràs triat els mateixos que l'Aymà. Ell haurà triat els que li haurà aconsellat En Canyameres, o els més popularitzats pels films. No es possible que es conegui el Simenon com tu.*

He fet arribar el teu record als amics. No has d'ombrejar-te d'algun Xammar escadusser, que, d'altra banda, va perdent virulència. Tots et recorden com et mereixes i estan contents de saber la posició que has arribat a fer-te com a escriptor.

M. Font

Tornant a Nova York, des del Canadà, vàrem passar per Toledo (Ohio), una ciutat industrial al bell mig de la prada. Un gran cartell lluminós deia: «Visqueu electrònicament.» I, en efecte, els aparadors dels comerços oferien tot tipus d'electrodomèstics, alguns aleshores molt poc coneguts a Espanya, com ara els rentaplats. Quan vam informar un taxista que existia un altre Toledo al nostre país, no s'ho acabava de creure. «No només això –va dir-li la Maria–, sinó que ha donat nom a la seva ciutat.» El conductor va girar el cap i, després d'un petit silenci, va respondre amb orgull ferit: «Vol dir que no ha estat al revés?». En canvi, en una botiga de souvenirs on tampoc no havien vist mai un espanyol, l'evocació del primitiu Toledo va causar tant rebombori i simpatia que no vam aconseguir pagar el que havíem adquirit. A la biblioteca de la ciutat, trobàrem l'explicació de l'origen del nom: en buscaven un de nou en unificar-se dues poblacions que hi havia a banda i banda del riu i, per influència personal de l'escriptor Washington Irving, un enamorat d'Espanya, van decidir-se per Toledo.

Tornant a Nova York en tren, ens deturàrem a Detroit, on ens va sorprendre l'abundància elèctrica pertot arreu (àdhuc l'espurneig dels neons –roig, verd, blanc, blau...– es filtrava a la nostra habitació). Vam agafar un taxi fins a la fàbrica Ford, i el conductor ens va dir: «Aquí, a Detroit, ens dividim en tres classes: els que han treballat a la Ford, els que treballen a la Ford i els que treballaran a la Ford.» Travessàrem l'aparcament dels cotxes dels treballadors que, vistos en panoràmica, semblaven un mar de pastilles de xocolata. El vell Henry Ford ja no apareixia en públic, així que vam vorejar la seva finca privada amb l'esperança –frustrada– de veure'l. La fàbrica era una immensa ciutat, amb els seus trens, remolcadors, places i carrers. Ja a Nova York m'havia cridat l'atenció l'alt nivell de vida dels obrers, que conduïen uns cotxes que a Espanya no tenien ni alguns amos d'empreses. En *Met* Miravitlles atribuïa a aquesta imatge l'abandonament de les seves tesis marxistes, car si a un país capitalista els obrers lluïen aquests vehicles mentre que a l'URSS les passaven tan magres, això indicava, segons ell, que alguna cosa del comunisme anava errada. Avui, podem trobar-nos grans parcs de cotxes de treballadors també a la SEAT.

La Maria, en aquell període, inspirada pel brogit nord-americà, va escriure articles sobre moda que li van publicar alguns mitjans espanyols, com ara *Destino* o *La Moda en España*. Però de seguida ho va deixar perquè bastanta gent li va dir: «Es nota que els ha escrit el seu marit.» Si s'ha hagués dedicat, a escriure, qui sap si ho hauria fet millor que jo.

El 1946, vaig informar de la mort –atac de cor– a Nova York del poeta barceloní Eduardo Marquina. L'havia anat a visitar a l'hospital, acompanyant Manuel Aznar. Des de la finestra de la seva habitació, per on entrava la lluentor de Broadway, es veia passar el Zeppelin publicitari de la casa Ford. Em va parlar llargament de Cadaqués; no volia morir a Nova York. L'atzar va fer que, en un dels nostres viatges cap a Espanya –a bord del Magallanes– es traslladés el seu taüt. L'acompanyava el seu fill i, a bord, també hi eren Manuel Aznar i Antonio Oriol, futur ministre. Vaig aprofitar l'escala de Lisboa –la destinació era Bilbao– per visitar Don Joan, que ens convidà, a la Maria i a mi, a un sopar de pre-Nadal amb la seva mare. Així vàrem tenir ocasió d'escoltar una reina Victòria Eugènia d'un parlar molt franc i graciós. Va voler que li expliqués, en un apart, com havia anat el debat de l'ONU sobre Espanya, i va concloure que, del «caimán» (així anomenava Franco), n'hi havia per estona. En Julio Camba, que també era al sopar, em va dir: «*Veo que trata con mucho desparpajo a las testas coronadas*».

Arribats a Barcelona, i abans de tornar a Nova York, aquesta vegada jo sol, vam poder fer, durant unes setmanes, vida familiar. No podia veure créixer el meu fill Carles, de tan llargues que eren les meves estades a l'estranger. Aquell Nadal, em va demanar que li expliqués un conte. Vaig quedar-me en silenci, com si un catedràtic m'examinés. Jo venia preparat per explicar qualsevol dels debats de l'ONU, els treballs d'elaboració de la bomba atòmica i els més diversos temes de política internacional, però... un conte? Van passar pel meu cap trossos inconnexos de la Caputxeta Vermella, però no en recordava el final. De sobte, em vaig recordar de les pel·lícules de l'ànec Donald i vaig començar a reconstruir-li un episodi on aquest personatge es quedava atrapat en un rellotge de torre. Mentre parlava, em vaig adonar que totes aquelles catàstrofes i crueltats que patia Donald potser no eren el més adequat per al meu fill, i que no era molt educatiu ensenyar-li a riure's de les desgràcies alienes. Així que vaig emmudir, i en Carlitos em va dir:

–I el conte, papà?

–No, fill, no me'n sé cap.

A la segona estada per informar sobre l'ONU, la Maria no em va acompanyar perquè esperava el naixement de la nostra filla Mireia, que nasqué durant la meva absència. Al cap d'uns mesos la Maria també va venir. Va volar un dia tan fred que l'avió, per causa d'una tempesta de neu, es va desviar. Així que va haver d'arribar a Nova York l'endemà, en tren, des de l'estat de Maine.

La majoria dels meus articles tractaven de temes de política internacional, amb esporàdiques incursions en la crònica social, d'espectacles o esportiva (beisbol i boxa). Una de les qüestions que vaig abordar, el 1947, va ser com el president Truman, per aturar l'expansió del comunisme a Grècia, va atorgar un crèdit milionari a aquest país mediterrani.

Un temps després, el nou debat als Estats Units era el pla Marshall, un programa multimilionari d'ajut a Europa suggerit pel general homònim, que aixecava moltes protestes. Espanya no hi va ser inclosa, malgrat que l'ambaixador cubà, Guillermo Belt, s'hi va apostar un sopar amb un conegut republicà espanyol. Alguns anys més tard, es va corregir aquesta situació amb l'acord bilateral d'utilització mixta de les bases militars de Torrejón i Rota.

El 1948, vaig visitar les seus de dues grans institucions americanes: la de la Coca-Cola a Atlanta i la del *Reader's Digest* al poble de Pleasantville, al nord de Nova York. Aleshores, la Coca-Cola ja triomfava a tot el món, tot i la polèmica de si contenia droga (coca) en quantitats microscòpiques.

La redacció de la revista més venuda del país, pensada per als qui no tenien temps de llegir, era una casa d'estil virginià sobre un turó. Els empleats vestien d'esport, com per anar a jugar al golf, i a les parets penjaven excel·lents quadres. Em vaig retrobar amb en Johnny Cargol, un mig català que coneixia del Club Natació Barcelona, i que m'havia concertat la visita. Marxà als Estats Units durant la guerra civil i aleshores ja era un alt executiu de l'empresa.

Al Casal Català de Nova York, el meu cunyat Joan Casablancas em va propiciar una retrobada amb en Jaume Miravitlles, que havia estat cap de Premsa i Propaganda de la Generalitat durant la guerra civil. En aquells temps, jo havia escrit algun article on em referia a ell amb certa duresa. Fou un dels fundadors del partit comunista Bloc Obrer i Camperol. Residents tots dos a la ciutat dels gratacels, vam tornar a tenir un tracte de creixent amistat. A més, vull fer d'ell un elogi professional, perquè és l'únic periodista català que en aquells anys es va guanyar la vida, i molt bé, escrivint per a mitjans nord-americans. Era un dels principals redactors i columnista d'*Hablemos*, un suplement dominical en espanyol, propietat d'un jueu, que es feia a Nova York i que encartaven diferents diaris llatinoamericans, sumant un gran tiratge.

En Met Miravitlles era, a més, el principal amic que tenia Dalí a Amèrica, perquè havien estudiat a la mateixa escola de Figueres. El pintor li va fer un retrat vestit de jugador de futbol als disset o divuit anys i, més tard, un d'adult. No deu haver-hi gaires persones retratades dos cops per en Dalí. De vegades anàvem plegats a menjar amb la Maria i la Gala i com que Dalí, davant del Met, no feia cap comèdia, el vaig poder conèixer sense la màscara del seu personatge. Ell i la Gala vivien a Califòrnia –Pebble Beach– als hiverns, per treballar, i a Nova York, algunes setmanes de la primavera o la tardor, per exhibir-se i fer relacions públiques.

Fruit de les nostres converses, vaig escriure una crònica que aparegué a l'*ABC* i a *La Vanguardia* l'any 1946. En el text parlava dels èxits d'en Dalí fins i tot econòmics, car havia percebut de Hollywood una bona quantitat per una col·laboració cinematogràfica a la pel·lícula *Spellbound*. L'article va tenir un ressò inesperat. El seu pare, el notari de Figueres, amb el qual l'artista estava renyit, m'agraí en una carta gairebé patètica les notícies que, per primera vegada, després de les guerres, li arribaven del seu fill. S'alegrava dels seus ingressos econòmics –que, entre d'altres obres, havia obtingut amb la pintura *El cistell de pa*, que serví d'emblema del pla Marshall–, però deia que «Gala s'apoderarà de tot i el meu fill acabarà demanant almoina», demostrant poca visió de futur. Arran d'aquest episodi, ells dos varen restablir la comunicació. El mateix Salvador em va agrair l'article d'una manera desmesurada. «Però, sortint sovint al *New York Times*, per què fas tant de cas a aquesta crònica a *La Vanguardia?*», li vaig dir, i ell em replicà: «És que el *New York Times* no és llegit al Bar Esport de Figueres!». Em va dedicar, amb un dibuix molt expressiu, una edició del *Don Quixot* en anglès, il·lustrada per ell. Li vaig parlar de Don Joan a Estoril i les seves possibilitats de retorn al tron a l'empara de la nova situació política internacional. En aquell moment, es va declarar monàrquic i em va donar un dibuix glorificant la monarquia perquè li fes arribar. Fins i tot vaig encarregar-li, el 1947, un retrat de Don Joan de Borbó i va acceptar; en una carta d'aquell any, em diu: «Com dieu vós, això incorporaria la meva obra a la gran tradició de la Pintura Española», però també afirma que els seus compromisos amb Walt Disney el retenen als Estats Units. Tot i que s'entrevistà amb el rei, finalment no hi hagué quadre.

Ens vam veure diversos cops, al llarg de les èpoques, a Madrid, Barcelona, Figueres i Port Lligat. Però ja no era el mateix Dalí de Nova York. Una de les últimes vegades que el vaig veure va ser a París, als anys setanta, a l'hotel Meurice, on celebrava una mena de xou. Jo marxava cap a Pequín i ell em va fer una nova comanda: lliurar a Mao un exemplar de la revista *Vogue* on, a la portada, hi apareixia una composició seva que era un rostre meitat Mao i meitat Marilyn Monroe. Li vaig dir que no sabia si podria fer-la a mans del mateix Mao. De fet, la vaig donar al ministre xinès d'Afers Estrangers, que agafà la revista amb dos dits, com si fos una mica fastigosa.

A Nova York, en Dalí s'havia abonat a una agència de retalls de premsa perquè li trametessin els articles on es parlava d'ell; rebia els sobres sense obrir-los, els sopesava i deia: «Avui pesa més que ahir!» Tenia un anglès molt rudimentari però ho dissimulava amb un accent de cantant rus.

A part de Dalí, potser l'espanyol més conegut a Nova York era l'oftalmòleg José María Castroviejo, especialista en trasplantaments de còrnia, amb qui vaig compartir sovint taules de restaurant i de night-club. Un dia, em va convidar a una operació de cataractes, procediment que ell va revolucionar obrint la cavitat ocular pel costat.

El català Balsa dirigia l'hotel Saint-Regis, on, a més d'en Dalí, hi solia allotjar-se en Xavier Cugat, a qui vaig veure dirigint la seva orquestra al Waldorf Astoria, fent-li arribar una targeta de presentació que m'havia donat a Barcelona en Narcís de Carreras, condeixeble seu a Girona. Xavier, aleshores, estava llançat als camins de la música sud-americana i no volia tenir res a veure amb el Casal Català de Nova York ni distreure amb altres identitats el seu cubanisme comercial.

Era dur fer de periodista en aquella època. Calia no només fer equilibris amb la censura, sinó també patir els criteris poc periodístics que aplicaven alguns directors dels diaris, nomenats directament pel Ministeri d'Informació. Jo transmetia directament la crònica a l'*ABC* i el diari la passava a la direcció general de premsa perquè fos censurada. Demanava que, per evitar retards en la publicació dels textos, l'*ABC* enviés directament els articles als altres diaris que els publicaven, com *Diari de Barcelona* però això no sempre es complia. El 31 de març de 1947 vaig adreçar una lletra a José María Careaga, que havia negociat el difícil subministrament de petroli des del seu lloc d'agregat comercial a l'ambaixada d'Espanya a Washington. Aquesta carta exemplifica alguns dels problemes que tenia:

> *Estos días estoy verdaderamente asqueado con eso del actual periodismo. Por un lado, la Censura te quita cosas como, por ejemplo, una historieta casi de monjas, universalmente conocida. Aquella en que se dice que Dios, al hacer el mundo, iba colocando montoncitos de tierra que sacaba de una criba, que, al final, se encontró con una colección de pedruscos que echó a un lado y que aquello fue Grecia. Contado con algunas palabras más de las que preceden –en realidad, muy pocas– ha sido tachado por la Censura como irreverente. ¡Es el colmo! (...) Por lo visto, la censura no tolera todas estas historias típicas de los países archicatólicos de cuando Dios hizo la jirafa, y cuando hizo el elefante, etc. O aquellas historietas de San José y Jesús trabajando en el taller, o la Virgen que iba por agua a la fuente, etc. El otro equipo que había en Prensa era germanófilo fanático políticamente, y agrio. Pero, por lo menos, era muchísimo más inteligente que esos cuatro sacristanes de ahora que, como todos los sacristanes, de lo que no entienden es de Religión. Su teología se reduce a encender y apagar los cirios.*
>
> *Pero esto no es nada; es más descorazonador todavía el presenciar las "águilas del periodismo" de* ABC. *El día 18 de marzo salió un artículo sobre la actitud del General Marshall en Moscú, que había entregado cuatro días antes del discurso de Truman. Por pura chiripa, anunciaba lo que después Truman se encargó de decir. Pues bien: el artículo salió cuatro días después del discurso, con lo cual parece que éste sea la estela de él, en lugar de lo contrario. (...)*

Eso del periodismo que, ante todo, debería ser pura agilidad y como símbolo deberíamos tener el Mercurio de los alados pies, se convierte –bajo esta doble perspectiva que te muestro– en un andar por un piélago donde, al levantar cada pie, lo ves aprisionado por veinte kilos de pesada arcilla. Los mismos de los ballets rusos, con semejante lastre, parecerían el mismo pato Donald, que es como yo me veo a mí mismo.

C. Sentís

El 30 d'octubre de 1946, després d'informar al comte de Fontanar de tot el que s'estava coent a l'assemblea de l'ONU, cloïa la carta amb aquest plany:

Y ¿qué debo y qué puedo decir de todo eso en las crónicas que mando? A diario tengo que pasar una maroma para no caer en la censura por un lado, no caer en la defensa al régimen por otro, y, al propio tiempo, defender lo esencial de la dignidad nacional, informar y hasta pronosticar...

Les següents cartes creuades amb el director de l'*ABC* mostren, per exemple, com vaig ser esbroncat per considerar notícia que un avió s'havia estavellat contra un gratacels.

Nueva York 1 de Junio 1946

Sr. D. Ramón Pastor
Director de A.B.C
Madrid

Mi querido Director y amigo:

Su telegrama del 22 de Mayo dice: "Inexplicable preferencia a comentario Byrnes literaria imagen neoyorkina recibida madrugada pastor".

Vamos a colocarnos en la mañana del día a que usted se refiere después de dejar sentada la condición de que aquí vamos seis horas atrasados con relación a ustedes. Sobre esto hay que añadir lo que pueda tardar la transmisión o por lo menos de entrega a entrega. Aquel mediodía en Nueva York había un solo hecho importante: el choque de un avión contra un rascacielos. Fui corriendo al rascacielos éste y mandé una breve crónica visual, experimental y vivida, que es lo único que no darán ni podrán dar todas las agencias habidas y por haber que tienen comunicación constante con Madrid y cuyas noticias sin límite de tiempo tardan minutos en llegar a Madrid. En cambio todas estas agencias habían dado in-extenso el discurso de Byrnes, que en aquellos momentos aparecía absolutamente sin nigún comentario, absolutamente en seco, en algunos periódicos americanos.

Ningún periodista colocado en Europa podía escribir como yo sobre un hecho tan curioso, tan periodístico, tan comentable entre los lectores de cualquier periódico, como es un segundo choque en poco tiempo de un avión contra un rascacielos. En cualquier redacción de España o de Europa podían comentar en el tono más idóneo que rigiese en el país el discurso de Byrnes dirigido –radiado– a Europa y para Europa y no, precisamente, dirigido a América. Y aunque no hubiese sido así, no había tiempo aquella mañana de saber la reacción de los americanos que en aquellos momentos estaban apenas enterándose.

C. Sentís

Aquesta va ser la resposta del director d'*ABC*:

Madrid, 10 de junio de 1946

Sr. Don Carlos Sentís

Mi querido amigo:

Desde el momento en que defiende Vd. que lo periodístico era ocuparse del choque del avión con un rascacielos antes que del discurso de Byrnes, que fue ardientemente comentado en toda Europa, no tengo nada que objetar. Tomo nota del mismo modo que debe Vd. tomarla de nuestro criterio, con todo el derecho que Vd. tiene a considerarlo equivocado. Aquel día publicó "ABC" una interesantísima crónica de Londres que alcanzaba la repercusión en Inglaterra de aquel discurso; de Nueva York, ni una palabra. Y no fue mi parecer únicamente sino recados que me hicieron llegar quienes de esta casa están por encima de mí los que motivaron mi indicación también telegráfica. Sobre lo que Vd. quizá creía, la gente se habría dado mejor cuenta del choque sin otra referencia que los despachos de las Agencias, que del alcance y trascendencia del discurso de Byrnes.

Ramón Pastor

També em canviaven coses per motius peregrins, com ara evitar que cités les marques pel seu nom:

Washington 5 Septiembre 1946

Sr. D. Ramón Pastor
Director de ABC
Madrid

Mi querido amigo y Director:

En el titulado "Fulton Sheen" el final está cambiado y esta vez, claro, no hay error ninguno. El artículo que yo solo firmo, si pudiese significar un anuncio para la "Coca-Cola", sería yo más que nadie quien tendría interés en no firmarlo. Puedo pasar por varias cosas pero no como "anunciador". La palabra "Coca-Cola" está puesta con tanta intención y tan expresamente que casi toda la mitad del artículo no tiene otra misión que culminar con este final –no es una palabra sino una idea– dentro del cual intento meter toda la atmósfera de "americanismo" con que quiero presentar al "Monseñor". Junto con "Ford" la palabra "Coca-Cola", es la que dá más idea de Norteamérica. Evitar escribir esta palabra sería tanto como no citar a Greta Garbo para no favorecer a la Metro Goldwin Mayer. ¿Para qué iba a decir que Monseñor Fulton Sheen se había criado con un hermano? ¿Qué importancia tendría esto si no fuese para poder decir que en su familia directa hay un "agente de la Coca-Cola"? "Representante de una conocida fábrica de gaseosas" no quiere decir nada. ¿Para qué iba a terminar así un artículo? Ser agente de la Coca-Cola es en América como una carrera nacional. Millones de americanos en Universidades o Colegios aspiran a ser "manager" de las agencias Coca-Cola. Era esto y nada más que esto lo que yo necesitaba decir sobre la personalidad americana y católica de Fulton Sheen.

C. Sentís

Ja molt abans, l'1 d'agost de 1941, en Donald Darling, en una carta que m'adreçà des de Lisboa, em digué: «*Sí, me acuerdo del* Be Negre. *Era la época de la buena literatu-*

ra sentisiana, que espero volverá. Pero la lástima es que sólo en las democracias, por podridas y masónicas que sean, se puede escribir así. Paciencia.

Un altre entrebanc important va ser el de les dificultats d'arribada del sou que, des d'Espanya, m'havien de trametre, primer l'*ABC* i *La Vanguardia* i, després, l'*ABC* i el *Diari de Barcelona.* Vaig viure un bon temps dels diners que em prestà el meu cunyat i fins i tot em vaig veure obligat a replantejar-me la possible tornada a Espanya. Les dificultats burocràtiques per aconseguir un bon canvi en dòlars del meu sou periodístic, a través de l'Instituto de Moneda Extranjera, eren considerables i, a més, en Luis de Galinsoga, director de *La Vanguardia* –al contrari que els directors de l'*ABC* i el *Diario de Barcelona*– no va moure un dit per mi i fins i tot em sabotejà perquè no arribés a cobrar en dòlars. Tant en aquesta etapa, com en el meu segon viatge als Estats Units, els anys 1947 i 1948, criticava la meva feina amb qualsevol excusa, fos o no fos certa.

Reprodueixo una carta que vaig adreçar al comte de Godó reclamant-li el pagament dels meus emoluments.

Nueva York, 3 de Noviembre 1946

Sr. D. Carlos Godó, Conde de Godó
"La Vanguardia", Pelayo 28
Barcelona

Mi querido amigo:

La última noticia que tengo de ti es el cable que recibí en el Canadá, de fecha 12 de Octubre próximo pasa-

do, diciendo: "RECIBIDA CARTA 29 SEPTIEMBRE LAMENTANDO IMPOSIBILIDAD COMPRA PAPEL PUNTO AGRADEZCO TUS GESTIONES AFECTUOSOS RECUERDOS GODÓ".

Nada decías en el cable del estado en qué se hallaba la cuestión de mi cobro. Pensé que llegaría alguna explicación por carta y esperé. Pasaron los días y nada he sabido.

La verdad es que en el calvario de este medio año, no se me ha ahorrado nada. Yo supongo que algún obstáculo habrás tenido, porque nunca he dudado de tu buena voluntad y de tu aprecio. ¡Pero por lo menos hubiese tenido noticias!... ¿Has reflexionado lo que significa estar al otro lado del Atlántico, esperando todos los días unas noticias y un dinero, semanas y meses? Yo te deseo, Carlos, que nunca te encuentres en esta situación. Por mi parte, yo lo pongo todo en el cumplimiento de nuestro acuerdo. He trabajado extraordinariamente y en cuanto a la calidad de mis artículos, me remito a la opinión de los lectores de "La Vanguardia". Me he desplazado sin recibir un céntimo, no sólo pasando temporadas en Washington, sino, a mis expensas, y endeudándome, al Canadá, uno de los tres sitios (California y Méjico son los otros dos) sobre los que hubiese escrito, de recibir el dinero.

C. Sentís

Pel seu interès, i perquè il·lustren molt clarament diversos episodis d'aquesta etapa de la meva vida, reprodueixo alguns extractes de l'intens epistolari que vaig mantenir amb l'editor de *Destino*, Josep Vergés. Degut a les dificultats telefòniques de l'època, utilitzàvem molt les cartes per tractar assumptes que avui es despatxarien per telèfon, fax o correu electrònic.

Nueva York, 20 Junio 1946

Mi querido amigo,

(...) En la carta os hablaba, especialmente a ti porque ves más a Godó, de mi extrañeza por lo que me han dicho dos viajeros de que se publicaban escasísimos artículos en La Vanguardia. *Ya me figuro que Galinsoga debe haber alegado que todavía estoy en Nueva York y que aquí está Lucientes o algo así. Galinsoga no me ha dicho nada y a dos breves cartas que yo añadí a dos envíos postales no ha contestado jamás. (...) Las razones por las cuales después de un mes de mi llegada en América estoy todavía en Nueva York son tres, aunque la primera excluiría ya las otras. 1ª: No he recibido todavía un solo dólar ni de* La Vanguardia *ni del* ABC *(...) y, claro, en estas condiciones no puedo moverme de estas calles. 2º Hablar de otros temas mientras tenemos planteado eso en la ONU no es propio de un enviado especial de prensa diaria que viene para captar precisamente lo más actual y más importante. 3º Sin estas condiciones también era obligado un "stage" en Nueva York de unas semanas antes de adentrarme por territorio americano. No se puede hablar de América sin conocer Nueva York. (...) Te adjunto una copia de una carta que (...) mando al Ministro aprovechando contestarle una felicitación oficial del Gobierno que me ha hecho llegar por el consulado para felicitarme por mi actuación relacionado con los intereses nacionales. Te la adjunto para que se la enseñes a nuestro amigo Godó no por otra cosa (...) sino para que pueda aprovechar esta*

gestión para recomendar su petición en el Instituto de la Moneda que va demorándose de manera fatigosa.

C. Sentís

Nueva York, 30 Julio 1946

A: Sr. D. José Vergés

Querido José,

(...) De donde no me ha llegado una sola noticia es de La Vanguardia. *(...) ¿Cómo es posible que me dejen sin una sola noticia? ¿No voy ahora a recibir el dinero del* ABC, *finalmente, y no el de* La Vanguardia? *Estoy sencillamente aterrado. Sin una sola noticia... Godó, la verdad, no tenía derecho a dejarme así tirado. Le mando unas líneas para que tú se las tramitas donde se halle con algo de tu cosecha. Tres meses que salí de España...*

(...) El retraso es por falta de atención y de interés porque, en definitiva, los organismos oficiales no se han opuesto ni se opondrán.

C. Sentís

Barcelona, 2 d'agost 1946

A: Sr. Don Carlos Sentís

Estimat Carles:

He rebut les teves cartes del 23 i 30 de juliol amb els corresponents articles. Immediatament he anat a veure en Godó que –cosa rara– era aquí per uns dies. Li he donat la teva carta i hem parlat de l'assumpte. Ell no té encara notícia oficial de la concessió de divises però m'ha promès ocupar-se avui mateix i demanar a Madrid la confirmació de les notícies particulars que tots tenim d'estar arranjat l'assumpte. Godó diu que aquesta setmana et donarà notícies sobre tot això.

(...) Godó em diu que a partir del 19 se'n va a passar unes setmanes a San Sebastián. La "season", vaja. Ja cal que t'afanyis

J. Vergés

Nueva York, 23 Agosto 1946

A. Sr. D. José Vergés

(...) Como tú te temías un poco, [Godó] se habrá ido a San Sebastián dejando otra vez la cosa en el aire. Hoy ya no viven con esta tranquilidad ni los Ford o Rockefeller.

(...) Mi situación business se ha aclarado totalmente por lo que afecta a ABC, *del que recibí todo lo atrasado y voy a recibir regularmente ya. Y, en cambio, todo confuso por parte de* La Vanguardia, *para mí por ahora Retaguardia...*

C. Sentís

Barcelona, 19 de setembre 1946

A: Sr. D. Carlos Sentís

Estimat Carles,

Em sembla que aquesta setmana farà un mes que no hem rebut cap article teu. Tindria gràcia que em fessis el bot perquè no s'ha arreglat lo de La Vanguardia. *Perdona, però ja et vaig dir des del primer dia que no cobraries. Les aparents contradiccions dels meus telegrames són purament notícies que Godó em donava amb el prec de transmetre-les. Jo, per la meva part, seguia i segueixo creient que, si ho aconseguissis, seria per algun imprevisible miracle però mai per aquests camins tan ordinaris que el pobre C. Godó trepitja. (...) Afegeixo que Godó t'estima i fa tot el que pot per tu. Em consta*

J. Vergés

Nova York, 11 d'octubre 1946

A: Sr. D. José Vergés

El que jo hauria volgut són les explicacions sobre els perquès. Del que en realitat ha fet Godó i del que no ha fet. Almenys aquest bon home m'hagués donat notícies i no trametre dos o tres telegrames anunciant cartes que no han arribat mai. (...) Tinc una lletra de l'Institut de la Moneda on em diuen, contestant a una meva, que La Vanguardia *no ha fet cap petició en favor meu. Almenys aquest paperet me l'hauria pogut estalviar el nostre amic... Com és possible deixar una persona així a l'altre costat de l'Atlàntic? (...)*

Otrosí: He rebut finalment i fa pocs dies el Destino. *M'ha agradat molt llegir-los. Hom es creu a Barcelona. Quina cosa més país n'heu fet del* Destino*! Quanta intel·ligència hi ha dosificada per les seves planes! Exceptuant alguns llaunes –pocs– el* Destino *en anglès tal com és i publicat aquí tindria un gran èxit. Aquesta gent d'ací escriuen amb molta més informació a la mà i més ràpida però amb molta menys intenció i amb molt però molt menys art (...)*

C. Sentís

Barcelona, 11 de novembre 1946

A: Sr. D. Carlos Sentís

Estimat Carles:

(...) El resum és el següent. Galinsoga ha fet tots els possibles perquè no publiquessin res i per desacreditar-te. Godó, espantat de naixement, va demanar els diners al Director General de Premsa i aquest li va dir que no. La petició no ha arribat a cursar-se a l'Institut de Moneda. És a dir, Godó personalment t'aprecia –les reserves que alguna vegada ha fet dels teus articles han estat tèbies– però no és capaç d'enfrontar-se amb Galinsoga a fons i no és capaç tampoc de cuidar-se de les qüestions de detall com lo de les divises. No sé si sóc prou clar. A més, jo el veig durant unes visites llampec entre dues caceres. És fabulós lo que aquest home arriba a interessar-se per la pesca, la cacera i el tennis. Això, si es dediqués a la política, el faria molt simpàtic als anglesos...

J. Vergés

Nova York, 8 de febrer 1948

A: Sr. Josep Vergés

Estimat Josep:

*(...) Els de l'*ABC*, en G. [Galinsoga] i tots els que han fet soi disant de directors meus, no han comprès mai aquest desig de moure'm contínuament, en lloc de quedar-me parat en un lloc, com ells sempre m'han proposat. Això hauria estat més còmode per a mi i fins potser més remuneratiu, com quan em proposaven l'*ABC *i* La Van. *quedar-me a París. Si hagués fet tot això, avui*

estaria encara a París i de la missa no en sabria ni la tercera part.

*Aquesta maduresa periodística no la sabran apreciar ni la sabran aprofitar des de l'*ABC. *Serà capaç, en Godó, de comprendre-la?*

Si ho comprengués, podria donar al diari l'aire modern de què està mancat. La fórmula actual, i no n'hi ha cap més, és la que jo practico i puc practicar. Avui el periodisme és una tècnica dificilíssima d'assolir (...) Sempre em recordo que aquest estiu em vares dir: "Cada dia estic més convençut que les coses, en un diari, tenen importància segons qui les diu. Per la signatura, no sols pel lloc d'on vénen." Qui llegeix les coses de Buenos Aires, d'Ankara, etc. a La Van*? I, per tant, d'allí poden dir-se coses molt importants i fins, alguna vegada, els corresponsals d'allà estic segur que les diuen. Dels "col·laboradors" literaris i soques ja no en parlem. La premsa espanyola avui és l'única del món a mantenir aquestes coses que sols poden sortir a les revistes, setmanaris o bé a la secció epistolar.*

C. Sentís

Un temps després, en Carles Godó m'envià una carta on es queixava de la seva marginació en un sopar-homenatge que em van fer a Madrid. En la meva resposta, vaig aprofitar l'ocasió per, subtilment, expressar-li les meves idees sobre la necessitat que el seu diari es guanyés una posició independent. Reprodueixo aquesta part de la meva carta.

Madrid, 3 de Febrero de 1947

Sr. Don Carlos Godó, conde de Godó
Barcelona

Mi querido amigo:

(...)

Dices, y dices bien, que eres el propietario de periódico que usas menos de esta condición para lucimiento personal. Tienes tanta razón en ello que, ahora que te lo puedo decir, te precisaré que en ello estriba un error, por tu parte que nadie, por otro lado, te agradecerá. Está bien ser modesto, pero no al punto en que tú llegas en ello. Tus periódicos –y la propiedad no se limita a la totalidad de uno solo– podrían darte un "juego" en la vida española tan independiente y personal que estaría por encima de los regímenes políticos. Si no tienes, como podrías, este juego en la mano, es porque no has querido, y porque tu equipo, que se compone de gente discreta y eficiente, en parte –y para ellos todos mis respetos– se integra también por otros elementos que no te han secundado nunca y dudo que, de quererlo, supieran hacerlo.

C. Sentís

Un assaig empresarial que vaig fer, sense tenir tampoc sort, va ser la societat d'exportació de llibres espanyols Iber-Amer SA –de la qual era accionista, amb el meu amic Josep Serra i Roca i la família Biosca–, que planejàvem afermar amb una llibreria hispanoamericana al cor mateix de Nova York. El nostre error principal va ser creure que els nombrosos hispano-parlants i mestres de castellà comprarien les novetats literàries que oferíem. Però aleshores només hi havia mercat per als clàssics. Més d'un cop, veient l'actual boom dels llibres en espanyol als Estats Units, he pensat que potser ens vàrem avançar unes quantes dècades als nostres temps.

En un dels meus desplaçaments, es va quedar penjat un pròleg per al llibre *Los vimos pasar*, de Joan Sariol i Jaume Arias, una col·lecció d'entrevistes amb gent que fugia de les persecucions de la guerra mundial i de la postguerra. A Sariol el coneixia de *La Veu de Catalunya* i va ser ell qui em va presentar l'Arias, que aleshores començava a fer de periodista. Així va començar una amistat que encara dura avui dia.

En un terreny més familiar, aquesta carta a la meva dona –escrita en castellà perquè aleshores estava immers en l'ús d'aquesta llengua–, corresponent a la meva segona estada a Nova York, reflecteix el meu estat d'ànim d'aquell moment.

Nueva York 8 Noviembre 1947

Estimada María:

(...) Me hago cargo de todo lo que me dices en materia de quedar tanto tiempo incomunicados. No debe suceder más. Aparte de lo que esto significa por lo que a nosotros dos se refiere ha fallado durante estas semanas lo que podríamos llamar nuestra "colaboración" de trabajo. Tenías que tenerme informado de la labor Assía, te lo dije muy especialmente en Calella. Te dije que me fueses mandando cosas suyas para tener una orientación de

los temas que debía tocar por haberlos tocado él (o al revés) y los que no debía tocar por haberlos tocado él (cuando pensase decir algo parecido). Claro que no todos los artículos sino los que a tu juicio considerases revelativos o significativos bien por ser buenos bien por ser malos. Por muy acertados o por muy desacertados. Cada uno de ellos con una opinión tuya o recogida. Ya sabes, María, que en nadie tengo tanta confianza como en tí incluso en este aspecto profesional. Sé que sabes juzgar objetivamente lo mío y tasarlo independientemente de nuestro afecto. Sé el enorme instinto que tienes y tu gusto además del conocimiento, por tu estancia aquí el año pasado, de los temas americanos. No te extrañe que "debute" la carta por esta cuestión quizás un poco prosaica pero "básica" para nosotros. Deberías haber sido una constante guía. Un "Raport" de cada semana breve pero definida. Ahora que estás en Madrid podrías hacerlo.

Siempre hay que sortear desesperados escollos (dinero, trato con directores idiotas, situaciones políticas) pero esto no afecta a lo literario.

Ya sabes que mi "pecado" es en esto lo contrario: modestia, dudar de mí, valorización de los otros. Me dabas tú referencias de otras personas. Pla sería una buena referencia si no dijese un día una cosa y al otro día la contraria... Solervicens demasiado amigo nuestro... por eso pensé que Gregorio puede tener razón. Dice que a mis crónicas les falta alegría ¿Cree que el tiempo está para chistes?... Quizás me faltes tú, María. Nunca me habías hecho tanta falta. Nunca te había querido más...

C. Sentís

15

VIATGE PER MÈXIC

A començaments del 1948, vàrem decidir, amb la Maria, el seu germà Joan i la seva muller, Trude, fer una visita al Ferran, el germà gran de la meva dona, que estava instal·lat a Mèxic amb la seva família. Arribàrem al D.F. després d'un recorregut d'onze dies en cotxe des de Nova York. Ens aturàvem fent zig-zags en la majoria dels estats del sud, com ara Mississipi o Texas, on encara vaig veure manifestacions de segregació racial. Aquest viatge va ser una intensa experiència, tant personal com periodística.

M'agradava la idea de retrobar-me amb els meus amics exiliats. A causa del meu tarannà, no he odiat mai ningú. Ni tan sols en l'època de la guerra. Vaig considerar tot el conflicte com unes circumstàncies estranyes que patíem tots, a un bàndol i a l'altre, com si visquéssim sota l'erupció d'un volcà. Continuava tenint molts amics a la banda republicana. Un dia, a la guerra, estant al descobert, vam patir una pluja de bales que feia caure les fulles de les acàcies del lloc on érem; mentre em resguardava, vaig pensar: «És ben curiós que no odiïs els que fan xiular aquestes bales».

Sempre he mantingut el contacte amb els meus amics i coneguts republicans. Com explicà en Xavier Regàs, molts anys després no vam tenir cap problema per reunirnos en una penya, un cop arribats altres temps. Reprodueixo aquí, com a incís, aquesta carta que en Regàs m'adreçà el 2 de juliol de 1977, felicitant-me pel retorn de Tarradellas com a president de la Generalitat:

Estimadíssim Carlets,

L'ENHORABONA!!!

En la teva carrera rutilant (...) has realitzat exploits importantíssims, però en la gestació del pacte Tarradellas-Suárez (per a Catalunya força més important que el llegendari Briand-Kellog (*)– t'has més que superat i has abastat –almenys al meu judici– la cota àlgida de la magnificient carrera, tot just al·ludida. Te'n felicito i –per a què gastar embuts?– me'n felicito. Si Núria Espert, la figura màxima de la nostra escena, va dir no fa pas gaire per la tele, que en el seu naixement artístic, jo hi havia fet de llevadora, em sembla que en el teu treure el cap a la vida pública, hi devia fer un paper per l'estil. (...) Tant jo com tots els amics de debò, ens hem sentit orgullosos de la teva gesta. I d'amics en tens més dels que et podries pensar. Per a que te'n convencis, t'explicaré una cosa que tots els que hi vàrem intervenir havíem mantingut en secret. Quan vàrem decidir crear la Penya del 36, en una reunió del tot privada i col·loquial, Vicents Bernades –que ja saps prou fins a quin punt era rebec i toixarut– va exigir que determinats elements entre els possibles membres del grup en gestació, fossiu sotmesos a la clàssica votació de boles blanques i

*. El pacte que va donar peu a la Societat de Nacions.

*negres, a fi de decidir-ne l'acceptació. Tu –dins un total de 18 o 19 votants– vas tenir una sola bola negra. Ja et pots imaginar qui la va deixar anar. En canvi, l'Ignasi Agustí va tenir totes les boles negres. Em sembla que hi sobren els comentaris (...)**

X. Regàs

Tornant a l'any 1948, m'havia trobat casualment, en un restaurant de Nova York, en Dalmau Costa, l'excap de protocol del Parlament, que visitava de tant en tant les grans taules de París i Nova York, per assegurar-se que el seu establiment de Mèxic, Les Ambassadeurs, es mantingués al mateix nivell. Em va dir que no deixés de visitar-lo quan anés a Mèxic. Així que, un cop allà, vaig sopar al seu restaurant, amb significats exiliats republicans que coneixia. Només l'Odón Hurtado –fill de l'Amadeu– va esquivar aquesta trobada amb mi, a diferència del seu germà Víctor, amb el qual sempre vaig mantenir un bon tracte, especialment a París uns anys més tard. L'ambient entre tots nosaltres era cordial, com si la guerra no hagués tallat les relacions personals i només hagués estat un parèntesi.

*. Aquesta era, segons un paper que he trobat entre d'altres, la composició dels membres de la penya a què al·ludeix en Regàs:
LLISTA DE MEMBRES DE LA «PENYA DEL 36»
1. Rosa María Arquimbau. 2. Andreu A. Artís (SEMPRONIO). 3. A. Artís-Gener (TISNER). 4. J. Aymamí Serra. 5. Vicenç Bernades. 6. Sebastià Gasch. 7. Manuel Ibáñez Escofet. 8. Josep María Lladó i Figueres. 9. Jaume Miravitlles. 10. Xavier Regàs. 11. Vicenç Riera i Llorca. 12. Modest Sabaté. 13. Carles Sentís. 14. Josep Tarín-Iglesias. 15. Joaquim Ventalló. 16. Fermí Vergés. 17. Josep Maria Xicota. 18. C. Martí Farreras. 19. Anna Nadal–Rodó.

El retrobament va ser especialment agradable amb el metge Jaume Ayguadé, membre d'ERC, company meu de la universitat i fill de qui havia estat alcalde de Barcelona.

El restaurant d'en Costa a Mèxic era extraordinari. Sembla que encara vegi en Dalmau dirigint-ho tot, d'un costat a l'altre, amb aquelles taules elegants amb coberts de plata, que més tard va retirar perquè la gent se li emportava peces. L'Escofet, un dels interventors de la Generalitat, hi feia de maître. Algunes nits, a darrera hora, quan tancaven la porta, el restaurant es convertia en la seu d'ERC. Els militants hi tenien les seves reunions i hi menjaven un mos.

A Mèxic no s'arriba de sobte, perquè a Texas –en aquella època– ja hi vivien 100.000 mexicans, i t'anaves fent a la idea del nou país progressivament. Vàrem passar la frontera entre els dos Laredo, un a cada cantó del Río Grande. Al mexicà, Nuevo Laredo, semblava que hi hagués hagut una guerra: els edificis de la duana eren molt tronats. Contrastava amb Laredo a seques, la llampant i turística ciutat dels Estats Units.

Ja d'entrada vàrem ser víctimes de la tradició local de la *mordida*. Els nostres visats, obtinguts al consulat mexicà de Nova York, eren «de cortesia», car no existien relacions diplomàtiques entre Espanya i Mèxic. Potser per això els funcionaris de la frontera van aprofitar per dir que no eren vàlids si no hi havia confirmació o previ avís al llibre de registre local i que, justament aquella nit, un dels seus companys se l'havia endut a casa. Com si ens fessin un gran favor, un d'ells es va oferir a portar-me a casa d'aquesta persona. Així doncs, vaig dir adéu als meus familiars i em vaig endinsar en la foscor. Arribats al nostre destí, el duaner va fer veure que despertava el seu col·lega i, efectivament, va aparèixer el llibre de registre, amb el qual vam retornar a la frontera, mentre ell remarcava el gran sacrifici que tot això els suposava. Intuint les seves intencions, vaig demanar-li:

–*¿Cómo podría compensar las molestias que les estamos causando?*

La resposta va ser ràpida:

–*Antes eran 60 dólares pero, como unos gringos lo denunciaron al llegar a la capital, ahora es la voluntad.*

El meu cunyat no volia caure en aquesta petita corruptela, però, finalment, per no haver de tornar als Estats Units a passar la nit, es va deixar convèncer. Un cop vam pagar –agafaven els bitllets com si no els veiessin–, ni tan sols ens van obrir les maletes.

Una altra vegada en ruta, i abans d'arribar a Monterrey, un nou control parava els cotxes. De nou una *mordida*? Aquesta vegada, no; un guàrdia va dir a l'altre: «*Son españoles.*» «*¡Ah, la patria del gran Manolete!*», va respondre l'altre mentre es treia el *sombrero*. Manolete havia mort no feia gaire.

A la ciutat de Mèxic, l'olor a peix fregit, la terra seca i el cel alt i blau em van fer pensar en Andalusia. Em sobtà la força popular del catolicisme, amb una veneració absoluta cap a la Verge de Guadalupe. Recordo indígenes que pujaven de genolls els carrers amb pendent que menen cap a la basílica on la verge es va aparèixer a l'indi Dieguito. Els havies de mirar de cua d'ull, perquè si ho feies directament, s'enfadaven, com si la mirada turística desvirtués l'essència de la seva acció religiosa.

A l'impressionant D.F. vaig conèixer el pintor Diego Rivera, perquè la molt ben plantada Lolita, avui vídua d'en Joan Casanelles, un diputat d'ERC, del grup de L'Opinió, ens va convidar a la Maria i a mi a una sessió del retrat que ell li estava fent. Ens quedàrem parats quan, entre pinzellada i pinzellada, l'artista ens va dir condescendentment que els soviètics ja tenien la bomba atòmica, notícia aleshores desconeguda i que es va confirmar un temps després. «Ja veureu, ara, ja», l'artista ens va amenaçar, mig en broma, referint-se al poder nuclear de la potència moscovita. Cal tenir en compte que, aleshores, Mèxic era una antena comunista que l'URSS tenia a l'Amèrica Llatina, i Rivera un dels més destacats activistes.

En Joan Casanelles era el promotor del Banc de la Propietat de Mèxic, seguint el model del de Barcelona; l'havien finançat els Regnaud Reynaud, uns mig francesos del poble provençal de la Barcelonette. Aleshores no era gaire freqüent veure un esquerrà al capdavant d'un organisme capitalista. Tenia un aspecte senyorívol de gran burgès. Anys més tard, cap al 1959 o 1960, ens retrobaríem a París, perquè ell es va instal·lar a Bougyval després de separar-se del banc, tot esperant la tornada a Barcelona, que es retardà fins a la mort d'en Franco. Amb l'arribada de la democràcia va ser elegit senador pel seu partit de sempre.

Des de Mèxic, vaig enviar algunes cròniques a l'*ABC*. En un dels articles, comentava la visita a les impressionants piràmides de Teotihuacan, on els sacerdots sacrificaven uns joves llançant-los per les escales que serveixen per arribar al cim; hi havia unes canaletes per on circulava la sang de les víctimes cap als pous, construcció idònia perquè, en els canvis d'era (cada seixanta-tres anys), se'n podien sacrificar molts en un sol dia. Un altre article feia referència a una *corrida* a la plaça de toros del D.F., que era –o és– la més gran del món. La seva dimensió contrastava amb la poca gent que hi havia, la majoria turistes nord-americans, tot i la gran afició taurina del país. També vaig anar a la casa on vivia Trotsky quan va ser assassinat per un agent d'Stalin. El cop de piqueta a la nuca li va donar un català d'origen, Ramon Mercader, encara que es va declarar belga. Després de vint anys de presó a Mèxic, volia tornar a Espanya, però va anar a Txecoslovàquia, on va morir. En Mercader, català o belga, no mantenia cap contacte amb els exiliats catalans a què faig al·lusió.

L'agradable estada a Mèxic es va perllongar, de manera que la tornada la vam haver de fer a cuita-corrents amb la meitat de dies de l'anada.

Aquest no va ser l'únic viatge per Llatinoamèrica que vaig fer en aquelles dates. Les meves actuacions a la guerra i postguerra mundials m'havien convertit en un referent –sobretot a Madrid– en qüestions internacionals. Segurament per això, cap al 1949 els dirigents d'Iberia em van invitar al primer vol que la companyia llançava sobre Caracas. Vaig aprofitar per quedar-me unes setmanes pel Carib, sempre amb la ploma a la mà. A Caracas, vaig entrevistar-me amb en Carlos Delgado Chalbaud, un dels membres d'un triumvirat militar que comandava Veneçuela. Vestit d'uniforme blanc, em va rebre al palau de Miraflores, en ple cor de la ciutat. En lloar-li el palau, ell va dir-me que les parets eren tan gruixudes que la calor no entrava: «*Los españoles sabían edificar muy bien, pero en cambio hicieron las calles demasiado estrechas.*» Li vaig respondre que els responsables, tant dels carrers estrets com de la bona construcció eren els seus avantpassats, i no pas els meus, que no es van moure de la península. Li va agradar la resposta, i vam mantenir una agradable i convencional conversa sobre política. Al cap de pocs mesos, vaig llegir que l'havien assassinat, probablement per ordre de Marcos Pérez Giménez, un altre membre del triumvirat que es va quedar finalment sol al poder.

En una crònica a *ABC* vaig explicar que el petroli havia fet que el país es convertís paradoxalment en un deutor dels Estats Units, malgrat que abans hi exportava diferents productes, fins i tot bestiar de l'altiplà. En la tortuosa carretera que ascendeix des del port de La Guaira a Caracas, vaig llegir en una gran pancarta: «*Si hay leche en polvo (marca tal), ¿para qué tener vacas?*» El fet és que els veneçolans, que havien estat exportadors, ara ho compraven tot als nord-americans. N'eren del tot tributaris. Jo deia, doncs, que al vespre ja tornaven a estar en mans americanes els diners que al matí havien percebut del petroli. Si afortunada era aquesta descripció, en canvi va ser desafortunada una metàfora: «Alguns han caigut des del cocoter directament al seient del Cadillac.» Aquesta frase va provocar una dura rèplica al diari *El Nacional.* Encara que jo afegia que perdien l'ocasió d'industrialitzar el país amb el producte del petroli en comptes de consumir els productes manufacturats d'Amèrica, el símbol del cocoter era netament exagerat. Però sí era cert que, mancats de tallers de reparacions, cotxes quasi nous s'abandonaven al llindar dels camins tot i que l'avaria que tenien s'hauria pogut reparar. Preferien comprar-se un cotxe nou! Tampoc em va servir de gaire haver dit, en aquest mateix article, que als espanyols els va passar quelcom de semblant quan l'or dels vaixells que venien de les Amèriques a Cadis relliscava com una pastilla de sabó per la península per anar a parar als Països Baixos. De tota manera, si jo i el meu diari haguéssim estat nord-americans i no espanyols, les crítiques per part dels veneçolans no s'haurien imprès sobre paper.

Vaig visitar l'angoixosa concentració de pous de petroli de Maracaibo, amb l'Ernest Maragall –un dels fills del poeta–, que vivia a Veneçuela. A la ciutat de València, m'hi vaig acostar amb un altre amic, que, conduint el seu cotxe, va gosar avançar un vehicle militar a la carretera. Tot seguit, aquest va reprendre l'avantatge i ens va fer deturar. La cosa va acabar amb un atestat. Una petita prova quotidiana de com funcionava el règim.

Des de Caracas vaig telefonar a l'ambaixador a la República Dominicana, el meu vell conegut Manuel Aznar. De seguida em va convidar amablement a passar uns dies amb ell a l'ambaixada, a Santo Domingo. Recordo que cada nit anàvem a sopar a casa d'una família espanyola diferent de la capital, la majoria d'origen català.

Un d'ells, propietari de la més important llibreria de Santo Domingo, jo l'havia conegut quan era segon interventor de la Generalitat. Tenia la nostàlgia de Catalunya, però el seu fill, un noiet, ja deia que l'avenida de los Reyes Católicos –la principal de la ciutat– era tan important com el passeig de Gràcia.

Aznar va proposar presentar-me el president Trujillo, el dictador més famós del Carib. Anàrem al palau presidencial i, mentre esperàvem, l'ambaixador em va dir: «Ara és darrere d'aquell biombo empolvorant-se.» En aquella època, a Santo Domingo, hi havia una preocupació per blanquejar-se la pell, fins al punt que el mateix Trujillo –casat amb una gaditana– va acollir exiliats espanyols, tot i que ell n'era contrari ideològicament, perquè podien contribuir a blanquejar el país. «*Mi hermana, que tiene di-*

nero, se ha ido a Nueva York para blanquear», em va dir una dona, referint-se a les manipulacions estètiques. Aquell blanqueig es considerava també una manera d'allunyar-se de la negritud dels veïns haitians.

La conversa a tres amb el president Trujillo va ser dirigida per Aznar, que va fer explicar al dictador algunes coses perquè es pogués lluir. Com, per exemple, els índexs econòmics, sobretot en comparació a Haití, que, com és sabut, constitueix l'altra part de la mateixa illa, coneguda per La Hispaniola arran del descobriment. Trujillo ens va dir que al seu govern hi havia tres adversaris polítics, però que preferia tenir-los al consell de ministres i saber què feien, que no a l'oposició. No tots els seus mètodes eren tan suaus. Alguns dels seus opositors van ser llançats al mar des d'un avió. Es féu famosa una altra mostra de la seva crueltat: com que a la República Dominicana es vivia millor que a Haití, molts haitians passaven la frontera de nit; Trujillo va donar l'ordre un dia de matar tots els que ho haguessin aconseguit. Com que molts d'ells sabien espanyol –havien anat a la safra de Cuba (collita de la canya)– intentaven passar per dominicans. Per identificar-los, els feien parlar una mica i, si no eren capaços de pronunciar, sense trair el seu accent afrancesat, paraules com *perejil* o *mujer*, això els costava la vida. L'escàndol va ser tan gran que Nord-amèrica va obligar el govern de Trujillo a pagar indemnitzacions als haitians.

En un moment determinat de la conversa, Trujillo em va demanar si coneixia en Franco. Li vaig dir que no –no me'l van presentar fins uns anys més tard–, i va quedar una mica decebut. Trujillo –que es feia anomenar El Benefactor, fins i tot constava així a les matrícules dels seus cotxes–, com és sabut, anys després, fou víctima d'un parany muntat en una carretera pels amics de Galíndez, un espanyol basc que ell havia fet segrestar a Nova York per ser executat a l'illa perquè havia escrit un llibre en contra d'ell. Jo havia conegut Galíndez a l'ONU, on havia estat acreditat com a periodista. En Trujillo va estar simpàtic, no tenia cap aspecte ferotge. Potser aquesta seva afabilitat i capacitat de tracte va ajudar al fet que els americans es fixessin en ell per treure'l de l'anonimat i imposar-lo com a dirigent del país.

Trobant-me ja a l'illa, també volia conèixer Haití. L'Aznar em va arranjar un vol de Santo Domingo a Port-au-Prince, cosa que no hauria pogut fer un turista perquè els quasi 500 quilòmetres de frontera entre els dos països eren aleshores molt estancs.

Haití, com quasi sempre, passava un moment complicat. L'ambaixador, un català, em va arreglar una entrevista amb el president, a la qual vaig anar-hi sol. Al palau, d'un estil semblant a la Casa Blanca, em va rebre Dumarsais Estimé, vestit de fil blanc, color de tot l'edifici. Un parell d'anys després va ser expulsat de la presidència per pretesa complicitat en un assassinat. Mantinguérem una entrevista bastant insulsa: hi havia molts temes que no es podien tocar, a causa de les restriccions del règim autoritari. Era un home molt callat, i em va fer un elogi d'Haití sense cap tipus de consideracions personals.

L'ambaixador espanyol em va presentar personalitats de l'illa. Vaig conèixer intel·lectuals que havien passat per alguna universitat negra dels Estats Units. L'elit dirigent era partidària de la negritud, és a dir, el contrari del que passava a Santo Domingo. Els negres dominaven la política i el país, i els mulatos tenien càrrecs secundaris. L'ambaixador em va ensenyar un dia una discoteca amb un cartell penjat que deia que estava prohibida l'entrada als blancs. La història d'Haití es interessantísima, i potser això va contribuir al fet que hi tornés anys després, dues vegades. L'última, en una visita que vaig fer acompanyat per la meva dona. A la convocatòria per a l'entrevista a Baby Doc, Jean-Claude Duvalier –fill del Papa Doc, François Duvalier– es precisava que podia anar-hi acompanyat de la meva muller, i així ho vaig fer. Potser va pensar que, d'aquesta insòlita forma, la conversa fóra menys política. Em va dir que hauria democratitzat el país si no fos perquè van intentar matar-lo. Fins i tot ens va ensenyar, des de la finestra, el lloc des d'on li van disparar.

Ja tornat a Espanya, vaig haver d'escriure al cap de l'Oficina d'Informació Diplomàtica per desbloquejar alguns dels meus articles, retinguts perquè el primer havia molestat alguns veneçolans:

Madrid 12 de Agosto 1949

Sr. D. Luis María de Lojendio
San Sebastián

Querido Luis María:

Y a propósito de los artículos que faltan salir: me dijo Pastor esta tarde que después de lo de Venezuela los censores tienen órdenes especiales de vigilar mis artículos. No vayan ahora a confundir la magnesia con la gimnasia. Tanto los que han salido de la Dominicana como los que faltan por salir no solo en una pequeña parte están inspirados en Aznar sino que todos ellos han sido leídos y aprobados, pluma en ristre, por el propio Aznar. Los de Haití son igualmente favorables al Gobierno y a aquel país y también el que ahora haré de Puerto Rico. Sería muy conveniente que salieran pronto y me dejaran el panorama nacional expedito para viajar (si no todos van a creer que escribo desde casa), que levantaras vigilancias por lo menos ahora innecesarias. Por favor no te olvides de pasar órdenes en este sentido. Creo que Aznar mandó ya un telegrama avalando todas mis crónicas que por cierto en cuanto aparezcan serán reproducidas en la prensa de Santo Domingo.

C. Sentís

16

L'INTENT FALLIT D'ESTORIL

Un cop acabada la guerra, el 1940, en Cambó va passar per Madrid dos o tres dies abans de dirigir-se cap als Estats Units, via Lisboa, i es va entrevistar amb el ministre Ramón Serrano Súñer. Abans, vàrem conversar a soles a l'hotel Ritz una llarga estona, després de la qual el vaig acompanyar fins al ministeri, juntament amb en Narcís de Carreras. En arribar, un policia es va quadrar i, en sortir, em va demanar: «Qui era aquell senyor?»: no l'havia conegut, però alguna cosa havia vist en ell per arribar a quadrar-se!

Cambó va marxar del país com a exiliat, manifestant la seva incompatibilitat amb el nou règim. No ho va fer donant cap cop de porta, ni erigint-se com a enemic. D'aquesta manera ho va explicar a Serrano Súñer personalment. Es coneixien de l'època en què ambdós eren diputats, un per la CEDA, l'altre per la Lliga: «Me'n vaig perquè jo no tinc lloc en aquest sistema polític.» Penso que no volia estar-se, durant la dictadura, tranquil·lament, al seu pis recuperat de la Via Laietana. Estava massa compromès amb el catalanisme i la política parlamentària. No volia fer com en Ventosa i Calvell, per exemple, que es va quedar i continuà exercint d'advocat.

Així que, després d'estar-se una temporada a Zuric i una altra a Nova York, es va instal·lar a Buenos Aires, on tenia interessos. La mort el va sorprendre set anys més tard, quan es preparava per tornar a casa seva. Jo no vaig perdre mai el contacte amb ell. No vaig deixar d'escriure-li de tant en tant des dels diferents llocs on em trobava, es va convertir en un costum. Li vaig enviar també un exemplar d'*África en blanco y negro*. Ell em tenia molt d'apreci i, el 20 d'abril de 1946, en Narcís de Carreras m'envià còpia d'una carta que li havia adreçat en Cambó on diu: «Sentís és un dels millors escriptors de la novella generació. Per alts reportatges no crec que n'hi hagi un que el superi ni que l'iguali.» Francament, és un orgull. Potser la carta més extensa va ser la que li vaig trametre des d'Estoril el 1946.

Com he explicat extensament al llibre *Seis generaciones de Borbones y un cronista*, publicat per Edicions Destino l'any 2004, jo em trobava, l'any 1946, a Estoril, prop de Don Joan de Borbó. Al final de la guerra mundial, molta gent creia que la supervivència de Franco al poder era incerta perquè existia una pressió dels aliats contra el seu règim. Una conferència tripartida –Anglaterra, França i Nordamèrica– va recomanar al poble espanyol que es tragués la dictadura del damunt. Durant un temps s'albirà la possibilitat d'una restauració monàrquica. Don Joan era un home ple de capacitat, preparat per regnar, i semblava que era el seu moment. Però mancava, entre d'altres coses, la imprescindible vibració dels espanyols, un moviment popular al seu darrere. La postguerra, enllaçada amb la guerra mundial, havien generat una apatia enorme.

Don Joan va decidir marxar de Lausanne i traslladar-se amb la seva família a Estoril. Va comunicar el desplaçament a en Franco, que primer va pensar que era un viatge d'oci, però quan va veure que s'hi volia instal·lar, se li va encendre l'alarma. Estoril era a poques hores de cotxe de Madrid, i el rei es podia presentar en una nit, sobtadament, a la capital. La jugada dels monàrquics era, des d'allà, fomentar una acollida favorable a Madrid. La restauració depenia, sobretot, dels capitans generals, que a Espanya sempre han manat molt; per això Franco els va cuidar tant.

Hi havia un comitè *joanista* que es va constituir improvisadament a Madrid, dirigit pel comte de Fontanar, descendent d'un català que va fer les Amèriques. També hi eren Juan Ignacio Luca de Tena, Pedro Gamero del Castillo, i dues o tres persones més. A mi em van demanar que anés a Estoril com a enviat de l'*ABC*, tot i que temien que la censura no deixaria passar notícies sobre la presència de Don Joan. Franco aplicava una opacitat total a les coses que hauria preferit que no existissin.

Don Joan s'allotjava en una casa que li havia deixat el marquès de Valdecillas, *Villa Papoila*, on no hi havia cap luxe especial. Vaig enviar de seguida la notícia per telegrama, dient que acabava d'arribar Don Joan. Però no la van publicar. Al cap de dos dies, vaig enviar una nota sobre l'entrevista que havia tingut amb Oliveira Salazar, president de la República. Idèntic resultat: ni una línia publicada. Oliveira, que en principi era hostil a Don Joan, va quedar molt impactat per la seva personalitat i de seguida va veure que seria una bona opció per a Espanya, així que va decidir ajudar-lo. Només diré que, en acabar la conversa, li van sentir dir: «Llàstima que Portugal no tingui un pretendent com el d'Espanya.»

S'havia previst que jo tingués unes converses amb Don Joan al llarg d'unes setmanes, i en podria sortir un llibret clandestí sobre la seva figura i el seu pensament. Vaig parlar amb Don Joan mentre ell rebia visites de gent que el volia conèixer o tenir-hi una xerrada, com el duc d'Alba. Aquelles setmanes vaig conviure amb un grup heterogeni. Hi havia un notari de Madrid, Eugenio Vegas Latapié, un conseller del rei aleshores amb molta ascendència. Hi havia també en Gil-Robles, que no formava part de l'equip de la casa, però sí que hi pertanyia el diplomàtic Ramón Padilla, secretari del rei. Com a conseller experimentat, destacava en Sáinz Rodríguez, que durant la guerra havia estat ministre d'en Franco a Salamanca; molt aviat se n'apartà, radicant-se a Portugal.

Al capvespre, solíem prendre'ns un whisky al Casino. També anàvem al golf, o d'excursió. Hi havia una mica d'activitat social perquè van venir algunes duquesses i algunes altres persones de Madrid. També l'ambaixador a Lisboa, el germà d'en Franco, Nicolás, que semblava que no veia pas malament una suau restauració, perquè ell era més sensible a la política exterior. Era més polític que el seu germà Francisco, i potser va creure que tenir un bon tracte amb el rei podia servir-li en un futur no llunyà. Això no vol dir que no n'informés el seu germà.

Al projecte d'Estoril només hi van respondre un o dos generals, i encara d'una manera tímida. La decepció planava a la mirada del monarca. La seva mare li havia dit un dia: «Jo crec que el que agrada als espanyols és la dictadura. Van tenir Primo de Rivera, i ara tenen Franco i ho troben bé.»

Don Joan havia fet, feia poc, unes declaracions a *The Observer*, aleshores el setmanari més important de Londres. Va dir que la seva monarquia seria constitucional i parlamentària, amb totes les conseqüències, i fins i tot frases com «els militars han d'anar a les casernes i els bisbes a l'església». Eren unes declaracions segurament influïdes per l'ambient de Londres. Franco va basar-se en aquesta entrevista, juntament amb altres pretextos, per justificar que no podia abandonar el poder, perquè Don Joan faria *taula rasa* del Movimiento.

A l'opuscle de converses que vaig fer –titulat *El Rey*–, inclòs íntegrament el 2004 a *Seis generaciones de Borbones y un cronista*, Don Joan elogiava els militars, l'Església... És a dir, esmolava les arestes que semblava que existien, dirigint-se sobretot a la dreta espanyola tradicional, a qui calia convèncer. L'objectiu era presentar un rei per al futur. Vaig voler acabar justament dient: «I un home d'aquestes excel·lents característiques, Espanya se'l pot perdre.» Era una aposta dramàtica. Aquest final, i altres coses, me les van esmenar perquè no van voler que s'insinués el més mínim dubte sobre la possibilitat de la restauració.

Una altra cosa que no se sol tenir en compte és que en Franco ho va tenir molt bé en aquells moments després de la guerra mundial. La gent li va atorgar carta blanca, li van deixar que fes la seva, encara que no sentissin cap entusiasme cap a ell. Era un tirà, per descomptat, però tenia al darrere la major part de la classe mitjana espanyola, especialment els propietaris rurals. No parlo de Catalunya, on la prohibició de la llengua va ocasionar-li moltes antipaties. Però, perquè puguem parlar d'una clara oposició interna al règim, va haver de passar tota una generació. A la classe mitjana, bé per cansament o per por, l'espantava la possibilitat d'un canvi sobtat. Tot això va perjudicar la maniobra d'Estoril. Per exemple, no hi van anar coneguts representants de la banca: sabien que el règim apuntava qui venia a visitar Don Joan.

Pel seu interès, reprodueixo un fragment de la carta que un dels màxims dirigents del carlisme, el comte de Rodezno, va adreçar a Don Joan en aquelles dates:

> *...Franco no tuvo nunca momento en que contase mayores asistencias en lo interior, ni con menos enemigos en lo exterior, ya que el problema ruso lo aleja de complicaciones. En lo interior cuenta con la palabra de estas tres fuerzas formidables: la Iglesia, el Ejército y el Presupuesto. ¡Ahí es nada este trípode! Pues con ser mucho, aún tiene algo que le hace más fuerte: la vinculación en él de todo el instinto de conservación de cuantos tienen algo que temer del margen de riesgos y aventuras que pudiera significar un cambio. En visión corta –a las gentes no se les puede pedir otra cosa– casi toda la España que no es roja ni revolucionaria, la misma que estaría con V.M. si viniese, vincula con Franco la defensa de su existencia.*

També va passar per Lisboa el meu amic Josep Serra i Roca, que marxava cap a Buenos Aires. Vaig aprofitar per donar-li en mà una carta per a en Cambó. Aquesta carta era una mica més intencionada que les que li enviava habitualment perquè li suggeria la possibilitat d'aparèixer a Estoril.

> *Molt estimat i distingit amic,*
>
> *Heus aquí una mena de carta que s'assemblarà molt a les que aviat farà deu anys –¡10!– li trametia des de Gènova i després alguna vegada des de Marsella i París. La mateixa qüestió, alguns noms idèntics... però les posicions bastant diferents. Les dels altres, s'entén, perquè nosaltres tenim sempre les mateixes.*

Estic segur que la lletra l'interessarà molt car altrament ningú més podria informar-lo d'aquest mes d'Estoril prenent com arrencada l'arribada de Don Juan procedent de Suïssa, cosa ocorreguda el 2 de febrer, dia en què també jo vaig arribar amb un altre avió des de Madrid. Allí, poc abans de sortir vaig estar amb el Sr. Ventosa, en Narcís i en Solervicens. Tots havien de venir; el primer, en Ventosa. Però com sabrà sobradament, la frontera es pot dir que s'ha tancat per als que venien aquí, a Estoril, poques hores després que sortírem, en el mateix avió, el duc d'Alba, altres persones i jo.

Una vegada marcat el període, haig d'exposar els motius pels quals sóc aquí. A part que volia provar si podia fer passar alguna cosa als meus diaris (encara que fos de retop) tenia com a missió, encarregada per un comitè, fer una mena de llibret opuscle, que ja he fet, sota el títol de "Conversaciones con Don Juan". Com el títol indica, són una sèrie de converses amb ell a través de les quals s'aconsegueix un "portrait" molt complet de la seva persona, de la seva vida i de les seves idees o projectes polítics. S'editarà primer a Amèrica, segurament com anònim, encara que l'objecte del llibret no sigui pamfletari. De moment a Espanya només es podria publicar molt clandestinament. En un dels capítols, amb Don Juan parlem de vostè. Prenc peu en una cosa que ja fa algun temps em digué el comte de Romanones: "¿Cambó... El mejor político español del siglo XX". El Rei té una gran admiració per vostè i em preguntà, fins allà on vaig saber respondre-li, sobre les seves coses. Si vostè no l'ha vist des de fa temps, quan ho faci quedarà sorprès. És molt intel·ligent i té un magnífic llenguatge polític. Ens hem fet autènticament amics i hem sortit di-

verses vegades d'excursió per Portugal amb el seu cotxe. En les converses li vaig parlar de la qüestió catalana un parell de vegades i sempre diu coses que a Catalunya agradarien moltíssim. Una vegada fins i tot li vaig preguntar, una mica a l'americana, "si després, un cop a Madrid, no hi ha por que determinades persones no el facin tornar una mica enrere". Quan li vaig dir que hi havia gent que temia això, no li va estranyar massa, car no ignora que sobre aquest tema li faran més endavant força pressió.

Però anem a plantejar la situació general:

REACCIONS DE FRANCO

Per entendre una mica aquest maremàgnum, que per descomptat cap periodista ni observador comprèn gens, s'ha de partir del principi que tot descansa sobre les reaccions d'humor, avui totalment incongruents, d'aquest neuròtic –com tots els dictadors– que és Franco. Tots els que vulguin emprar la lògica i la visió política abstracta, no comprendran res. Primer principi: Franco el que vol exactament és no anar-se'n, encara que últimament digui que el seu règim és transitori i monàrquic, en les mateixes hores que desterra Kindelán i nega els visats al Sr. Ventosa i a altres polítics que Don Juan, expressament, ha demanat veure en una llista feta a mans d'en Nicolás Franco. En Franco –el de Madrid– està fent el que feia Negrín: "resistir". I gairebé, pel que crec saber, pels mateixos motius. Negrín volia aguantar fins que s'iniciés la guerra europea, que veia imminent, i que realment esclatà només cinc mesos després. Franco ara té por d'abandonar la partida dos o tres mesos abans que la tibantor russo-anglesa esdevingui bel·licosa o pre-bel·licosa. En el fons tot està aquí. Franco està segur que aquesta guerra, més o menys larvada, si es vol sense declarar o revestint formes de conflictes localitzats (Iugoslàvia, Grècia, Egipte, Pèrsia, frontera Pirineus) i fins nacionalistes, s'agreujarà progressivament, fins a tal punt que Anglaterra, tot i detestant-lo, el mantindrà contra els seus propis aliats (llegeixi's França). L'"Izvestia" de fa un parell de dies deia: "El bloc occidental no és una fantasia; s'està formant ja entorn de Franco". Les acusacions que Anglaterra sosté en Franco són constants per part dels russòfils de tot Europa. Naturalment, al donar tots aquests elements s'ha de mirar la data de la lletra, car fins passat demà no se sabrà la declaració Bevin i, a més, aquesta qüestió va canviant cada 24 hores. Així, doncs, en realitat el que he fet amb aquest anterior paràgraf és donar el clima de la posició mental i no confessada d'en Franco. Ara, puix que per a Franco la qüestió és durar, examinem la seva tàctica.

FRANCO A LA DEFENSIVA

És evident que, després de deu anys, per primera vegada Franco es posa d'esquena a la paret. Amb això anuncia dues coses: que entra en la seva etapa final i en segon terme que –si no hi ha un miracle– el desenllaç serà fatalment tràgic. Probablement el subconscient li diu que ha fet tard per a la "combinació" i que ja no té salvació personal ni sortida sense indignitat. Les posicions s'han congelat i si aquests dies no fa una reacció, que res fa preveure, s'endinsa ja en el camí que sempre acaba a plaça de Milà o als soterranis de la Cancelleria.

No obstant, pot tardar molt encara. No sols perquè té l'Exèrcit unit com el puny, sinó també perquè els republicans, en el fons i com sempre, no fan altra cosa que fer-li el joc. Amenacen la frontera amb els faieros i li porten la qüestió al seu terreny, i ell agafa el llapis, compàs i mapes que, en definitiva, és el que sap fer molt millor que tots aquests estrategues de cafè que fan cursos especials a Toulouse. En Giral i els seus "alimenten" en Franco, de la mateixa manera que Franco "alimenta" els Girals. De fet, ja nasqueren junts i viuen com dos vasos comunicants. Que justament la presència de Franco davant l'Estat espanyol és el que provoca l'atac roig, que ell diu que és l'únic motiu pel que es queda, ho veuen pocs espanyols, car l'espanyol avui ha confós la política amb una pura qüestió vital de "viure avui i qui dia passa any empeny". Aquest quietisme i aquest no mirar ni a fora ni demà, és tan genuí com en el fons ho és també el producte *Franco. Per tant, res que sigui excitació franco-espanyola, de moment, el perjudica. Tot al contrari. El converteix quasi en intocable, car, a més, l'atac Giral-Govern francès no sols són els «rojos», sinó també els "franceses" contra els quals és tan fàcil* aixecar *els espanyols "même" d'esquerra (exclusió catalans i bascos). Per tant, el perill per a Franco, avui, no és Giral, sinó Estoril.*

És Don Juan que sense fer gairebé res, només estant quiet a Portugal, gravita sobre Espanya i se'l menja de viu en viu. D'aquí que Franco avui es preocupi més de dissoldre la conjura monàrquica (que li és més afí) i que no el preocupi la republicana (que li és tan contrària). En el fons el viatge de Don Juan es deu a una badada de Franco i a un cert engany mig jesuític (Herrera, Oriol Urquijo). Franco sempre estava segur que Don Juan ve-

nia aquí per tres setmanes. Quan sortint de Suïssa, Don Juan va declarar que venia aquí per "in secula seculorum", Franco se'n va adonar i des d'aleshores obeeix la marxa enrere i el posar unes dificultats de ressentit. Ell, personalment, veu la llista dels que demanen venir a Portugal, encara que sigui per comprar suro. Ell esborra o dilata. Fins ara gairebé només ha deixat venir títols i els tontets que acostumen a asseure's a "las gradas del trono". Voldria, així, donar la impressió que la Monarquia és una cosa de classes, tancada, purament aristocràtica. També ha deixat venir un grupet de tradicionalistes, capitanejat per Rodezno (Oriol Iturmendi, etc.). També amb això li ha sortit el tret per la culata, car lluny que aquesta vinguda signifiqués discussions, dissidències i escissions monàrquiques. La cosa ha tingut com a resultat l'elaboració d'un document que és la fi formal i històrica del carlisme. Una acceptació, en definitiva, i per a entendre'ns vostè i jo, de la Constitució del 73. La cosa, com vostè pot imaginar, des d'aquí ha estat dificultosa perquè ells, és clar, reivindicaven tot el que podien del "Dios, Patria y Rey". Han afluixat en moltes coses perquè, a més, han quedat mot impressionats per l'ambient "de fora" i han vist que havien de donar facilitats i cedir per donar aquest cop a en Franco d'una entesa que ell no creia, car esperava que mai els tradicionalismes podrien conjugar amb l'autor del manifest Laussanne Març 1945. El Rei només ha marcat un punt més en l'acceptació dels principis dits de la guerra. La cosa ha durat més d'una setmana i enmig d'una discreció inusual entre espanyols. Ha contribuït a això la manca de visats (que en un aspecte és un bé) i l'ambient d'Estoril de pur repòs. Sáinz Rodríguez, en les ne-

gociacions, ha desenvolupat el paper del liberal que s'enfronta amb el catolicisme espanyol. Gil-Robles ha tingut per missió demostrar-los-hi que es podia ésser "carca" com ells i, al mateix temps, jugar internacionalment i modernament a la política.

COURRIER DIPLOMATIQUE

Mentrestant, Nicolás Franco, per segona vegada, deu tornar demà de Madrid. Ell és precisament qui ha d'entregar el document de l'acord diguem-ne liberal-tradicionalista, per entendre'ns. Faltarà veure si vindrà, com ara fa quinze dies. Fa quinze dies se'n va anar disposat a mitjançar entre el seu germà i Don Juan, esperant que si la cosa anava bé potser el premiarien amb la continuació a l'Ambaixada de Lisboa. Va anar a Madrid disposat a llançar-se a fons per Don Juan (que a part d'això li ha fet gran impressió), però es va trobar amb una catilinària del germà que va durar hores. Els arguments de Franco van desapareixent (que els monàrquics no es posen d'acord; que Don Juan no vol heretar la guerra, etc.). Quins nous pretextos inventarà ara? De totes maneres, del que no hi ha por és que Don Juan abandoni posicions essencials o rectifiqui, com voldria Franco, el manifest que li valgué a Madrid el motiu de "Juan tercero izquierda", cosa que a Don Juan el fa riure molt. Una de les altres acusacions franquistes, per part dels medis dretistes i monàrquics, era que Don Juan era realment un Don Juan. Això havia arribat a ésser un article de fe entre certs ambients de "vieille province". També això, des d'Estoril, s'ha destruït car Don Juan, el pobre, només juga al golf un parell d'hores i es passa la resta del dia lle-

gint i estudiant allà on viu ara, una vil·la, de nom "Papoila" (grosella) que li ha deixat el gendre del marquès, difunt, de Valdecilla.

AMENAÇA

Si les coses (recados del germà; perquè no hi ha altra cosa) Don Juan-Franco van pel mateix camí de tibantor, el que es preveu d'aquí a menys de dos mesos, data en què s'acaba el visat concedit a Don Juan, és un intent de Franco perquè el govern portuguès li negui la pròrroga. Això fa uns mesos li hauria estat molt fàcil car el Govern portuguès, en aquestes coses, sempre ha estat superbenèvol envers Franco. Però és probable que avui fins i tot el mateix Franco sàpiga que això no li seria concedit. Primer, perquè Don Juan ha caigut molt bé a Oliveira. Don Juan em contà amb detall l'entrevista de tres hores que mantingueren. Per altra banda, Oliveira digué a un íntim seu que si Portugal tingués un pretendent com Don Juan, enfocaria seriosament, també ell, la tasca de la restauració portuguesa. Segon: Anglaterra i algun altre país farien pressió contrària. Tercer: perquè Oliveira amb ductilitat i gran habilitat ha començat ja el seu "despegue" d'en Franco. És gairebé totalment imperceptible, però hi han detalls que no fallen. Ningú vol abraçar-se a un pre-cadàver. Sáinz Rodríguez ha dit avui que està com un germà siamès que se li està morint l'altre i està mirant la manera de fer-se l'operació de separació de cossos. Per altra banda, els republicans tenen els d'aquí espantadíssims. Amb la seva manca de tacte, parlen d'unions ibèriques, de fronts comuns i al Brasil republicans portuguesos i espanyols s'han jurat suport mutu (quan dic republicans vull dir Front Popular, és a dir, co-

munistes, anarquistes i tota la pesca). Això reforçarà moltíssim Don Juan aquí i fins i tot en un aspecte fortificarà la posició Pirineu francès d'en Franco, car hi ha pel mig el pacte Jordana-Oliveira de mútua defensa en cas d'agressió. Això els portuguesos ja ho han fet saber a París.

CONCLUSIONS

Encara que potser no he donat prous elements (poques coses caben en una carta aèria) crec que he de saltar ja a les conclusions.

Primera: *la Monarquia madura, encara que lentament. Abans d'ahir el "Times" donava més possibilitats a la Monarquia que a la República. Internacionalment, la millora es veu a simple vista. A l'interior, la signatura del document (on hi ha la signatura dels nostres amics) ha fet veure la qualitat i fins la quantitat de la gent disposada a desafiar les conseqüències d'un home (amb més poder que Felip II, diu el "Times").*

Segona: *la situació amb França, que de moment reforçarà la posició Franco, en fred farà retornar en si molta gent que s'acabarà de convèncer que mentre hi hagi en Franco –suposant que no passi res de pitjor– Espanya no tindrà ni un sol moment de tranquil·litat, ni el més modest joc internacional. Alguns ja han començat a cridar símils de "Hasta el último barco y hasta la última peseta". Això tambe acabarà d'esfereir molta gent que no acabava d'admetre que les coses vagin de debò.*

Tercera: *Don Juan és tot un home i amb seguretat el millor Borbó que hi hagi hagut a Espanya. En aquesta restauració podrà mancar Cánovas, però hi ha més Rei que en l'altra.*

Quarta: *jo no sóc ningú per dir-li res, però potser si pensés en un viatge aquí, a Estoril, no s'equivocaria. Si Franco diu que no deixa venir en Ventosa perquè ha signat la carta de salutació, no trobarà pas fàcilment el motiu de tornar-se enrere. Mentrestant, la presència aquí d'algun de vostès dos es fa molt necessària. A vostè això li agradaria. El clima és senzillament fantàstic aquesta temporada. Jo m'he banyat diverses vegades. Res no falla. Només els preus, que també a Portugal s'han apujat (i això ho dic com a informació general, és clar). Es fa política de la que a vostè li agradaria. Política pura. En sec. De converses sense diaris de ximples, sense energúmens i amb alguna ganivetada, però sense que mai es vegi el ganivet... és a dir, allò que fa tan bonic. Tot és tranquil, calma, aquí a Estoril. L'únic que va tot el dia carregat amb paquets és en Gil-Robles, que s'ha aprimat i que va més disfressat de provincià que mai. Hi ha Lerroux, completament fora de fase i que diu "que morirá como nació, republicano", però que si el "Príncipe" pot pacificar els esperits, ell, que sempre ha estat "tan alejado de la demagogia como de la reacción" dirà, doncs, que vingui el Príncep. Hi ha Ortega y Gasset, que m'ha preguntat molt per vostè. No escriu gens; fa molta vida de societat i se'l veu molt sovint amb senyores a les que dedica conferències particulars. Hi ha el General Nogués, aquí a Cascais, tement que Rússia s'introdueixi a Àfrica. Hi ha en Grandi, vivint sense ni cinc en un segon pis i col·locant els fills de meritori o d'infermera; té molta por que el cridin a Nuremberg a declarar.*

Bé, totes aquestes coses no les dic pas a propòsit del seu viatge, car els motius serien exclusivament de cara a Espanya i al nostre pobre país. L'equip que fins ara hi ha aquí entorn de Don Juan (Andes, molt bé però massa sord i conspira pel bar de l'hotel a crits. El duc d'Alba ha marxat a Suïssa a la seva cura anual, etc., etc.) està una mica desajustat i mancat d'una figura de fons. A Espanya –no sols a Catalunya– molta gent mira cap a vostè amb una enorme esperança. "I en Cambó?" "Què fa en Cambó?"

No sé què tal haurà quedat aquesta carta, car l'he escrita d'una tirada i no sé si hauré estat prou clar. A més, és la primera vegada que m'encaro amb aquest tema car, a part de les "Conversacions", des que estic a Portugal no he pogut escriure res als diaris, no solament d'aquesta qüestió sinó tampoc cap altre article, encara que hagués parlat del Chiado o de les "Touradas", car la Direcció de Premsa m'ha prohibit escriure de Portugal per evitar que la gent sàpiga que he vingut, amb la qual cosa em donen una categoria que crec que els hi he d'agrair.

No recordo bé, en aquest moment, si li vaig respondre una lletra seva que en Narcís de Carreras em donà fa un temps i on vostè em parlava de la recepció d'un llibre que li vaig trametre. El passat novembre en va sortir un altre titulat "La paz vista desde Londres", que no li vaig poder trametre perquè aparegué durant una "expedició" que vaig fer per anar a París a seguir les últimes eleccions franceses i des d'allí a Nuremberg, on vaig estar un mes. Fins que per Nadal vaig fugir d'aquella desolació per tonar a casa. Tinc notícies que d'aquest darrer llibre al·ludit n'han arribat prop de dos milers d'exemplars per a la venda a Sud-amèrica. A Buenos Aires ja n'hi hauran molts. L'únic que passarà és que per aquí baix no em deu conèixer ningú. Si vostè en alguna conversa n'hi dóna algun cop de mà, farà una bona obra.

Quan arribi demà passsat a Espanya, ja comunicaré a Narcís que li he transmès unes quantes notícies relacionades amb Estoril. Si vostè rep aquesta lletra a temps i bé, li agrairé que n'acusi rebut als nostres amics. Això dels correus, avui, sempre fa una mica de por. Jo abans d'un mes penso anar als Estats Units. Ja li tonaré a escriure quan surti d'Espanya, si vostè encara és a Buenos Aires.

Rebi, don Francesc, tot el respectuós afecte del seu amic.

C. Sentís

Poc després de rebre la carta de resposta d'en Cambó, va estar –almenys per a mi– més de quaranta anys perduda. Un dia, la vaig veure a TV3, en un documental sobre el polític dirigit per la Dolors Genovés. Li vaig trucar i em va dir que la tenia la família Solervicens. En efecte, jo l'havia entregat al Joan Baptista, junt amb altres cartes, abans d'un dels meus viatges. No solament com a dipòsit sinó perquè em va dir que, arribat el moment, volia publicar un epistolari de Cambó. Al poc temps, i relativament jove, Solervicens va morir. La seva vídua no va voler que es toquessin els seus papers. Així doncs, aquesta resposta és una carta amb una petita història.

C/MR –Avda. Alvear, 4654-

Amic Sentís,

Ningú no m'ha exposat la situació d'Espanya en aquest moment amb la claredat, la precisió i el cop d'ull amb què me la tramet vostè. Vostè, amic Sentís, és el primer escriptor espanyol per als alts reportatges, com sols es troben en algunes Revistes dels Estats Units.

El que hi ha de més greu en la situació espanyola és que cap de les dues bandes (ara tres!) es sent capaç de conviure pacíficament amb l'altra. Els rojos parlen de la necessitat, perquè Espanya visqui en pau, d'alguns quants centenars de milers d'assassinats: Ossorio n'exigeix un milió; els blancs, franquistes i monàrquics, s'acontenten amb condemnar els altres a l'exili, a condició, però, de que no tinguin temptació d'entrar car, llavors, pensarien com els rojos.

Franco hauria pogut reduir considerablement el tumor roig, però en lloc de reduir-lo l'ha engrandit. Hi hagué un moment en què, sense concessions perilloses, s'haurien fet entrar a Espanya dos terços dels emigrats. Avui, i mentre tinguin il·lusions d'entrar-hi en triomfadors i en revenjadors, això no és possible i l'entesa entre monàrquics i franquistes és difícil avui perquè regna entre els dos la màxima desconfiança. Franco està disposat a tot per sostenir-se; a seguir una monstruosa política econòmica per a assegurar-se la fidelitat d'una minoria privilegiada; autoritzar i protegir el robatori i unir-se, si cal, amb els de la FAI; a tot, menys que vinguin a substituir-lo uns que ell tem que, poc després del "cese", el processarien, l'engarjolarien i, possi-

blement, el penjarien. I la sort de Mussolini no li fa cap il·lusió.

En això radica tota la dificultat de solucionar el problema d'Espanya. I en el fons dels que estan disposats a cometre tota mena de crims per entrar, com dels que els cometrien també per a conservar el lloc, hi ha el mateix sentiment de patriotisme primari: la incapacitat d'adaptar-se a cap altre ambient que no sigui el d'Espanya i fins del seu poble.

Jo aniré a Espanya quan cregui que, a l'anar-hi, puc fer algun bé. Avui no veig prou clara l'eficàcia del meu sacrifici.

Un record molt afectuós; una abraçada ben cordial i, sobretot, no em deixi d'escriure, que les cartes de vostè són un regal per al meu esperit.

Son afectíssim amic,

F. Cambó

Cambó, des de la llunyania, endevinava que el plantejament d'Estoril no conduiria a res immediat.

A la seva mort, vaig escriure un article a *ABC*, «Lo humano en Cambó», on, entre d'altres coses, deia: «*Desde el 1923 al 1936 apenas hubo un resquicio para un político de la especial hechura de Cambó. Ni con la Dictadura ni con la República cuadraba su corte. ¿Por qué extrañarse, pues, de que su carrera de gran político español se malograse en 1923? Su situación marginal desde entonces no es sólo consecuente y lógica, sino correctísima. Posición marginal que no lo fue tanto durante la guerra de Liberación, a la que Cambó sumó todo su aliento y toda su temible eficacia.*» Potser va ser l'únic article clarament de lloança publicat a la premsa espanyola, tot i que en José María Pemán va escriure unes línies amb bastantes parts salvables. L'endemà, vaig coincidir amb Eugeni d'Ors en un sopar i, davant meu, va parlar despectivament d'en Cambó, a qui ja havia criticat des de les pàgines d'*Arriba*, en un article que em produí tanta indignació que vaig qualificar el seu autor de «*mastodonte con características de lombriz*» en una carta adreçada a en Solervicens. D'Ors, amb la seva veu engolada, a la que donava un increïble accent que s'havia inventat per parlar castellà, va dir que Cambó només havia deixat fum però cap realització concreta. Sempre he cregut el contrari, i fins i tot l'incert any 1977 vaig anar a rebre les seves restes i vaig escriure a *La Vanguardia* un article on deia: «*Cambó viene hoy muerto cuando tanta falta haría que llegara vivo*», perquè «*el centro-derecha de tipo conservador, más a la inglesa que a la francesa, tendría el líder que se merece.*»

Vaig agrair a Pemán el seu article amb la carta següent:

Madrid, 15 de Mayo de 1947

Sr. Dn. José María Pemán
Director de la Real Academia Española
Madrid

Mi querido y admirado amigo:

...tu artículo sobre Cambó que en Barcelona ha levantado verdadero entusiasmo. Yo lo celebré doblemente porque, de hecho, significó una ayuda para mí. De todos los artículos sobre Cambó que han salido en Madrid, los dos nuestros en "A B C" presentaban a Cambó como

lo que fué; un hombre de enorme penetración, capaz de trazar unas líneas en el aire, describiendo un futuro. Melchor Fernández Almagro dijo que con él se prueba que los hombres prácticos también se equivocan. Ors, con tremenda injusticia, afirmó que no dejaba nada, como si Cambó no dejase tras de sí unos libros que, por sí solos, excluyendo todo lo demás, le acreditarían como un singularísimo escritor político; unos discursos originalísimos y profundísimos, no peores de los que han dejado hombres políticos que, por este solo hecho, han quedado clasificados en nuestra historia política; unas leyes (ordenación bancaria, ferrocarriles, etc.) todavía vigentes hoy. ¿Dónde están por ejemplo, las leyes vigentes debidas a Moret? Y conste que lo cito como ejemplo de preclaro y reputado Ministro moderno.

Ha dejado en pie una institución cultural que, no por estar basada en la lengua catalana, deja de verterse en el activo de la cultura española. Deja un Museo a la ciudad de Barcelona, y otras obras artísticas. No obligará, tampoco en este aspecto, al ciudadano del futuro, a contemplar los solos Boticelli del Museo del Prado para ser rememorado como, por lo visto, creé el ingenuo señor Amezúa.

...¡Decir que Cambó fracasó!... Los hombres como Cambó no fracasan nunca. Fracasan los países cuando no saben aprovecharlos. ¿Decir que Cambó se ha ido sin dejar huella? Indeleble huella que, para eso, no hacían falta sus "obras" palpables. Sin Cambó, mi generación catalana no se hubiese lanzado con los nacionales en la guerra civil. Cambó, desde que en el año 1919 –ó 1917, no recuerdo bien– en plena bifurcación de cola-

boración o revolución se apartó radicalmente del camino revolucionario extremista (extremista del catalanismo) preparó lo que para muchos fué una sorpresa de 1936 a 1939: la auténtica Cataluña, casi entera, entregada de corazón al lado opuesto de su geografía durante la guerra civil.

Estos días he reflexionado alguna vez sobre si yo, por ejemplo, sin haber pasado Cambó por el meridiano político catalán de nuestro tiempo, viviría y escribiría en Madrid. Es muy posible que viviese, por ejemplo, en París.

(...)

C. Sentís

Vaig restar per sempre vinculat al moviment monàrquic, cosa que em perjudicà en un moment de la meva carrera professional. Per monàrquic, l'any 1955 em van acomiadar com a agregat de premsa de l'ambaixada a París. Molt abans, el 1947 vaig fer un viatge pels països monàrquics d'Europa, l'objectiu del qual era donar una bona imatge d'aquells règims polítics, i mostrar sobretot el dinamisme modern de les seves societats, per trencar els prejudicis que, a Espanya, associaven la institució a l'endarreriment. Hi anava com a enviat de la nova revista *Vida Española*, promoguda pel grup monàrquic, i liquidada al cap de poques setmanes. Jo era aleshores a Holanda i vaig decidir mantenir el meu viatge, però escrivint per a diferents diaris i publicacions. Els ambients polítics d'aquells temps eren plens de falangistes i gent molt radicalitzada, a qui de tant en tant es podia contradir, vigilant les paraules que es feien servir.

17

AMB EL REI DELS BELGUES

El 1948, vaig cobrir una reunió de l'ONU a París per a l'agència Efe. No vaig aconseguir fer-ho per a *La Vanguardia*, on el seu director, Luis de Galinsoga, feia servir tota mena de tripijocs contra les meves activitats. Llegim-ho en una carta del moment, adreçada al comte de Godó:

París, 26 Septiembre 1948

Excmo. Sr. Don Carlos Godó Conde de Godó
Barcelona

Mi querido amigo:

Llegado a París Felipe Armesto y almorzando ambos muy amigablemente hemos hablado del asunto de su venida a París que tanto le ha fastidiado retrasando su proyectado largo viaje.

Mientras el señor Galinsoga por medio del señor Palacio Valdés me decía que la cosa estaba pendiente de una contestación de Assía, le estaban mandando a éste –que solo se proponía pasar unos días en París; tal como habíamos hablado– telegramas presionándole enormemente en tanto que director para que no dejara en "la picota" a La Vanguardia *y para que estuviese en la ONU «desde el primero al último día».*

La jugada es tan clara como sencilla. El señor Galinsoga se sirvió de una "pieza" tuya para hacer el jaque mate a un acuerdo también tuyo.

Esto, querido Carlos, solo ha podido ocurrir por la falta de concreción de tu parte. Por no haber definido suficientemente la cuestión entre las gentes de "La Vanguardia". No haberlo hecho antes de ausentarte de Barcelona y, coincidir la maniobra con una de tus ausencias. Esto es todo.

C. Sentís

O sigui que Galinsoga estava forçant l'anada de l'Assía per tal d'inutilitzar el contracte que jo tenia amb en Godó. El seu argument era que l'Assía, estant en plantilla, no representaria una despesa suplementària, cosa que no passava en el meu cas. Aquesta va ser la resposta del comte de Godó:

Barcelona, 14 ocbre. 1948

Sr. D. Carlos Sentís
Hotel Crillon– chambre 623
Paris

Querido Carlos:

No obstante, la ausencia prolongada de Galinsoga en el curso del verano y mis varios desplazamientos que hicieron no coincidiese con él, impidió que se llevase a término mi plan, contrariando los proyectos de "Assía" y mis propósitos y dejándote a ti en situación de tener que buscar rápido acuerdo con la Agencia Efe. Esto es el fondo de lo sucedido. No existe el trato incierto a que te refieres, ni la falta de apoyo de mi parte.

En conversación que tuve días pasados con Galinsoga hablamos extensamente de ello lamentando también él no conocer estos proyectos que, por cierto, considero muy lógicos y acertados. Esto quiere decir que a tu regreso habrá ocasion para tener una conversación a fondo y poder llegar a un acuerdo definitivo si no aparecen otras dificultades que las que hasta ahora hemos tenido. Yo tengo vivos deseos de hacerlo.

Carlos Godó

A París, vaig tenir converses amb en Miquel Mateu, l'ambaixador, perquè existia la possibilitat d'incorporar-me al seu equip fent tasques d'informació. Finalment, però, la cosa no va passar d'unes converses entre amics on parlàvem dels temes més diversos. Qui va acabar sent nomenat agregat de premsa de l'Ambaixada va ser Alberto del Castillo, germà del director del *Diario de Barcelona*, propietat de Mateu. Sempre he recordat que, un dia, sopant amb Mateu i dos comensals més a Chez Maxim's, la nostra conversa –en català– va derivar cap al paper polític de França al món, i jo vaig ser l'únic a argumentar que el país protagonitzava una gran recuperació. L'endemà, un destacat membre de la policia de París em va telefonar per felicitar-me "per haver defensat França d'aquella manera". De cop, vaig recordar un cambrer que havia estat molt solícit en el servei de la nostra taula. Els informants, aleshores, campaven pertot arreu.

El 1949, algunes persones –com el mateix Josep Vergés– van criticar que em concedissin la Creu d'Isabel la Catòlica pels meus articles des de l'ONU, tot i que vaig rebre felicitacions com la d'en Narcís de Carreras, qui, el 2 de juny de 1949, m'escrivia: «És tan monstruosa la posició de *Destino* que no té qualificació. Que ells siguin els que ens hagin de donar patents de puresa... Ells, que sense arriscar gran cosa s'han aprofitat d'un règim, al qual han servit, per fer-se una gran situació i fins i tot per guanyar-se un prestigi, que, evidentment, és merescut.» Poc abans, el 7 de maig, jo havia escrit a Vergés: «Només pot objectar quelcom a la concessió d'aquesta creu qui ho faci des del camp del republicanisme o del rogisme (...) o bé, atenent-se a la persona, qui ho faci des del camp del falangisme o ortodòxia del règim, per considerar-me a mi fora d'ell. (...) Així doncs, la premsa falangista ha coincidit de ple amb *Destino*. (...) Coses que jo hauria fet i que naturalment, exigiria en aquest cas: matisació per part dels meus amics, car dels enemics mai cal esperar-se res de bo. Matisació quan, per exemple, el director de *Destino*, el meu entranyable amic Ignasi, va ésser premiat amb el premi Francisco Franco, premi eminentment polític (...) al qual, per altra banda, s'ha de concursar expressament. (...) M'has ofès greument, Vergés, i no t'ho tindré gens en compte perquè sé que no ho has fet amb mala fe. Ni el pensar que jo et vaig fer venir de Londres ni que jo vaig apresar-me a posar-te en contacte amb l'Agustí, d'on sortí la vostra tan feliç col·laboració, no et va deturar un gest pres (...) amb aquella seguretat de les persones que han tingut un èxit econòmic i que es pensen que els altres no mereixen masses respectes (...) En quant a que tu quedaries com un porc davant meu, no ho pensessis pas mai. Jo sé escollir –si altra cosa no– els amics. Tu sempre seràs un dels més dilectes...»

Aquest tipus de conflictes m'han incomodat sempre, però m'ha costat evitar-los perquè la meva condició de pont entre bàndols i corrents enfrontats m'hi menava sovint, tot i que, en aquest cas, es tractava d'una condecoració del ministeri d'Afers Estrangers, sense un significat polític d'adhesió al règim en una època, a més, on les instruccions de Don Joan eren clares: «Convivència però no col·laboració amb el règim.»

En funció de la meva tasca professional, jo vaig tenir contacte i de vegades col·laboració amb aquells estaments de l'administració dels quals depenia que pogués exercir la meva feina, sobre la qual, a més, planava el fantasma de la inseguretat econòmica. Arran de la condecoració esmentada, vaig començar a col·laborar amb el ministeri d'Afers Estrangers, que em va demanar que redactés treballs periodístics relacionats amb la seva tasca internacional, sense que això signifiqués cap adhesió política especial. Aquesta col·laboració trobaria, anys després, una més gran concreció amb la meva inclusió com a agregat de premsa a les ambaixades de Brussel·les i París. Tot això emmarca aquest informe del ministeri d'Afers Estrangers, on, per cert, es fa referència a un viatge a Israel que mai es va acabar de materialitzar.

Carlos Sentís, habló con el Excmo. Sr. Ministro el día 31 de Enero. Hablaron de la conveniencia de un viaje periodístico de unas semanas a Israel y, luego, de "cubrir", periodísticamente, una vez más, la reunión de la Asamblea General en Lake Success, que empezará el día 9 de Abril. El Sr. Ministro, demostró tener interés en ambas cosas, y fue él quien le indicó a Sentís el interés del segundo proyecto.

Carlos Sentís tiene, prácticamente, arreglada su combinación periodística para ir a Israel. En principio, publicaría sus reportajes en "La Vanguardia", de Barcelona, en el "ABC", de Madrid y, posiblemente, en algún otro periódico español.

Carlos Sentís se dirigiría, primero, a Tel Aviv, desde donde mandaría sus impresiones sobre la política, el ambiente, y los personajes que mangonean los resortes del nuevo Estado. Después de salir de Israel, retrocediendo a Rodas, podría dirigirse a Transjordania, o a algún otro Estado árabe, con el fin de dar mayor objetividad a su expedición o incursión periodística.

A Carlos Sentís, que fué a Argel antes del desembarco aliado en unos momentos que "oficialmente" no se consideraba la existencia del Gobierno provisional de De Gaulle, y cuyas crónicas desde allí estuvieron censuradas mes y medio por la Dirección General de Prensa de entonces, no le escapa el aspecto de delicadeza política que tiene esta labor.

Sentís estuvo en Londres sólo días antes de terminar la guerra con Alemania, en el Proceso de Nuremberg, en las primeras elecciones francesas, después del armisticio, y en todas las reuniones de la O.N.U desde el año 1946. Su labor en este aspecto es sobradamente reconocida para contar con las condiciones que debe reunir un buen observador de la política

Carlos Sentís vió al Director General, sr. Erice, con el cual sostuvo una charla muy cordial, y quedaron en que, cuando regresase a Madrid el sr. Soriano, se verían, al objeto de regular el viaje de forma que la llegada de Sentís a Tel Aviv siguiese a la del sr. Soriano.

Pasan los días y, teniendo en cuenta las dificultades propias de un viaje a Tel Aviv, es muy difícil esta-

blecer una posibilidad sucesiva de ambas realizaciones. Hay que estar el día 1º de Abril en Nueva York y, aunque unas pocas semanas en el próximo Oriente bastarían, hay que contar con los preparativos del viaje, etc.

Ante esto, Sentís está un poco perplejo, y no sabe a qué atenerse. ¿Hay que renunciar a la primera iniciativa cuando ya ha realizado los trabajos periodísticos preparatorios? ¿Hay que renunciar a ir a Nueva York esta primavera?

Además de eso, la situación de Sentís es, a su entender, poco cuajada. Él estaría dispuesto a realizar viajes periodísticos en los sitios de más agudo interés pero, como es natural, deberíase encontrar la fórmula de cubrir o establecer una continuidad durante la otra parte del año –siempre más de la mitad– en que permanecería en España. Cabría pensar en una fórmula de columnismo con nexo establecido con la Oficina de Información Diplomática. La ingente información que recibe esta Oficina, podría, a través de una persona apta para ello, convertirse en un excelente motor para propulsar, en una cadena de periódicos, dentro de España –relativamente fácil de establecer– una continuación informativa que, por su agilidad y variedad, divirtiera a los lectores y consiguiera llegar a grandes zonas españolas. Cabría pensar, también, en una Agregaduría de Prensa, sita en un lugar clave, desde el cual fuera posible mantener un movimiento para cumplir el cometido indicado al principio. Cabría el encaje dentro de alguna Agencia periodística española, en una u otra función.

Si se encontrase cualquier fórmula, dentro de una provisionalidad, que permitiese asegurar un cierto perí-

odo, Carlos Sentís se presentaría en la primavera próxima, a las Oposiciones de la Carrera Diplomática.

Aparte de sus conocimientos que, naturalmente, debería probar, Sentís aportaría a ese Ministerio una experiencia de constantes prácticas y viajes por todos los puntos más neurálgicos del mundo político, que siempre ha realizado con emolumentos de empresas periodísticas privadas, es decir, sin gravamen alguno para el Estado español.

Cap a finals del 1949, sense sortir de Madrid, ens vam mudar al carrer Monte Esquinza 28, car el naixement de la nostra tercera filla, la Marta, ens feia impossible continuar vivint al pis del carrer Princesa, que vaig mantenir com a despatx un temps.

Poc després, com a enviat especial de l'*ABC*, el 1950 vaig anar a Brussel·les a seguir les eleccions generals del país. Es vivien com un segon referèndum sobre el rei Leopold III, que havia guanyat el mes de març una consulta sobre el seu retorn al poder però amb grans zones d'ombra: s'havia imposat a la regió flamenca, però no pas a la valona ni a Brussel·les. Després de demanar-li a Don Joan una carta de recomanació per a ell, vaig emprendre el viatge a Lausanne, on vivia la mare de Don Joan. La reina Victòria es va encarregar de la logística de la cita: «El rei el rebrà, però no el posarà tan *à l'aise* com al meu fill.» El monarca vivia a prop de Ginebra, a la vil·la Pregny, a les ribes del llac Leman, llogada a un ric comerciant. Portava expatriat cinc anys, car no va tornar a Brussel·les amb l'alliberament.

Els seus enemics li criticaven que, el 1940, hagués capitulat davant l'exèrcit alemany. Com a Espanya ara, i a diferència d'altres monarquies com les escandinaves o l'anglesa, a Bèlgica el rei era el generalíssim de l'exèrcit. Per tant, prengué el comandament directe de les tropes durant la guerra. Molts francesos esperaven que els alemanys fossin aturats allà, i encara que van lluitar molt positivament, amb defenses com la de la fortificada Namur, no varen aconseguir aturar-los. Els alemanys van passar i França, veient l'amenaça al damunt, va titllar Leopold de general poc efectiu, arribant-lo a motejar, des de la presidència del govern, de *roi fellon*. Després, quan els alemanys varen introduir-se a França, van avançar més de pressa del que ho havien fet en territori belga. Leopold III, en lloc de fer-se escàpol cap a Londres, com van fer les famílies reials dels països escandinaus, va considerar que, com a màxim general de l'exèrcit belga, havia de romandre entre les seves vençudes tropes. Els alemanys el van residenciar en un castell, convertint-lo en un presoner, si es vol, de luxe.

Vidu, i amb els seus fills menors d'edat, va sol·licitar la presència d'una institutriu. Li van enviar una noia, De Rhety, una flamenca molt jove, bonica i plena d'empenta i optimisme, com calia per prendre cura, en aquelles circumstàncies, dels fills del rei. Va succeir que Leopold, sol i aïllat, va trobar en aquell esclat de joventut un atractiu no precisament infantil. Va tenir secretament relacions amb ella i, en determinat moment, en va parlar, com a confessió o no, amb l'arquebisbe de Malines, primat de l'Església belga. L'arquebisbe hauria pogut mirar cap a un altre costat, però es va creure obligat a recomanar-li el casament. Un consell de catòlic a catòlic que es va portar a terme. Però no es va fer públic l'enllaç fins passats un parell o tres d'anys. Ella era filla d'un governador de Flandes acusat de col·laboració amb els nazis durant l'ocupació.

Leopold no hi va col·laborar, ni poc ni molt. No es pot dir «col·laboració» haver triat un dentista austríac i altres insignificances, per les quals va ser criticat. Finalment, el dia de l'alliberament per les forces aliades, ell no va poder anar a Brussel·les perquè estava sota els efectes d'una crisi cardíaca, i el seu germà Carles va esdevenir regent. De tot plegat, en sortí una imatge de col·laborador, absolutament falsa, perquè durant l'ocupació va ser arrestat.

Leopold III no concedia entrevistes. Només havia acceptat fer-se unes fotos per a *Paris-Match.* El dia del referèndum, la seva guàrdia suïssa, més enèrgica que la del Vaticà, va expulsar revòlver en mà dos informadors que havien aconseguit esquitllar-se a la mansió reial. Gràcies a la meva recomanació de Don Joan, acceptà rebre'm.

Després de parlar amb el secretari, Weemaes, vaig esperar assegut en una poltrona del saló central, una cambra de colors ben vius, amb dues xemeneies imperi cara a cara. A un cantó, un piano amb un ventall antic a sobre. A l'altra banda, flors i un cadiram entapissat de seda groga. A les parets, un oli de la reina Astrid, la seva primera muller, abillada per a una cerimònia cortesana. Una mica més petit, un retrat de l'aleshores esposa del rei, la princesa de Rhety, pal de golf sota el braç, aire esportiu i brunyida pel sol. A sobre de les xemeneies, retrats de família. Mentre els mirava discretament, es va obrir la porta: era el rei. Tot oferint-me un cigarret, em digué: «No podia deixar de rebre'l, venint de part de qui ve, però comprengui que, si no he fet declaracions als mitjans belgues, no puc donar una entrevista a un estranger. No vull parlar fins que no es produeixin les eleccions. Així que ho farem a l'inrevés: seré jo qui li faci preguntes, demanant-li pel seu país, que tant m'interessa.» I així va ser: em va «examinar» de política espanyola dient-me que no l'entenia, i tampoc el cas Franco. També vam parlar del Congo Belga, que jo coneixia. Em va fer preguntes sobre Mallorca i Joan March. Era un home melangiós i trist, potser marcat per diverses tragèdies; Astrid va morir en un accident de cotxe quan ell conduïa. Al final, em va dir: «Com que no hem parlat de política belga, pot publicar al seu diari que hem tingut una conversa entre amics. De tota manera, li prego que la doni abans a llegir al meu ajudant de camp.» En sortir, vaig creuar una petita habitació plena de pals de golf, l'esport favorit de la parella. Un noi ros parlava amb el porter: era el príncep Albert, avui rei. A Balduí no el vaig veure, però sí vaig sentir de fons el concert de música clàssica que estava escoltant en una altra cambra. Abans d'enviar la crònica, i tal com havíem quedat, vaig anar a mostrar-la a l'ajudant de camp, a l'hotel de la Vieille Russie de Ginebra. Només em va canviar una frase: jo deia, com Leopold m'havia suggerit, que havíem tingut una conversa d'amics. «Els reis no tenen amics», em va fer notar. És un consell que sempre més he tingut en compte.

En sortir de l'entrevista, vaig adreçar aquesta carta a Don Joan de Borbó:

Para S. M. el Rey
Estoril

Quiero escribir a Vuestra Majestad inmediatamente después de haber sido recibido por Su Majestad el Rey de los Belgas.

"Objetivo cubierto" diríamos en términos militares. Y, sin embargo, la "Operación" parecía imposible. Sin la tan graciosa intervención de V. M. y sin el interés de S.

M la Reina Victoria, la cosa hubiera sido totalmente imposible. Con semejante padrinazgo, las puertas de "Le Reposoir" no han prevalecido.

Anoche estuvimos –puesto que me acompaña mi mujer, que V. M. conoce ya– departiendo un buen rato con S. M. la Reina Victoria, a la cual ya habíamos visto por la mañana, aunque, entonces, solo para hablar de la entrevista con el Rey de los Belgas. Encontramos, tanto mi mujer como yo, a S. M. la Reina Victoria aún mejor que cuando la vimos en Estoril en Navidad 1947, al regresar nosotros de Norteamérica y en ocasión de honrarme Vuestras Majestades invitándonos a la cena navideña. Magnífica de aspecto y de vivacidad, la Augusta Señora esta al corriente de todo lo que sucede y como siempre tan interesada con todo lo que se relaciona con V. M. Nos acompañó en la charla la Condesa de Campo Alegre, que ciertamente, no desmiente su parentesco con Paco Fontanar, un amigo y una persona de las que más quiero.

Una vez mandada la crónica relacionada con "Le Reposoir", saldré para Bruselas, donde, durante un par de semanas, seguiré los acontecimientos políticos que allí se produzcan. Desde allí me permitiré mandar otras cartas a V. M. comunicándole algunas de mis impresiones más o menos al margen de lo periodístico. También le escribiré unas líneas sobre las cosas de España.

C. Sentís

De Ginebra, vaig anar directament en tren a Brussel·les, on ja havia començat la campanya electoral. El favorit era el partit socialcristià, que defensava la tornada de Leopold, i que finalment va guanyar, com vaig informar el 5 de juny a la meva «*crónica telegráfica de nuestro enviado especial, recibida con retraso*», eufemisme comunament emprat quan havia hagut de passar la censura. El való Jean Duvieusart va ser l'encarregat de formar govern. Em va ser més fàcil entrevistar-me amb el president del Senat, l'hispanòfil Albert Gillon, que havia viatjat per innumerables pobles d'Espanya, sempre esquivant les grans ciutats.

Jo havia seguit els debats parlamentaris sobre el retorn del rei. Vaig assistir a una manifestació antileopoldista convocada pel partit socialista, a favor del regent, el príncep Carles, germà de Leopold, amb banderes i retrats enormes portats per moltes persones. Al costat d'una carrossa, desfilava una representació de deportats i presoners, alguns d'ells amb l'abillament ratllat característic dels camps de concentració nazis. La meva postura era clarament leopoldista, i vaig dibuixar un perfil força negatiu del líder socialista Paul-Henri Spaak, que participà destacadament a la liquidació del rei, però, per altra banda, va ser un dels pares d'Europa. Figurà entre els creadors del Benelux, humorísticament anomenat «Spaakistan». Aquesta situació va crear una forta escissió al país: Flandes era leopoldista, mentre que els valons i gran part de Brussel·les s'hi oposaven totalment. Tot això sacsejava el país amb vagues i protestes de gran repercussió. Primer havia semblat que la campanya contra el rei seria breu, però va anar prenent cos. A la banda de Valònia, els socialistes eren majoria i entre ells existia un sentiment republicà, potser fruit del veïnatge de tot ordre amb França, tot i que aquest país no va voler influir en el plet belga. Un dia, al parlament, vaig presenciar com, dempeus, els diputats valons socialistes van cantar «La Marsellesa». Va ser molt significatiu perquè el cant es podia considerar revolucionari –en un parlament– perquè no entonaven el seu himne nacional, sinó el de França

Vaig tenir temps per deixar la qüestió Leopold i captar altres temes belgues. A la ciutat universitària de Lovaina, els jesuïtes circulaven en moto, camioneta o bicicleta, amb sotana negra, a diferència dels que havia vist al Congo, també belga, on duien sotana blanca. Impressionava la seva organització: a més de la universitat, tenien un centre d'estudis sobre el cristianisme al món, i fins i tot un taller que formava capellans obrers, amb vuit hores de feina diàries a la serradora.

A Brussel·les, el preu que em van cobrar a l'hotel per rentar-me una muda em va confirmar que Bèlgica era, en aquells moments, el país més car d'Europa. Molts joves sortien de cap de setmana a França o Alemanya per estalviar. La gent era cada cop més rica, però també estava esdevenint progressivament malhumorada.

Bèlgica és tan petita i poblada com industrialitzada. En les comunicacions dominava, de molt, el tramvia, que arribava a tot arreu. De fet, es podia creuar tota la planura belga enllaçant tramvies, cosa que aprofità la resistència durant l'ocupació alemanya per escapolir-se dels controls.

A Ostende-Le Zoute, vaig passejar per uns carrers que desprenien olor de musclos i *crevettes*. Els anglesos arribaven a la vil·la en grans quantitats, en vaixell o en els dos avions diaris que venien de Londres. Ostende, en aquell moment, era un enclau de «famosos»: Charles Trenet, Orson Welles, Maurice Chevalier, Tino Rossi i Lady Patachou –famosa per tallar amb unes tisores la corbata de tots els homes que tenia a la vora– eren alguns dels visitants habituals.

Trobant-me ja a París, a finals de juliol, vaig haver de tornar a cuita-corrents a Brussel·les, per informar de l'escalada de violència que patia el país i la possible abdicació del rei. Malgrat que les vagues m'impediren el viatge aquell dia, l'endemà, fent el tomb en avió per Amsterdam, vaig arribar a temps per narrar la renúncia de Leopold III dels seus drets reials a favor del seu fill Balduí.

Balduí i el seu pare van viure aquesta crisi molt junts, tancats al palau de Laeken. El nou rei, de dinou anys, entusiasta de Bach i gran lector de romàntics, no entenia per què havia ell de regnar, tan jove, quan el seu admirat pare posseïa tanta experiència. La nit de l'últim consell de ministres, aquests van voler veure'l per exposar-li la situació. Ell els va mirar amb una gran fredor, i els va dir: «Vostès han traït el meu pare.»

Aquell estiu del 1951, encara vaig tenir temps de reunir-me amb la família, com cada any, a Calella de Palafrugell. Per a nosaltres, aquest poble marítim era el lloc de concentració familiar, que allargàvem tant com podíem. Sense la prestació de les respectives famílies, la meva muller no hauria pogut compaginar les maternitats amb acompanyar-me a diferents desplaçaments periodístics. A Calella, malgrat els viatges i altres entrebancs, podíem refer, de tant en tant, unes setmanes d'estreta unió familiar. També Calella va ser el lloc, anys després de la dècada parisenca, on els fills van passar tot un any amb una professora barcelonina per tal d'aprendre a escriure el castellà i a parlar el català.

18

LA COSTA BRAVA COM A REREFONS

Els estius previs als anys cinquanta, a la Costa Brava s'havien començat a veure gran nombre de matrícules estrangeres. Bressolats pels sots de les carreteres secundàries, petits utilitaris –i alguns Rolls escadussers– despenjats de França, d'Anglaterra i del centre i nord d'Europa desfilaven a la recerca de sol per a la pell i de baixos preus per a la bossa. Aleshores ens semblava una allau turística descomunal, una plaga de la llagosta, tot i que era molt inferior a la que s'escampava pel Migdia francès, on vaig tenir ocasió de contemplar els meus primers embussos massius, amb fileres de cotxes emulant les sardines en llauna. Era una delícia anar veient com desapareixien els utilitaris conforme m'allunyava de París i m'apropava al meu destí. El raig de vehicles que baixava de París a Lió, i d'allà cap a Avinyó, era molt dens, però a l'antiga ciutat papal s'eliminaven tots els que anaven a la Costa Blava i, a mesura que un s'apropava a la frontera espanyola, minvava de mica en mica la circulació. Passat Perpinyà, els cotxes deixaven d'empaitar-te i d'obstruir el pas. Després, a la Costa Brava, tornaven a aparèixer-ne, tot un rècord per a una Espanya que començava a sortir de l'aïllament, però res a veure encara amb el desenfrenament automobilístic del país veí.

En aquesta carta, explicava al meu amic Marañón Moya les meves cabòries i episodis estiuencs des de Calella:

Calella de Palafrugell 29-VII-47

Sr. D. Gregorio Marañon Moya
Madrid

Querido Gregorio:

"Ahora a Carlos después de eso no se le puede dejar así." Recuerdo en este instante estas palabras de Areilza en la cena en E. Hardión. Poco podía pensar él que desde entonces para acá las cosas iban a irme por tan inseguros derroteros. Os lo he dicho muchas veces: Assía tiene un cuerpo real que le sostiene a su espalda (La Van). Lucientes otro, Agencia Efe y todo lo demás. Era absolutamente necesario que yo tuviese un equivalente a esto. No por mí sino, por mi labor si es que esta se considera interesante. Porque si no, huelga hablar de todo ello. El periodismo hoy es una técnica (como lo puede ser la ingeniería) y hace falta una base resuelta para mantenerse al día en todos los temas. Cuando pienso que después de ocho meses en Norteamérica he visitado seis países de Europa (sin contar España) al servicio casi del reino de lo inédito me quedo muy alicaido. ¿Es que hay muchos periodistas norteamericanos, por ejemplo, que a pesar de sus medios presenten en el espacio de un año justo semejante record de movimiento, de temas y de exposiciones? ¿Es que ante esto no hay que pensar en dejar para siempre de escribir? Nunca había pensado tan fondo y seriamente en ello. He hablado incluso con mi hermano Luis. A punto estoy de hablar con mi suegro y quedarme, por ejemplo, en Sabadell. No me sería tan difícil.

Mientras tanto, contrastando con esta inseguridad que coincide con las primeras semanas de mi segundo hijo, vivo aquí en la Calella entre una delicuescencia de Mediterráneo, emborrachado literalmente de sol y agua. Una especie de cansancio y pereza verdaderamente olímpica. Cansancio de nadar y remar y pereza de tumbarse por la tarde a la sombra de una barca. Los paraísos artificiales (para nosotros, generación educada en el deporte) existen. Solo se trata de hacer un viaje a un punto determinado del planeta. Este paraíso, desde luego superior a Tahití, existe en este punto determinado desde el que escribo. Tenemos un "habitáculo" casi materialmente sobre el mar. Carlitos se tira ya al agua de pie desde lo alto del patín. La María Jr. engorda a ojos vistas del pecho de su madre. Hace tres días he regresado de un crucero con el barco que, por fin, tiene José Pla. Hemos ido resiguiendo la Costa hasta Francia. Es decir fuera aguas de Francia. Se llama "Mestral", su buque, y es una especie de barca como (para entendernos) del Bou, con dos cámaras amplísimas en su bajo vientre. Se va ahora a Italia en viaje de pruebas. En invierno pescará la langosta y si las cosas están mejor la próxima primavera irá a Grecia. Ir con él por los pueblos de la Costa Brava es algo dionisíaco. "¿Dónde debemos atracar?" le dice su marinero. "Allá sobre aquella luz a la derecha que es el Café de Can Bofill" le contesta Pla cuando la bahía de Rosas termina sobre el puertecito pescador de La Escala. Hemos dormido a bordo. Casi inmediatamente después de mi vuelta aquí han llegado los Roger en su cochecito desde París. Todas las tardes después de la siesta vamos a alguna de esas fincas de por aquí donde (él está todavía más seguro que yo) viven las gentes, exactamente «como en ningún sitio del mundo». Ante el Mas Juny, ayer, por ejemplo, quedaron en estado cataléptico. La huella de Sert no pasa en vano. Consideran la costa francesa, la italiana y Capri una pura broma al lado de esto. He ahí unos que os han pasado delante. Con qué gusto, por las tardes, os acompañaríamos a ti y Patricia por estos recovecos...

C. Sentís

El mas Juny, situat a un promontori que domina la platja del Castell, va ser reconstruït pel seu propietari, Josep Maria Sert, qui amplià aquest mas adherit a un torreó de defensa amb un jardí interior, tancat amb voltes catalanes. Hi posà també fanals adquirits a París quan el Palais Royal abandonà l'il·luminació de gas. A l'interior, hi havia una mena de pantalles que havien format part de «pasos» desamortitzats d'una confraria de Sevilla. L'antic estable era ara un menjador de perfectes proporcions. Quan Sert va voler vendre el mas, va triar uns compradors (els Puig Palau) que li garantissin la integritat de la finca, evitant tota parcel·lació, i també el manteniment de la decoració.

Mentre els francesos aprofitaven els mesos forts de l'estiu, els anglesos eren una fruita turística més aviat retardada o de setembre. En qualsevol cas, mai havíem vist, al nostre litoral, tants shorts ni tendes de campanya, que convertien alguns terrenys en càmping. Jo em movia entre Palamós i el cap de Begur, zona més a recer dels turistes, que en aquells temps se centraven en altres localitats. Tossa, per exemple, com va descriure en Sempronio a *Destino*, començava a ser massa coneguda i encara ho seria més a causa d'Ava Gardner, que hi va rodar *Pandora* provocant una autèntica invasió de curiosos a la vila. Sant Feliu, S'Agaró i Cadaqués eren altres punts forts. Jo aleshores, com en Josep Pla, creia que la part central de la Costa Brava, gràcies a la quantitat de grans finques que hi havia, quedaria salvada de la massificació. De fet, la capacitat hotelera d'aquella zona era –i encara és– bastant limitada. Tanmateix, alguns anglesos pioners sí coneixien Tamariu i Aiguablava, tot i que la majoria dels estrangers encara preferien els grans noms d'eufonia històrica i romàntica de l'Espanya de sempre, i el sud de la península o, si no, les illes Balears. De fet, als meus viatges europeus, em trobava tanta gent que pensaven estiuejar a les illes Balears que, en somnis, les vaig veure trontollar i enfonsar-se sota el pes de tal nombre de visitants. És a dir, que molts passaven de llarg pel nostre paradís encara no perdut, car el que cercaven eren terres encara més assoleiades. Cosa comprensible quan, com jo deia fent broma en un article de *Destino*, *«en Bélgica, este año el verano ha caído en un martes»*.

Vaig tractar alguns visitants il·lustres d'aquesta part de la Costa Brava. L'actriu nord-americana Madeleine Carroll, a la terrassa de Can Batlle de Calella de Palafrugell, rebutjava pretensiosament signar autògrafs als nens, tot remugant un vanitós «estic de vacances». Va llogar després la seva casa al molt més demòcrata Humbert de Savoia, sempre somrient. Aquest exrei, menys altiu que les reines de Hollywood, voltava d'un lloc a l'altre, admirant el paisatge, i de tant en tant sentint cantar en Pep Gilet i altres pescadors de Calella, o fins i tot sumant-se al seu cor d'havaneres mentre feien un cremat. Sempre molt interessat per l'art, un dia, davant d'una aquarel·la que va cridar la seva atenció, ens va dir a Simone, muller de Jordi Puig Palau, i a mi: «Això és d'en Josep Maria Prim.

M'agradaria coneixe'l.» Tot i que el vaig buscar, viu o mort, per tot arreu, no vaig aconseguir posar-los en contacte. Però vam anar junts a Bordils –vil·la nadiua d'en Prim– per veure els frescos que havia pintat a l'església de la Camallera. Humbert de Savoia, potser gràcies al seu italià, llatí i francès, comprenia força bé l'espanyol i també el català: «Com saben, a la nostra illa de Sardenya hi ha un cert nombre de població de parla catalana i, quan el rei d'Itàlia la visita, pronuncia, segons el protocol, unes breus paraules en català. Així ho va fer el meu pare en desembarcar a l'Alguer.»

Amics d'Humbert eren la família del comte de Velayos –fill del comte de Romanones–, que també s'estaven al Mas Juny. El comte solia dir-me: «*¡Haber tardado tantos años para descubrir el Mediterráneo! ¡Tantos años en enterarme que el verano hay que pasarlo al sol y sin cuello ni corbata! ¡Tantos años de Deauville, Biarritz y San Sebastián, viviendo lejos del sol y del ejercicio físico!*» L'altre fill de Romanones, el comte de Villabrágima, s'estava a El Castell, edificat a un extrem del terreny del Mas Juny –propietat d'Albert Puig–, i que acollia també al compositor francès Georges Auric –l'autor de la música del film *Moulin Rouge*– amb la seva dona, la pintora Nora. El músic es passava el dia treballant i no baixava mai a la platja.

Un altre hoste del Castell era el comte de Lesseps –descendent de Ferdinand de Lesseps–, gran navegador que anava sempre descalç i a qui Mercedes Bertrand Mata anomenava el Josepet, en referència al nom popular de la barcelonina plaça Lesseps. Un dia, li vaig preguntar:

–I si, de nit, a un poble, trobeu un clau o un vidre, no us fa mal anar descalç?

–Si és un clau, es torcerà i si és un vidre es trencarà.

–I si és una altra cosa, indeterminada, que no és ni clau ni vidre?

Va fer veure que no m'entenia, tot cordant-se la seva jaqueta d'imitació de lleopard.

M'agradava nedar amb Don Joan Ventosa i Calvell, que fes el temps que fes, tot i la seva edat, nedava a la marinera, estil antic, com de costat avançant un braç. Un matí ben ennuvolat, ens va seguir el doctor Arruga –amb el seu inseparable barnús– des de la seva motora de 200 cavalls. Arruga era, al cap de Begur, el que Josep Ensesa era a S'Agaró. Tots dos eren fills de famílies dels respectius llocs. Tots dos, cabelleres blanques, secs i bruns, eren, al mig del segle, els dos màxims patriarques de la Costa Brava. També l'Edgar Neville i la Conchita Montes eren uns habituals de can Batlle de Calella de Palafrugell tot i que en van desertar alguns estius.

L'estiu del 1947 va ser quan vaig emprendre un viatge de cinc dies a bord del *Mestral*, el quillat mallorquí d'onze metres de llarg que acabava d'estrenar en Josep Pla –que ja cito en la carta a Gregorio Marañón–, que planejava un viatge a Itàlia amb la seva flamant embarcació i la volia posar a prova amb nosaltres. Paràvem a prop de les cales i, un matí, a Cadaqués, vaig anar a buscar el pa nedant. Tanmateix, va resultar una prova frustrant per a en Pla, perquè va descobrir que es marejava a causa de la poca estabilitat del vaixell.

A Cadaqués se'n va anar a dormir a la fonda, quedant a bord el seu germà Pere i jo. Com a conclusió del periple ens va dir: «En aquesta vida acabes per obtenir el que et proposes, però sovint massa tard».

La Costa Brava començava a internacionalitzar-se. Encara recordo la cara d'astorament que va fer la Juana, l'encarregada de telèfons de Calella, quan vaig preguntar-li si podíem trucar al Congo belga, car una invitada nostra volia parlar amb el seu marit. Un punt molt internacional era el Cap Roig. La Maria sempre recordarà el dia que la va mossegar el gos dels Woevodsky. Invitats per ells hi havíem anat a dinar, arribant-hi en barca. Al mateix embarcador de la cala Massoni –avui coneguda com el Bany de la Russa–, hi havia altres invitats i la taula parada. La Dorothy va castigar el gos perquè havia posat la pota sobre la Maria. El va lligar i quan la Maria distretament s'hi apropà, el gos va sortir de sota la taula i li va clavar un ullal. Per sort, la meva muller portava un vestit de bany de làtex i la mossegada no va ser massa greu. L'endemà de l'incident, la senyora Woevodsky va enviar el seu majordom Garcia a preguntar per l'estat de la Maria i regalar-li un nou vestit de bany. La meva muller va agrair l'interès, però va fer dir que no necessitava un vestit de bany sinó un «pompis» nou.

Dorothy Woevodsky era una irlandesa, com ella mateixa deia, de sang calenta. Tenia rampells, però també podia ésser molt suau i simpàtica.

La Dorothy havia estat molt guapa. Al Cap Roig, quan treballava al seu jardí, anava de qualsevol manera. En canvi, un dia, a Londres, ens la vàrem trobar a Bond Street i a distància, abans de reconèixer-la, la Maria va exclamar: «Quina senyora tan elegant».

Els Woevodsky varen llegar a la Caixa de Girona, a canvi d'un vitalici, una finca intacta i de gran valor, amb un jardí botànic excepcional, fet sobretot per la Dorothy, a la qual havíem ajudat alguna vegada a recollir herbes. El matrimoni reposa avui a la punta del Cap Roig, enterrats al costat del seu gat i el seu gos. La senzillíssima tomba arran de terra podria ser un monument als que van salvaguardar un excepcional tram de la Costa Brava.

19

RECORDS DAVANT EL MAR

Avui, com en altres dies de primavera, la mar està tan quieta que sembla un mirall, llis i silenciós. Potser a la tarda s'alçarà un ventijol que arrissarà l'aigua, i a la platja arribarà una imprecisa línia d'escuma.

Penso que he acabat aquest primer volum de memòries, on he recollit bastants dies viscuts enmig de tempestes, més fortes que les de la mar, perquè sacsegen la vida dels pobles. Unes convulsions i uns canvis dels quals l'«espectador», per molt que vulgui ser-ne, no sempre aconsegueix sortir-ne sense sentir-se seriosament afectat. Perquè el pes de les circumstàncies sempre es fa notar, i si en temps de calma podem intentar dominar-les, en temps de guerres, de revolucions i dictadures s'imposen amb tota la seva força.

Ho veig amb tota claredat aquest matí, assegut en un pedrís del passeig de la platja del Canadell, a Calella de Palafrugell. Aquesta Calella que, durant els anys quaranta i cinquanta, va ser per a mi el contrapunt de l'agitació, humana i professional, que em va tocar viure, i que he intentat explicar en les pàgines d'aquest llibre.

Durant uns quinze anys, pocs dies seguits vaig poder dormir en el mateix llit. Hi va haver, és clar, alguna parada i fonda, com quan em vaig casar, a Barcelona. Però al cap de pocs mesos ja me n'anava al Congo, on hi havia el general De Gaulle, i encara sort que un cop a Alger, i havent-me acreditat al quarter general el 1944, la Maria va poder reunir-se amb mi. La vaig anar a trobar a Tànger, com ja s'ha dit, i em va acompanyar en diversos desplaçaments. Em va ajudar escrivint a màquina i fent gestions per a les quals –dominava diversos idiomes– estava preparada. Però quan l'any 1945, acabada la guerra mundial, vam tenir el primer fill, en sortir de la clínica Dexeus ens va faltar temps per portar en Carles, en un senalló, a la platja del Canadell, aquesta platja que ara tinc davant dels ulls.

Al llarg dels anys, Calella ha estat per a mi una mena de port de descans i d'exercici esportiu, sobretot aquàtic. Una Calella que al començament encara no havia rebut l'onada turística. Als anys quaranta, sobretot, vivíem en un ambient arcaic, que hauria pogut ser el dels segles passats. Uns quants pescadors i artesans formaven un poblet amb caràcter, encara que fos, i encara ho és, una parròquia de Palafrugell, la gran vila que hi ha tres quilòmetres terra endins. Els pocs forasters que hi anàvem, en aquella època, convivíem amb els pescadors i els altres calellencs, amb els quals preníem cafès i cremats a la taverna de can Batlle. Ells cantaven les havaneres, més per a ells mateixos que per a la gent de fora.

Si de petit vaig viure sovint a Riudoms, molt incorporat a la vida agrícola, d'adult em vaig implicar en la vida marinera de Calella de Palafrugell. En Pep Gilet, el més característic dels mariners cantaires, era amic nostre. No cantava gaire bé, i els seus companys tampoc, però hi posava l'adequada gesticulació, i fins i tot passos de ball, mentre els altres s'estaven quiets i bocabadats.

S'assemblava a qui seria Joan XXIII com si fossin dues gotes d'aigua. La diferència, potser, era la seva corpulència, perquè en Pep Gilet, que havia remat sempre, tenia uns braços poderosos que semblaven una perllongació de les seves amples espatlles. No era gens alt i encara ho semblava menys quan, a la barca, es col·locava amb mig cos penjant fora borda. Ho feia per observar a través del mirall, que era l'estri o el vidre que permetia veure-hi sota l'aigua. Amb la fitora a la mà per punxar algun peix, en Pep Gilet exposava el seu clatell al sol i potser per això el tenia clivellat, encara que, a l'hivern, la tramuntana també hi podia deixar la seva marca. Va morir quan encara es practicava la pesca artesana, i avui, el carrer on vivia –un petit cul-de-sac– duu el seu nom.

En Pep Gilet era amic de Josep Sàbat, un pescador tan ben plantat que el van fer servir com a model per a uns cartells que anunciaven un producte marí. Sàbat m'acompanyava quan vaig tenir una embarcació massa voluminosa perquè la pogués manejar un home sol. Era un bon company de navegació. Abans de morir ja s'havia jubilat, i va ser, de fet, un dels últims pescadors professionals.

També, quan va ser l'hora, es va jubilar en Marcelino, però ja abans havia deixat de fer de pescador i es dedicava a portar turistes amb la seva barca. Va ser dels primers que van posar proa als turistes abandonant la pesca. Va tenir un cert èxit entre les alemanyes, i potser això va influir en la seva decisió; quan es va vendre el seu hort perquè hi fessin apartaments, es va dedicar a fer de turista «a lo grande», deia. Es va apuntar en un creuer italià que feia la volta al món i que sortia de Gènova. Quan va tornar, obnubilat pel viatge, ens ensenyava fotografies on vestia un esmòquing blau per a l'hivern, i unes altres amb esmòquing blanc que va dur quan el creuer travessava l'equador.

Havia fet amics entre el personal del vaixell i en les etapes baixava a terra amb gent de la perruqueria i d'altres serveis. Quan va tornar, ple d'entusiasme, li vam preguntar: «I ara què faràs?» «Tornar a fer la volta al món, però ara a l'inrevès, és a dir, en lloc de sortir cap a l'oest, ho faré cap a l'est». Ara és al geriàtric de l'antic hospital de Palafrugell, i té la foto de la seva barca a la porta de l'habitació, on és feliç de poder explicar les seves voltes al món als visitants. El que em preparava el «gondolí» on jo solia remar i navegar era el Ramon, conegut per haver posat ordre a la platja: després d'uns accidents, va posar unes cordes a l'aigua que separaven la part dels nedadors de l'àrea per a les embarcacions. Ell, i els seus fills, hi han instal·lat les boies a l'estiu, i s'han encarregat de treure-les al setembre. Jo el vaig conèixer quan encara era boxejador, activitat que va deixar per dedicar-se a la platja del Canadell immortalitzada per en Josep Pla, segurament perquè la seva família hi tenia una casa, que encara conserva.

Els pescadors d'aquella època acostumaven a tenir, a la part del darrere de la casa, uns petits horts en els quals treballaven quan feia mala mar. En treien menjar per a ells i també per vendre als primers estiuejants, que anaven directament a collir els productes a les mates. Aquests horts, que van ser pintats per Joan Serra, han desaparegut totalment, ja només es poden veure en els quadres de l'amic pintor. Es van convertir en apartaments, com he dit, encara que no tots van servir per finançar voltes al món, com el d'en Marcelino.

Vaig ser durant uns dotze anys president de l'Associació d'Amics i Veïns de Calella de Palafrugell. Sort en vaig tenir de Lluís Esteva, de casa Gelpí, que hi vivia tot l'any i s'encarregava de projectar les millores que van introduir al poble. Aleshores no hi havia el manteniment que avui pot oferir l'ajuntament de Palafrugell, perquè té els cabals proporcionats per uns impostos molt més alts. Vam instal·lar l'enllumenat i les plaques de ceràmica de la Bisbal amb els noms dels carrers. Uns noms que, gràcies a l'aïllament de Calella, es van poder escriure en català. L'Associació va organitzar, també, les primeres cantades anuals d'havaneres, que van néixer per retre homenatge als pocs pescadors que encara quedaven. Després, com és sabut, s'han convertit en una manifestació multitudinària que convoca 40.000 persones. No cal dir que vam creure oportú cedir l'organització de les cantades als serveis culturals de l'ajuntament de Palafrugell.

Dessota la Calella d'avui batega, per a mi, la Calella d'ahir. La familiar. Durant anys no vam tenir altre domicili a Catalunya que el de Calella. He mirat enrere, al llarg de les pàgines d'aquest llibre, per reviure tants moments decisius del segle XX que he tingut l'ocasió de conèixer de prop, i de narrar-los com a periodista. El lector hi haurà trobat, espero, el batec de l'autenticitat, l'exercici de la curiositat que sempre ha estat la meva companya de viatge, l'esforç per comprendre els fets i també els personatges als quals la vida m'ha acostat.

El llibre recull una colla d'anys, molts, que han estat intensos i no sempre fàcils. I ara escric aquestes últimes ratlles davant la mar de Calella, un matí de primavera, envoltat de silenci. Després de viure l'agitació dels temps, és agradable ser ara l'espectador de la pacífica escuma que m'acosten les petites onades.

Calella de Palafrugell, abril de 2006

ÍNDEX DE NOMS

ÍNDEX